KRISTIN ALBRECHT

Das Herkunftslandprinzip im DSA und dessen Auswirkungen auf die Regulierung von Medienintermediären in Deutschland

Internetrecht und Digitale Gesellschaft

Herausgegeben von
Dirk Heckmann
Anne Paschke

Band 91

Das Herkunftslandprinzip im DSA und dessen Auswirkungen auf die Regulierung von Medienintermediären in Deutschland

Von

Kristin Albrecht

Duncker & Humblot · Berlin

Die Juristische Fakultät der Universität Leipzig
hat diese Arbeit im Jahr 2025 als Dissertation angenommen.

Bibliografische Information der Deutschen Nationalbibliothek

Die Deutsche Nationalbibliothek verzeichnet diese Publikation in
der Deutschen Nationalbibliografie; detaillierte bibliografische Daten
sind im Internet über http://dnb.d-nb.de abrufbar.

Satz: 3w+p GmbH, Rimpar
Druck: Prime Rate Zrt., Budapest, Ungarn

ISSN 2363-5479
ISBN 978-3-428-19866-5 (Print)
ISBN 978-3-428-59866-3 (E-Book)

Gedruckt auf alterungsbeständigem (säurefreiem) Papier
entsprechend ISO 9706 ♾

Verlagsanschrift: Duncker & Humblot GmbH, Carl-Heinrich-Becker-Weg 9,
12165 Berlin, Germany | E-Mail: info@duncker-humblot.de
Internet: https://www.duncker-humblot.de

Meinen Eltern

Vorwort

Die vorliegende Arbeit ist zwischen Mai 2022 und Dezember 2024 entstanden und wurde im Mai 2025 von der Universität Leipzig als Dissertation angenommen. Die Disputation fand am 28. Januar 2026 statt.

Innerhalb der Arbeit wurde Literatur bis Anfang Mai 2025 berücksichtigt. Die Neuerungen des 5. und 6. MÄStV wurden nur im Ausblick (Kap. 4 D.) betrachtet. Die seitens der KOM veröffentlichten Leitlinien zum Jugendschutz vom 14. 7. 2025 sowie der Bericht über die Wechselwirkung des DSA mit anderen EU-Rechtsvorschriften vom 17. 11. 2025 bleiben außer Betracht. Gleichermaßen erfolgt keine Untersuchung der für das Jahr 2026 geplanten Reform der AVMD-RL und des nationalen Rechtsrahmens für Medienintermediäre infolge des DMStV.

Ein ganz besonderer Dank gilt zunächst meinem Doktorvater Prof. Dr. Hubertus Gersdorf, der maßgeblicher Impulsgeber für die behandelte Thematik war und stets durch konstruktive Kritik und Anmerkungen wesentlich zum Gelingen dieser Arbeit beigetragen hat. Besonders danken möchte ich auch Prof. Dr. Stefanie Schult, LL.M. für ihre zügige Erstellung des Zweitgutachtens und angenehme Leitung der Disputation. Ferner danke ich der Kanzlei Freshfields für die notwendige Flexibilität während der Entstehungszeit und die praxisnahen Einblicke im Rahmen meiner wissenschaftlichen Mitarbeit, um die Thematik aus verschiedenen Perspektiven bearbeiten zu können.

Besonders danken möchte ich meinem engsten Freundeskreis (Ihr wisst, wer Ihr seid) für Eure unermüdliche Unterstützung und Zuversicht – für Euren Glauben an das Gelingen dieser Arbeit, während ich ihn zeitweise verloren hatte. Ohne Euch wäre die Arbeit in dieser Form nicht entstanden.

Zudem danke ich meinem Bruder, der in der wohl schwierigsten Phase meine größte Stütze war, sodass ich mich nur noch um die Finalisierung der Arbeit kümmern musste.

Schließlich danke ich meinen Eltern, die meinen Weg seit der ersten Stunde bedingungslos und ohne Zweifel unterstützt haben, als wäre es ihr eigener. Ihnen habe ich alles zu verdanken; daher sei Ihnen diese Arbeit gewidmet.

London, im Februar 2026 *Kristin Albrecht*

Inhaltsverzeichnis

Abkürzungsverzeichnis

a. A.	andere Ansicht
Abgr.	Abgrenzung
ABl.	Amtsblatt
Abs.	Absatz
Abschn.	Abschnitt
AEUV	Vertrag über die Arbeitsweise der Europäischen Union
a. F.	alte Fassung
AGB	Allgemeine Geschäftsbedingungen
allg.	allgemein
Alt.	Alternative
amtl.	amtlich
Anh.	Anhang
Anm.	Anmerkung
Art.	Artikel
AVMD-RL	Richtlinie über audiovisuelle Mediendienste
B2B	Business-to-business (Unternehmen zu Unternehmen)
Begr.	Begründer
Beil.	Beilage
Beschl.	Beschluss
BfJ	Bundesamt für Justiz
BGB	Bürgerliches Gesetzbuch
BGH	Bundesgerichtshof
BKA	Bundeskriminalamt
BMDV	Bundesministerium für Digitales und Verkehr
BMFSJ	Bundesministerium für Familien, Senioren, Frauen und Jugend
BMJ	Bundesministerium der Justiz
BNetzA	Bundesnetzagentur
bspw.	beispielsweise
BT-Drs.	Bundestags-Drucksache
Buchst.	Buchstabe
bzgl.	bezüglich
BzKJ	Bundeszentrale für Kinder- und Jugendmedienschutz
bzw.	beziehungsweise
CR	Computer und Recht (Zeitschrift)
CRi	Computer Law Review International (Zeitschrift)
COM	Communication / Mitteilung der EU Kommission
DDG	Digitale-Dienste-Gesetz
d. h.	das heißt
DMA	Digital Markets Act
DSA(-E)	Digital Services Act (-Entwurf)
DSC	Digital Service Coordinator (Koordinator für digitale Dienste)

DSGVO	Datenschutz-Grundverordnung
dt.	deutsch
EBDS	European Board for Digital Services (Europäisches Gremium für digitale Dienste)
ECRL	E-Commerce-Richtlinie
EGBGB	Einführungsgesetz zum Bürgerlichen Gesetzbuch
ehem.	ehemals
Einl.	Einleitung
EMFA	European Media Freedom Act
endg.	endgültig
engl.	englisch
ErwG	Erwägungsgrund
EU	Europäische Union
EuG	Gericht der Europäischen Union
EuGH	Europäischer Gerichtshof
EUR	Euro
EuR	Europarecht (Zeitschrift)
EUV	Vertrag über die Europäische Union
EuZVO	Europäische Zustellungsverordnung
EuZW	Europäische Zeitschrift für Wirtschaftsrecht
EWR	Europäischer Wirtschaftsraum
EWSA	Europäischer Wirtschafts- und Sozialausschuss
f.	folgende
ff.	fortfolgende
Fn.	Fußnote
franz.	französisch
FS	Festschrift
GA	Generalanwalt
gem.	gemäß
gesetzl.	gesetzlich
ggfs.	gegebenenfalls
ggü.	gegenüber
GO	Geschäftsordnung des Europäischen Parlaments
GRCh	Charta der Grundrechte der Europäischen Union
grds.	grundsätzlich
GRUR	Gewerblicher Rechtschutz und Urheberrecht (Zeitschrift)
GRUR Int.	Gewerblicher Rechtsschutz und Urheberrecht Internationaler Teil (Zeitschrift)
GRUR-Prax	Gewerblicher Rechtsschutz und Urheberrecht – Praxis im Immaterialgüter- und Wettbewerbsrecht (Zeitschrift)
HBI	Hans-Bredow-Institut
HdB	Handbuch
h. M.	herrschende Meinung
Hrsg.	Herausgeber
Hs.	Halbsatz
insb.	insbesondere
IPrax	Praxis des Internationalen Privat- und Verfahrensrechts (Zeitschrift)
i. R. d.	im Rahmen des
i. R. e.	im Rahmen eines

i. S. d.	im Sinne des
i. S. e.	im Sinne eines
i. S. v.	im Sinne von
ITRB	IT-Rechtsberater (Zeitschrift)
i. V. m.	in Verbindung mit
JMStV	Jugendmedienschutzstaatsvertrag
jurisPR-ITR	juris PraxisReport IT-Recht (Zeitschrift)
JuSchG	Jugendschutzgesetz
K&R	Kommunikation & Recht (Zeitschrift)
Kap.	Kapitel
KJM	Kommission für Jugendmedienschutz
KOM	Europäische Kommission
KoPl-G	Kommunikationsplattformen-Gesetz
lit.	littera
LMA	Landesmedienanstalt
LT-Drs.	Landtags-Drucksache
Ls.	Leitsatz
MÄStV	Medienänderungsstaatsvertrag
MI-Satzung	Satzung zur Regulierung von Medienintermediären gem. § 96 MStV
MMR	Zeitschrift für IT-Recht und Recht der Digitalisierung
MMR-Beil.	Multimedia und Recht – Beilage (Zeitschrift)
MStV	Medienstaatsvertrag
m. w. N.	mit weiteren Nachweisen
NetzDG	Netzwerkdurchsuchungsgesetz
n. F.	neue Fassung
NJW	Neue Juristische Wochenschrift
Nr.	Nummer
OVG	Oberverwaltungsgericht
Ref-E	Referentenentwurf
RL	Richtlinie
Rn.	Randnummer
Rs.	Rechtssache
Rspr.	Rechtsprechung
RStV	Rundfunkstaatsvertrag
S.	Satz, Seite
s.	siehe
SchlA	Schlussanträge
sog.	sogenannt
str.	strittig
TKG	Telekommunikationsgesetz
TMG	Telemediengesetz
u.	und
u. a.	unter anderem
UAbs.	Unterabsatz
UAbschn.	Unterabschnitt
UrhG	Urhebergesetz
Urt.	Urteil
UWG	Gesetz gegen unlauteren Wettbewerb

v.	vom
verb.	verbundene
VG	Verwaltungsgericht
vgl.	vergleiche
VLOP	Very Large Online Platforms (sehr große Online-Plattform)
VLOSE	Very Large Online Search Engines (sehr große Online-Suchmaschine)
VO	Verordnung
Vorbem.	Vorbemerkung
WRP	Wettbewerb in Recht und Praxis (Zeitschrift)
z. B.	zum Beispiel
ZfDR	Zeitschrift für Digitalisierung und Recht
Ziff.	Ziffer
ZPO	Zivilprozessordnung
ZUM	Zeitschrift für Urheber- und Medienrecht

Einleitung

Die internationale Digitalwirtschaft im Mediensektor hatte den EU-Gesetzgeber und dessen Regulierungsrahmen lange Zeit abgehängt. Umso ambitionierter erschien das Ziel „It's time to put some order in the digital ‚Wild West'", mit dem der ehemalige EU-Kommissar Thierry Breton den Digital Services Act[1] (DSA) am 19. 1. 2022 auf der Plattform X ankündigte. Als regulatorischer Kernbestandteil der EU-Digitalstrategie[2] entwickelt der DSA seit dem 17. 2. 2024 in großem Stil den bisherigen horizontalen Rechtsrahmen der E-Commerce-Richtlinie[3] (ECRL) für die Verantwortlichkeit von Vermittlungsdiensten beim Vorgehen gegen rechtswidrige Inhalte in der „Online-Welt" weiter. Bei näherer Betrachtung seiner erheblichen Regulierungsdichte und -tiefe, handelt es sich hier zweifellos um einen „weltweit beispiellosen Schritt zur Regulierung von Vermittlungsdiensten".[4] In seiner Rolle als „new sheriff in town" (dem digitalen Binnenmarkt der EU) soll der DSA „ein sicheres und vertrauenswürdiges Online-Umfeld [schaffen], in dem Innovationen gefördert und die in der Charta verankerten Grundrechte, darunter der Grundsatz des Vertrauensschutzes, wirksam geschützt werden, um einen Beitrag zum Funktionieren des Binnenmarktes für Vermittlungsdienste zu leisten" (Art. 1 Abs. 1 DSA). Der DSA präsentiert eine europaweit bindende Verordnungslösung beruhend auf der Binnenmarktkompetenz der EU nach Art. 114 AEUV, mit der sich der EU-Sekundärrechtsgeber nun gänzlich von der supranationalen Regulierung der Mitgliedstaaten zu lösen versucht. Hintergrund dafür ist, dass der bisherige Rechtsrahmen der ECRL zwischenzeitlich durch mehrere nationale Gesetzgeber in Eigeninitiative sektoral fortentwickelt und verschärft wurde (bspw. durch das NetzDG, KoPl-G, Loi Avia).

Im Zentrum der ECRL steht das Herkunftslandprinzip, „um den Wirtschaftsstandort der EU für Diensteanbieter der Informationsgesellschaft in einem ge-

[1] Verordnung (EU) 2022/2065 des Europäischen Parlaments und des Rates vom 22. Oktober 2022 über einen Binnenmarkt für digitale Dienste und zur Änderung der Richtlinie 2000/31/EG (Gesetz über digitale Dienste).

[2] Europäische Kommission, Ein Europa für das digitale Zeitalter – Eine neue Generation von Technologien für die Menschen, abrufbar unter https://commission.europa.eu/strategy-and-policy/priorities-2019-2024/europe-fit-digital-age_de (zuletzt abgerufen am 2. 5. 2025).

[3] Richtlinie 2000/31/EG des Europäischen Parlaments und des Rates vom 8. Juni 2000 über bestimmte rechtliche Aspekte der Dienste der Informationsgesellschaft, insbesondere des elektronischen Geschäftsverkehrs, im Binnenmarkt („Richtlinie über den elektronischen Geschäftsverkehr").

[4] *Steinrötter*, in: Steinrötter, EU-Plattformregulierung-HdB, § 1, Rn. 1.

meinsamen Binnenmarkt attraktiv zu halten“[5]. Da die grenzüberschreitende Erbringung von Mediendiensten schnell mit verschiedenen Rechtsordnungen kollidiert, richtet sich die Verantwortlichkeit von Informationsdiensten grds. allein nach dem Recht ihres Sitzlandes, unabhängig von ihrer Abrufbarkeit in anderen Mitgliedstaaten.[6] Dabei entspricht das Herkunftslandprinzip nach h. M. keiner Kollisionsregel, sondern stellt eine auf seine Gegenstände begrenzte, besondere Sachnormverweisung (i. S. e. sachrechtlichen Beschränkungsverbots) dar.[7] Der Geltungsbereich der nationalen Kollisionsnormen der Art. 40 ff. EGBGB bzw. der Bestimmungen der ROM II-VO[8] bleibt vom Herkunftslandprinzip grds. unberührt. Mit anderen Worten handelt es sich beim Herkunftslandprinzip des Art. 3 ECRL um ein materiell-rechtliches Korrektiv des vom Mitgliedstaat angewandten Rechts, wodurch die sachrechtlichen Ergebnisse des nach den nationalen Kollisionsnormen anwendbaren Sachrechts inhaltlich modifiziert und auf die Anforderungen des Herkunftslandes reduziert werden.[9] Insofern begrenzt das Herkunftslandprinzip die mitgliedstaatlichen Kompetenzen zur Zweitregulierung von Mediendiensteanbietern mit Sitz in einem anderen Mitgliedstaat und bündelt diese gemeinsam mit den Aufsichts- und Durchsetzungszuständigkeiten im Herkunftsstaat der jeweiligen Medienunternehmen.

Der DSA verfolgt nun im Ansatz ein „level playing field“ und beruht dabei nicht mehr allein auf dem Herkunftslandprinzips, sondern in Kombination mit dem Marktortprinzip, um den Plattformmarkt nicht zu Ungunsten von europäischen Unternehmen zu verzerren.[10] Zwar normiert der DSA abschließend die Aufsichts- und Durchsetzungsbefugnisse der einzelnen Mitgliedstaaten im Zusammenhang mit Verstößen gegen Pflichten des DSA. Dennoch regelt er bei weitem nicht alle rechtlichen Anforderungen an Vermittlungsdienste und soll zudem auch die ECRL sowie das darin geregelte Herkunftslandprinzip des Art. 3 unberührt lassen (Art. 2 Abs. 3 DSA). Insofern bleiben hier wesentliche Fragen des Herkunftslandprinzips auch künftig relevant, etwa welcher Mitgliedstaat weitergehende Vorschriften für

---

[5] *Liesching*, Herkunftslandprinzip der ECRL und die deutsche Medienregulierung, Einl. S. VII f.

[6] *Holznagel*, CR 2021, 123 f.

[7] *Spickhoff*, in: BeckOK/BGB, Art. 40 EGBGB, Rn. 5 m. w. N.

[8] Verordnung (EG) Nr. 864/2007 des Europäischen Parlaments und des Rates vom 11. Juli 2007 über das auf außervertragliche Schuldverhältnisse anzuwendende Recht („Rom II“).

[9] *Brand*, NJW 2012, 127 (130).

[10] *Müller-Terpitz*, in: Müller-Terpitz/Köhler/DSA, Art. 2, Rn. 3. Die Abkehr vom Herkunftslandprinzip und Erwägung des Bestimmungslandprinzips in Steuer-, Arbeits- und Verbraucherfragen forderte bereits der Europäische Wirtschafts- und Sozialausschuss (EWSA) in seiner Stellungnahme zu dem „Vorschlag für eine Verordnung des Europäischen Parlaments und des Rates über einen Binnenmarkt für digitale Dienste (Gesetz über digitale Dienste) und zur Änderung der Richtlinie 2000/31/EG“ (COM(2020) 825 final – 2020/0361(COD)) vom 16. 7. 2021, C 286/70 f.

Vermittlungsdienste normieren soll und in welchem Umfang eine grenzüberschreitende Regulierung möglich wäre.[11]

Bisher wurden in der Literatur vor allem der kollisionsrechtliche Charakter des Herkunftslandprinzips sowie die Reichweite des Ausnahmetatbestandes des Art. 3 Abs. 4–6 ECRL diskutiert. Der EuGH hat jedoch letztere Debatte mit seinem Urteil v. 9.11.2023 (C-376/22) beendet und klargestellt, dass Art. 3 Abs. 4–6 ECRL als Rückausnahme in Einzelfällen ggü. konkreten Diensteanbietern restriktiv auszulegen ist und keine abstrakt-generellen Maßnahmen ggü. einer bestimmten Kategorie an Diensten (bspw. sämtlichen Plattformanbietern) mit Sitz in einem anderen Mitgliedstaat erlaubt. Im Schatten dessen stand bisher die nur wenig diskutierte materielle Reichweite des Herkunftslandprinzips – obwohl hier der Teufel im Detail liegt. Anders als beim Sendestaatprinzip (dem Äquivalent für audiovisuelle Mediendienste des Art. 3 AVMD-RL[12]) ist der Geltungsbereich des Herkunftslandprinzips in der ECRL nämlich nicht mit einer Mindestharmonisierung in den betroffenen Rechtsgebieten verbunden. Diese Problematik soll daher den Schwerpunkt der Arbeit bilden und gleichzeitig potenzielle Veränderungen durch den DSA sowie den umstrittenen Aussagegehalt des ErwG 38 DSA darstellen. Vor diesem Hintergrund sollen vertieft die Auswirkungen auf die Regulierung von Medienintermediären in Deutschland, insb. Regelungen des DDG, NetzDG, MStV, JMStV und JuSchG aufgezeigt werden.

Die nachfolgende Arbeit beleuchtet zunächst das Herkunftslandprinzip im kompetenzrechtlichen Spannungsfeld der Medienregulierung (Kap. 1). Hierbei steht insb. die Frage im Vordergrund, inwiefern die Binnenmarktförderungskompetenz des Art. 114 AEUV die Geltung des Herkunftslandprinzips im nicht harmonisierten Bereich der Anforderungen an Vermittlungsdienste rechtfertigen kann, oder ob sich aus Art. 5 Abs. 3 bzw. 4 EUV ein Zurückhaltungsgebot der EU ggü. den nationalen Gesetzgebern aufgrund des Subsidiaritätsprinzips bzw. Verhältnismäßigkeitsgrundsatzes ergibt. Der materielle Anwendungsbereich des Herkunftslandprinzips wird sodann in persönlich-territorialer und sachlicher Hinsicht für die ECRL und den DSA konkretisiert (Kap. 2). Dabei werden auch die jeweiligen Ausnahmetatbestände bzw. Durchbrechungen vom Geltungsbereich des Herkunftslandprinzip dargestellt, wobei die Rolle des ErwG 38 DSA und potenzielle Neuerungen für das Verständnis des Herkunftslandprinzips einen weiteren Schwerpunkt bilden. Dem gegenübergestellt wird der Geltungsbereich sowie mögliche Ausnahmen des Sendestaatprinzips der AVMD-RL (Kap. 3). Schließlich gilt es im vierten Teil die Auswirkungen auf die Intermediärsregulierung (Kap. 4) in Deutschland anhand einzelner Vorschriften darzustellen und bestehende Spielräu-

[11] *Holznagel*, CR 2023, 321 (322 f.); *Liesching*, ZUM 2024, 205 (206).

[12] Richtlinie 2010/13/EU des Europäischen Parlaments und des Rates vom 10. März 2010 zur Koordinierung bestimmter Rechts- und Verwaltungsvorschriften der Mitgliedstaaten über die Bereitstellung audiovisueller Mediendienste (Richtlinie über audiovisuelle Mediendienste).

me für eine nationale Regulierung (ggfs. auch im grenzüberschreitenden Kontext) auszuloten. Nach einer Analyse des § 3 DDG als nationale Umsetzungsnorm des Art. 3 ECRL und Art. 3 AVMD-RL werden einzelne Vorschriften, u. a. des NetzDG, MStV, JMStV, auf deren Vereinbarkeit mit dem Herkunftslandprinzip untersucht. Schließlich folgt ein kurzer Ausblick auf den 5. und 6. MÄStV, bevor in Kap. 5 die wesentlichen Thesen der Arbeit zusammengefasst werden.

Kapitel 1

Das Herkunftslandprinzip im kompetenzrechtlichen Spannungsfeld

A. Kompetenzverteilung zwischen der EU und den Mitgliedstaaten im Mediensektor

Der Harmonisierungs- und Koordinierungskompetenz der EU ist im Bereich der Regulierung digitaler Medien ein besonderes Spannungsverhältnis zum nationalen Recht der Mitgliedstaaten immanent.[13] Zuletzt wurde die Problematik verstärkt im Zusammenhang mit dem European Media Freedom Act[14] (EMFA) diskutiert, mit dem sich die EU erstmals vollumfänglich und unmittelbar auf das nationalstaatliche Terrain der Medienregulierung wagte.[15] Vergleichbare Tendenzen zeigen sich aber auch im DSA, indem der EU-Gesetzgeber nicht nur mitgliedstaatliche und aufsichtsrechtliche Zuständigkeiten, sondern auch materielles Medienrecht in Frage stellt. Kompetenzielles Konfliktpotential wird hier gerade im Bereich der materiellen Inhalteregulierung gesehen.[16] Denn obwohl die EU-Mitgliedstaaten „Herren" der medienregulatorischen Verträge der Union sind,[17] wurde die Unionskompetenz zur Harmonisierung des Binnenmarktes über Art. 114 AEUV bisher tendenziell extensiv gehandhabt.[18]

Aus den Verträgen ergibt sich jedoch für die Medienregulierung keine umfassende, ausschließliche Kompetenzgrundlage zugunsten der EU.[19] Nach dem Prinzip der begrenzten Einzelermächtigung (Art. 5 Abs. 1, 2 EUV) kann die EU auch eigenständig keine neuen Zuständigkeiten begründen, weshalb medienspezifisches

---

[13] *Roß*, EuR 2023, 450 (455).

[14] Verordnung (EU) 2024/1083 des Europäischen Parlaments und des Rates vom 11. April 2024 zur Schaffung eines gemeinsamen Rahmens für Mediendienste im Binnenmarkt und zur Änderung der Richtlinie 2010/13/EU (Europäisches Medienfreiheitsgesetz).

[15] *Ehlen/Rieger*, K&R 2024, 373; *Kraetzig*, NJW 2023, 1485 f.; kritisch dazu *Beaujean/Oelke/Wierny*, MMR 2023, 11 (12).

[16] *Beaujean/Oelke/Wierny*, MMR 2023, 11 (12 f.); vgl. hierzu auch *Gersdorf*, 74.djt I/G, S. 49 f.

[17] *Cole/Ukrow/Etteldorf*, Studie Kompetenzenverteilung und Medienvielfalt, S. I, Rn. 2.

[18] *Roß*, EuR 2023, 450 (454) m. w. N.

[19] *Cole/Ukrow/Etteldorf*, Studie Kompetenzenverteilung und Medienvielfalt, S. III, Rn. 9; *Roß*, EuR 2023, 450 (455).

Sekundärrecht nur auf Grundlage der allgemeinen primärrechtlichen Kompetenzregeln erlassen werden kann;[20] dies gilt im Übrigen auch für Sachverhalte der Digitalisierung.[21] Insgesamt sind die europäischen Verträge bei der Einräumung medienbezogener Regelungskompetenzen zugunsten der EU zurückhaltend. So weisen weder der Katalog ausschließlicher Zuständigkeiten des Art. 3 AEUV noch jener für geteilte Zuständigkeiten des Art. 4 AEUV einen direkten Bezug zu Medien auf.[22] Daneben ergibt sich auch aus der Kulturförderungsklausel des Art. 167 AEUV eine Pflicht zur Achtung nationaler Vielfalt, insb. der nationalen Medienordnungen.[23] Denkbar sind jedoch grundfreiheitsspezifische Kompetenztitel der EU, da grenzüberschreitende Tätigkeiten audiovisueller Mediendienste sowie Medienintermediäre zugleich als Dienstleistungen i. S. d. Art. 56 AEUV einzustufen sind. Gleiches gilt auch für Art. 49 ff. AEUV im Falle einer dauerhaften Niederlassung eines Medienunternehmens in einem anderen Mitgliedstaat.[24]

Die bisherige EU-Gesetzgebung im Bereich der Medienregulierung konzentriert sich auf die grds. weit interpretierte Binnenmarktkompetenz des Art. 26 Abs. 2 i. V. m. Art. 114 AEUV. Diese liegt gem. Art. 4 Abs. 2 Buchst. a) AEUV im Bereich der geteilten Zuständigkeiten der EU und den Mitgliedstaaten.[25] In diesem Fall können also sowohl die EU als auch die einzelnen Mitgliedstaaten gesetzgeberisch tätig werden (vgl. Art. 2 Abs. 2 S. 1 EUV). Sobald und soweit daher die EU ihre Zuständigkeit wahrgenommen und verbindliche Rechtsakte erlassen hat, führt dies zu einem mitgliedstaatlichen Kompetenzverlust.[26] Gem. Art. 114 Abs. 1 AEUV ist die Union zum Erlass von „Maßnahmen zur Angleichung der Rechts- und Verwaltungsvorschriften der Mitgliedstaaten“ ermächtigt, „welche die Errichtung und das Funktionieren des Binnenmarktes zum Gegenstand haben“. Gem. Art. 26 Abs. 2 AEUV meint dies „einen Raum ohne Binnengrenzen, in dem der freie Verkehr von Waren, Personen, Dienstleistungen und Kapital gemäß den Bestimmungen der Verträge gewährleistet wird“. Zum Schutz der mitgliedstaatlichen Souveränität greifen beim Erlass von medienspezifischem Sekundärrecht (bislang eher präventive) materiell-rechtliche Kompetenzausübungsregeln und -schranken der EUV. Dazu zählen insb. der Grundsatz der Subsidiarität (Art. 5 Abs. 1 S. 2, 3 EUV) und der Verhältnismäßigkeitsgrundsatz (Art. 5 Abs. 1 S. 2, 4 EUV).[27]

---

[20] *Ferreau*, in: Spindler/Schuster, Recht der elektronischen Medien, Allg. B., Rn. 2.

[21] *Cole/Ukrow/Etteldorf*, Studie Kompetenzenverteilung und Medienvielfalt, S. II, Rn. 7.

[22] *Cole/Ukrow/Etteldorf*, Studie Kompetenzenverteilung und Medienvielfalt, S. III, Rn. 9.

[23] *Roß*, EuR 2023, 450 (455) m. w. N.

[24] *Cole/Ukrow/Etteldorf*, Studie Kompetenzenverteilung und Medienvielfalt, S. IV, Rn. 13.

[25] *Calliess*, in: Calliess/Ruffert, EUV/AEUV, Art. 4 AEUV, Rn. 4; *Cole/Ukrow/Etteldorf*, Kompetenzverteilung im Mediensektor, S. 466; *Pelka*, in: Schwarze/EU-Kommentar, Art. 4 AEUV, Rn. 6.

[26] *Calliess*, in: Calliess/Ruffert, EUV/AEUV, Art. 4 AEUV, Rn. 1.

[27] *Cole/Ukrow/Etteldorf*, Studie Kompetenzenverteilung und Medienvielfalt, S. V, Rn. 18.

Während die ECRL und die AVMD-RL jeweils noch auf Kompetenztitel aus der Dienst- bzw. Niederlassungsfreiheit als Teil des Binnenmarktes zurückgehen,[28] wird der DSA auf Art. 114 AEUV als Rechtsgrundlage gestützt. Der DSA knüpft hier als „unmittelbar bindende europaweite Verordnungslösung“[29] zur Regulierung von Vermittlungsdiensten an den bisherigen teilharmonisierten Rechtsrahmen der ECRL an.[30] Während das Ziel der ECRL noch allein darin bestand „den freien Verkehr von Diensten der Informationsgesellschaft zwischen den Mitgliedstaaten [sicherzustellen]“ und damit „einen Beitrag zum einwandfreien Funktionieren des Binnenmarktes [zu] leisten“[31], erweitert der DSA diese teleologische Stoßrichtung nun deutlich, indem er zusätzlich und vorrangig „ein sicheres, vorhersehbares und vertrauenswürdiges Online-Umfeld“ gewährleisten, (digitale) Innovationen fördern und Verbraucher schützen soll.[32] Parallel dazu schafft die AVMD-RL einen sektorspezifischen Mindestrahmen für grenzüberschreitende audiovisuelle Angebote im Bereich des Jugendschutzes und kommerzieller Kommunikation.[33]

B. Subsidiaritätsprinzip, Art. 5 Abs. 3 EUV

Das Subsidiaritätsprinzip bestimmt die Umstände, wonach der EU-Gesetzgeber befugt ist, eine ihm nicht ausschließlich zustehende Kompetenz vor den Mitgliedstaaten auszuüben. Dem liegt das übergeordnete Ziel zugrunde, die Entscheidungs- und Handlungsfähigkeit der Mitgliedstaaten zu schützen und ein Tätigwerden der EU allenfalls dann zu legitimieren, wenn die Ziele einer Maßnahme „wegen ihres Umfangs oder ihren Wirkungen nicht ausreichend verwirklicht werden können und auf Unionsebene besser zu verwirklichen wären“[34]. Rechtlich verankert ist dies in Art. 5 Abs. 3 EUV und dem Protokoll Nr. 2 über die Anwendung der Grundsätze der Subsidiarität und Verhältnismäßigkeit des Amsterdamer Vertrages als dessen

[28] Die Richtlinie 2000/31/EG wird „auf den Vertrag zur Gründung der Europäischen Gemeinschaft, insbesondere auf Artikel 47 Abs. 2 (nunmehr: Art. 53 Abs. 1 AEUV) und die Artikel 55 (nunmehr Art. 62 AEUV) und 95 (nunmehr Art. 114 AEUV) [gestützt]“. Die Richtlinie 2010/13/EG sowie die Änderungsrichtlinie 2018/1808/EU werden „auf den Vertrag über die Arbeitsweise der Europäischen Union, insb. auf die Artikel 53 Abs. 1 und 62 [gestützt]“, vgl. *Cole/Ukrow/Etteldorf*, Kompetenzverteilung im Mediensektor, S. 466.

[29] *Steinrötter*, in: Steinrötter, EU-Plattformregulierung-HdB, § 1, Rn. 5.

[30] *Beaujean/Oelke/Wierny*, MMR 2023, 11.

[31] Vgl. Art. 1 Abs. 1 ECRL.

[32] *Steinrötter*, in: Steinrötter, EU-Plattformregulierung-HdB, § 1, Rn. 7.

[33] *Cole/Ukrow/Etteldorf*, Studie Kompetenzenverteilung und Medienvielfalt, S. 100.

[34] Europäisches Parlament, Kurzdarstellungen zur Europäischen Union, Das Subsidiaritätsprinzip, abrufbar unter https://www.europarl.europa.eu/factsheets/de/sheet/7/das-subsidiaritätsprinzip (zuletzt abgerufen am 2. 5. 2025); *Calliess*, in: Calliess/Ruffert, EUV/AEUV, Art. 5 EUV, Rn. 31; *Lienbacher*, in: Schwarze/EU-Kommentar, Art. 5 EUV, Rn. 15.

„materielle Leitlinien".[35] Kumulativ müssen für ein vorrangiges Tätigwerden des EU-Gesetzgebers die nachfolgenden Voraussetzungen erfüllt sein:

1) Der betreffende Rechtsbereich unterliegt nicht einer ausschließlichen Zuständigkeit der EU (Vorliegen einer mit den Mitgliedstaaten geteilten Zuständigkeit).

2) Die Ziele der vorgeschlagenen Maßnahmen können von den Mitgliedstaaten nicht ausreichend verwirklicht werden (Notwendigkeit einer unionsrechtlichen Maßnahme).

3) Die Maßnahme kann aufgrund ihres Umfangs oder ihrer Wirkungen durch ein Tätigwerden seitens der EU besser verwirklicht werden (Mehrwert einer unionsrechtlichen Maßnahme).[36]

Erforderlich ist somit die Feststellung eines Regelungsdefizites verbunden mit der Prognose, dass dieses durch die Mitgliedstaaten mit den zur Verfügung gestellten Mitteln nicht behoben werden kann.[37] Maßgeblich ist hier eine Gesamtwürdigung der Umstände in der EU bzw. allen Mitgliedstaaten.[38] Konkret ist daher zu fragen, ob alle Mitgliedstaaten in der Lage wären, das mit der Regelung verfolgte, in den Verträgen angelegte Ziel zu erreichen.[39] Entscheidend ist ferner die begründete Erwartung, dass die unionsrechtliche Regelung einen „europäischen Mehrwert" ggü. einer einzelstaatlichen Problemlösung bietet.[40] Erschwerend kommt hier jedoch hinzu, dass neben der Unbestimmtheit und Offenheit der genannten Kriterien eine Prognoseentscheidung notwendig ist, wonach die Fähigkeit von 27[41] Mitgliedstaaten zum Erlass von inhaltlich aufeinander abgestimmten Rechtsvorschriften prognostiziert werden muss.[42] Der EuGH hat dem EU-Gesetzgeber daher bzgl. der Eignung einzelner Maßnahmen zur Rechtsangleichung i. R. d. Art. 114 AEUV eine weite Einschätzungsprärogative zugebilligt, insb. in Bereichen „die durch komplexe technische Gegebenheiten gekennzeichnet sind"[43]. Mit Aussicht auf Erfolg erscheinen folglich allenfalls evidente Verstöße gegen Art. 5 Abs. 3 EUV angreifbar, obgleich ein darauf gestütztes, erfolgreiches Verfahren vor dem EuGH bislang nicht bekannt ist.[44]

---

[35] *Calliess*, in: Calliess/Ruffert, EUV/AEUV, Art. 5 EUV, Rn. 26.

[36] *Lienbacher*, in: Schwarze/EU-Kommentar, Art. 5 EUV, Rn. 23 ff.

[37] *GA Poiares Maduro*, SchlA v. 1. 10. 2009 – C-58/08, Rn. 28; *Bast*, in: GHN/Recht der EU, Art. 5 EUV, Rn. 54.

[38] *Bast*, in: GHN/Recht der EU, Art. 5 EUV, Rn. 54.

[39] *Streinz*, in: Streinz/EUV/AEUV, Art. 5 EUV, Rn. 29.

[40] *Bast*, in: GHN/Recht der EU, Art. 5 EUV, Rn. 57; *Pache*, in: FK-EUV/AEUV, Art. 5 EUV, Rn. 99.

[41] Stand Oktober 2024.

[42] *Lienbacher*, in: Schwarze/EU-Kommentar, Art. 5 EUV, Rn. 26.

[43] *Pache/Terhechte*, in: FK-EUV/AEUV, Art. 5 EUV, Rn. 101, Art. 114 AEUV, Rn. 70.

[44] *Bickenbach*, EuR 2013, 523; *Cole/Ukrow/Etteldorf*, Kompetenzverteilung im Mediensektor, S. 515.

C. Grundsatz der Verhältnismäßigkeit, Art. 5 Abs. 4 EUV

Während das Subsidiaritätsprinzip im engeren Sinne die Frage behandelt, „ob" die Union überhaupt handeln soll, betrifft der Grundsatz der Verhältnismäßigkeit die Frage, „wie" gehandelt werden soll – mithin Art und Umfang der Maßnahme als Maßstab für die Regelungsintensität. Als weitere Schutzvorschrift zugunsten der mitgliedstaatlichen Souveränität liegt auch dem Verhältnismäßigkeitsgebot der Gedanke der Subsidiarität zugrunde.[45] Zu prüfen sind daher die Eignung und Erforderlichkeit der Maßnahme im Hinblick auf die mit ihr verfolgten legitimen Ziele (Zweck-Mittel-Relation). Zentrale Aspekte, nach denen sich die Eingriffsintensität bemisst, können die Dichte der unionsrechtlichen Regelung, finanzielle Belastungen und der Verwaltungsaufwand sein, die mit dem Vollzug einer unionalen Maßnahme verbunden sind. Zu fragen ist jedoch, ob gleichermaßen effektive Regelungsalternativen bestehen, die die mitgliedstaatlichen Handlungsmöglichkeiten weniger beschränken würden.[46] Auch hier steht dem Unionsgesetzgeber ein weiter Einschätzungs- und Ermessensspielraum zu, soweit politische, wirtschaftliche und soziale Entscheidungen zu treffen sind, die komplexe Beurteilungen erfordern.[47] Demnach bezieht sich die richterliche Kontrolle lediglich darauf, ob eine erlassene Maßnahme aus einer *Ex ante*-Perspektive offensichtlich ungeeignet bzw. offensichtlich ist und eine weniger belastende, aber ebenso wirksame Maßnahme hätte getroffen werden können.[48]

D. Vereinbarkeit des Herkunftslandprinzips mit dem Subsidiaritätsprinzip und Grundsatz der Verhältnismäßigkeit

Die mitgliedstaatlichen Kompetenzen zum Erlass von nationalen, vom Richtlinienrecht abweichenden, (strengeren) Vorschriften ggü. inländischen Mediendiensteanbietern werden durch das Herkunftslandprinzip im jeweiligen Herkunftsstaat gebündelt. Gleiches gilt für damit verbundene Aufsichtszuständigkeiten. Damit entzieht jedoch der EU-Gesetzgeber den Bestimmungs- bzw. Empfangsstaaten in den „koordinierten" Bereichen der ECRL und AVMD-RL weitestgehend

[45] *Streinz*, in: Streinz/EUV/AEUV, Art. 5 EUV, Rn. 43.

[46] *GA Kokott*, SchlA v. 8.9.2005 – C-66/04, Rn. 45; *Bast*, in: GHN/Recht der EU, Art. 5 EUV, Rn. 71.

[47] EuGH, Urt. v. 12.11.1996 – C-84/94, Rn. 58; EuGH, Urt. v. 10.12.2002 – C-491/01, Rn. 123; EuGH, Urt. v. 18.6.2015 – C-508/13, Rn. 29; s. auch *Bast*, in: GHN/Recht der EU, Art. 5 EUV, Rn. 73.

[48] EuGH Urt. v. 11.7.1989 – C-265/87, Rn. 22; EuGH, Urt. v. 12.7.2001 – C-189/01, Rn. 83; EuGH, Urt. v. 12.5.2011 – C-176/09, Rn. 62; EuGH, Urt. v. 6.9.2017 verb. Rs. C-643/15 u. C-647/15, Rn. 221, 236; s. auch *Bast*, in: GHN/Recht der EU, Art. 5 EUV, Rn. 73.

die regulatorische Kompetenz zur Zweitregulierung von Medienunternehmen, die ihre Niederlassung in einem anderen Mitgliedstaat haben. Die Reichweite der „koordinierten" Bereiche wird zudem innerhalb der ECRL und AVMD-RL unterschiedlich aufgefasst, wobei der mitgliedstaatliche Souveränitätsverlust der Bestimmungsländer aufgrund des materiell weiteren „koordinierten" Bereiches in der ECRL besonders erheblich ist. Zur Beurteilung der Vereinbarkeit des Herkunftslandprinzips mit dem Subsidiaritätsprinzip bzw. dem Verhältnismäßigkeitsgrundsatz nach Art. 5 Abs. 3, 4 EUV sind neben den jeweiligen regulatorischen Zielen der Richtlinien und der historischen Entwicklung der europäischen Regulierung digitaler Medien, die jeweilige strukturelle Ausgestaltung des Herkunftslandprinzips in Art. 3 ECRL sowie Art. 3 AVMD-RL zu betrachten. In diesem Zusammenhang sind auch potenzielle Veränderungen durch den DSA (insb. mit Blick auf ErwG 38 DSA) zu berücksichtigen.

I. Entwicklung des Regulierungskonzepts von der ECRL und AVMD-RL zum DSA

Die ECRL sowie das in Art. 3 ECRL verankerte Herkunftslandprinzip sind Ausdruck eines politischen Kernziels der EU, bestehende Handelsschranken innerhalb des europäischen Binnenmarktes für den Online-Dienstverkehr abzubauen bzw. zu verhindern. Da Online-Dienstleistungen naturgemäß leicht internationale Grenzen überschreiten, müsste ein Diensteanbieter, der seine Dienstleistungen im gesamten europäischen Binnenmarkt anbieten wollte, nicht nur den Vorschriften seines Herkunftslandes nachkommen, sondern auch jenen aller 26 anderen Mitgliedstaaten, in denen der Dienst zugänglich sein könnte.[49] Neben einem zeit- und kostspieligen Aufwand birgt dies jedoch jedenfalls eine erhebliche Rechtsunsicherheit für global tätige Diensteanbieter.[50] Letzteres gilt im Übrigen auch für die Nutzer der entsprechenden Dienste hinsichtlich der einschlägigen verbraucherschützenden Vorschriften bei eigenen Online-Aktivitäten.[51]

Basierend auf der damaligen Einschätzung der EU-Kommission (KOM) sollte die ECRL daher einen „flexiblen, entwicklungsfähigen und kohärenten rechtlichen Rahmen für den Online-Diensteverkehr innerhalb der EU schaffen", um die Weiterentwicklung der Gesellschaft zu einer tatsächlichen Informationsgesellschaft zu fördern.[52] Sämtliche rechtliche Hindernisse (wie etwa die Zweitregulierung durch Bestimmungsstaaten), die die Entwicklung des elektronischen Geschäftsverkehrs

[49] Europäische Kommission, KOM (1998) 586 endg., S. 8.

[50] *Holznagel*, CRi 2020, 103 (104); *Marly*, in: GHN/Recht der EU, Vorbem. ECRL, Rn. 43.

[51] *Marly*, in: GHN/Recht der EU, Vorbem. ECRL, Rn. 43.

[52] Europäische Kommission, KOM (1998) 586 endg., S. 2 f.; *Marly*, in: GHN/Recht der EU, Vorbem. ECRL, Rn. 61.

tatsächlich oder potenziell hätten behindern können, sollten demnach beseitigt werden. Zur Berücksichtigung der Interessen der Dienste der Informationsgesellschaft unter der gleichzeitigen Gewährleistung eines hohen Verbraucherschutzes i. S. d. europäischen Allgemeininteresses, beruht die ECRL auf dem Konzept des Herkunftslandprinzips. Vorbild war hierfür das Sendelandprinzip der Fernseh-RL 1989[53], welche inzwischen durch die AVMD-RL abgelöst und erweitert wurde.[54] Als „unverzichtbarer" Kernbestandteil und Voraussetzung für den freien Informationsfluss und Verkehr audiovisueller Programme innerhalb des Binnenmarktes wurde das Herkunftslandprinzip auch in die AVMD-RL für audiovisuelle Mediendienste integriert.[55] Dieser *Status quo* wurde innerhalb der Reform zur AVMD-RL im Jahr 2018 beibehalten, da das Herkunftslandprinzip zu niedrigen Einhaltungskosten für Anbieter und einer größeren Auswahl für Verbraucher geführt hätte.[56] Jedoch wurde der Geltungsbereich der AVMD-RL auf Video-Sharing-Dienste erweitert, um Kohärenz mit den bereits darin erfassten Diensten zu schaffen und einer etwaigen Fragmentierung infolge nationaler Rechtssetzung vorzubeugen.[57]

Der DSA ist eine Reaktion des EU-Gesetzgebers auf die dynamisch fortschreitende Digitalisierung und damit einhergehenden rechtlichen bzw. medien- und gesellschaftspolitischen Herausforderungen, wie Gefährdungslagen durch die veränderte Rolle digitaler Medien.[58] Im Gegensatz zur ECRL und AVMD-RL setzt der DSA auf der Gleichordnungsebene an und soll die für Vermittlungsdienste im Binnenmarkt geltenden Vorschriften vollständig harmonisieren.[59] Dennoch soll die ECRL und die darin enthaltenen Bestimmungen, insb. das Herkunftslandprinzip des Art. 3 ECRL, vom DSA grds. unberührt bleiben.[60] Die gewollte Fortgeltung des Herkunftslandprinzips zeigt sich zudem in der komplexen Aufsichtsstruktur des DSA, die über die Art. 49 ff. DSA neben der KOM und einem „Europäischen Gremium für digitale Dienste" (EBDS) auch nationale „zuständige Behörden", „Koordinatoren für digitale Dienste" (DSCs) und andere Verwaltungs-, Strafverfolgungs- und Justizbehörden in ein „hybrides Verwaltungsnetzwerk" einbindet.[61] So soll gem. Art. 56 Abs. 1, 4 DSA jener Mitgliedstaat und dessen DSC für alle

[53] Richtlinie 97/36/EG des Europäischen Parlaments und des Rates vom 30. Juni 1997 zur Änderung der Richtlinie 89/552/EWG des Rates zur Koordinierung bestimmter Rechts- und Verwaltungsvorschriften der Mitgliedstaaten über die Ausübung der Fernsehtätigkeit.

[54] *Marly*, in: GHN/Recht der EU, Vorbem. ECRL, Rn. 61; *Sack*, WRP 2015, 1281 f.

[55] Zur Abgr. vom Herkunftslandprinzip der ECRL im Folgenden „Sendestaatprinzip".

[56] Europäische Kommission, COM (2016) 287 final, S. 6 f.

[57] Europäische Kommission, COM (2016) 287 final, S. 5.

[58] *Paal/Kieß*, ZfDR 2022, 1 f. (10).

[59] ErwG 9 DSA; *Steinrötter*, in: Steinrötter, EU-Plattformregulierung-HdB, § 1, Rn. 7.

[60] Vgl. ErwG 9, Art. 2 Abs. 3 DSA; Europäische Kommission, COM (2020) 825 final, S. 4. Gleiches dürfte auch die Bestimmungen des Sendestaatprinzips des Art. 3 AVMD-RL gelten, auch wenn der DSA weder im Verordnungstext noch den ErwG darauf explizit Bezug nimmt.

[61] *Krönke*, EuR 2023, 136 f.

Aufsichts- und Eingriffsmaßnahmen ggü. einem Anbieter von Vermittlungsdiensten i. S. d. DSA zuständig sein, in dem sich die Hauptniederlassung in der EU befindet. Hilfsweise richtet sich die mitgliedstaatliche Zuständigkeit nach dem Sitz des gesetzlichen Vertreters, den ein Vermittlungsdienst nach Art. 13 DSA zu bestellen hat, sofern er in einem Drittstaat ansässig ist. Hinsichtlich Anbietern von „sehr großen Online-Plattformen“ (engl. *„very large online platforms“*, kurz: „VLOPs“) und „sehr großen Online-Suchmaschinen“ (engl. *„very large online search engines“*, kurz: „VLOSEs“) wird das Herkunftslandprinzip jedoch vertikal zugunsten der KOM durchbrochen, der hier eine ausschließliche Zuständigkeit zur Aufsicht bzgl. der Pflichten des Kap. III Abschn. 5 zusteht, vgl. Art. 56 Abs. 2 DSA. Sofern andere Pflichten von VLOP-/VLOSE-Anbietern des DSA betroffen sind, besteht gem. Art. 56 Abs. 4 DSA eine konkurrierende Zuständigkeit zwischen der KOM und den nationalen DSCs. Diese wird im Übrigen ebenfalls zu einer ausschließlichen Zuständigkeit der KOM, soweit und sobald sie wegen einer konkreten Zuwiderhandlung ein Verfahren nach Art. 66 DSA einleitet. Mit dieser vertikalen Zentralisierung des Art. 56 Abs. 2 DSA und Zentralisierbarkeit im Falle der Art. 56 Abs. 3, 4 DSA versucht der EU-Gesetzgeber offensichtlich den Nachteilen, die das Herkunftslandprinzip für eine effektive grenzüberschreitende Aufsicht verursacht, abzuhelfen. Demnach ist Irland künftig nicht mehr allein für die Beaufsichtigung von Meta, Google und X hinsichtlich der Einhaltung der Pflichten nach dem DSA zuständig.[62] Daneben besteht mit Art. 60 Abs. 4 S. 2 DSA eine kooperationsrechtliche Sonderzuständigkeit der DSCs in den Bestimmungsländern, die nicht der Zuständigkeitsverteilung des Art. 56 DSA folgt und damit die Geltung des Herkunftslandprinzips im Anwendungsbereich des DSA durchbricht.[63]

II. Strukturelle Konzeption des Herkunftslandprinzips in der ECRL und AVMD-RL

Strukturell folgt das in Art. 3 ECRL normierte Herkunftslandprinzip dem „Regel-Ausnahme“-Prinzip. Die Abs. 1 und 2 normieren die Grundsätze des Herkunftslandprinzip als „Regel“, wobei Abs. 1 die Primärzuständigkeit und Verpflichtung des Herkunftslandes festlegt, für die Einhaltung der innerstaatlichen Vorschriften Sorge zu tragen (Prinzip der Erstverantwortlichkeit). Nach Abs. 2 sind zudem jegliche Einschränkungen der Tätigkeiten eines Dienstes der Informationsgesellschaft durch andere Mitgliedstaaten im koordinierten Bereich ausdrücklich ausgeschlossen.[64] Der Begriff des „koordinierten Bereichs“ ist in Art. 2 lit. h) ECRL legaldefiniert als sämtliche für die Anbieter von Diensten der Informationsgesell-

[62] *Rademacher/Marsch*, in: NK-DSA, Vor Art. 56 ff., 61 ff., Rn. 5.

[63] Im Einzelnen zu den Ausnahmen von der Geltung des Herkunftslandprinzips durch die Zuständigkeitsverteilung der Art. 56 ff. DSA s. Kap. 2 H. I., S. 71 f.

[64] *Marly*, in: GHN/Recht der EU, Art. 3 ECRL, Rn. 21.

schaft und Dienste der Informationsgesellschaft in den Rechtssystemen der Mitgliedstaaten festgelegten Anforderungen, ungeachtet der Frage, ob sie allgemeiner Art oder speziell für diese bestimmt sind.[65] „Anforderungen" sind sämtliche Vorschriften, die ein Diensteanbieter bzw. Dienst nach der Rechtsordnung seines Niederlassungslandes einhalten muss.[66] Damit gilt das Herkunftslandprinzip querschnittsartig für öffentlich-rechtliche Vorschriften und zivilrechtliche Restriktionen bis hin zu strafrechtlichen Tatbeständen.[67] Demnach reicht der „koordinierte Bereich" grds. weiter als die durch die der ECRL harmonisierten Bereiche.[68] Begrenzt wird die Reichweite der Geltung des Herkunftslandprinzips durch die Ausnahmetatbestände in den Abs. 3 und 4. Art. 3 Abs. 3 ECRL enthält dabei abstrakt-generelle bzw. „absolute" Bereichsausnahmen, in denen Bestimmungsstaaten die Steuerung des elektronischen Geschäftsverkehrs erlaubt ist, „weil der Grundsatz der gegenseitigen Anerkennung im Sinne der Rechtsprechung des Gerichtshofes zu den Grundsätzen des freien Verkehrs des Vertrages nicht anwendbar ist; [...] keine ausreichende Harmonisierung besteht, die angesichts der nicht bestehenden gegenseitigen Anerkennung ein gleichwertiges Schutzniveau in allen Mitgliedstaaten gewährleisten könnte, oder weil Bestimmungen in bestehenden Richtlinien nicht mit Artikel 3 vereinbar sind, da sie ausdrücklich die Kontrolle durch das Bestimmungsland vorsehen". Konkret betrifft dies die in Anhang I der ECRL genannten Teilbereiche.[69]

Art. 3 Abs. 4 ECRL sieht zugunsten einzelner namentlich benannter Schutzgüter eine Ausnahmemöglichkeit im Hinblick auf einen bestimmten Dienst der Informationsgesellschaft vor, die in prozeduraler Hinsicht in den Abs. 5 und 6 durch die Festlegung bestimmter Notifikations-, Konsultations-, und Informationsverfahren ergänzt wird. Darin liegt jedoch eine erhebliche Hemmschwelle für andere regulierungswillige Bestimmungsländer, da die Anforderungen an eine Einzelfallausnahme deutlich erhöht sind. Die Konzeption des Art. 3 ECRL zeigt zudem, dass das Bestimmungsland nur sekundär regelungszuständig sein soll und die formellen Verfahrensvorschriften der Abs. 4–6 die primäre Zuständigkeit des Herkunftslandes sichern und stärken.[70] Selbst bei Betroffenheit der jeweiligen Schutzgüter greift daher zunächst grds. das Herkunftslandprinzip, sofern nicht die Besonderheiten des konkreten Einzelfalls den Voraussetzungen der Abs. 4–6 genügen und damit eine Ausnahme von der Geltung des Herkunftslandprinzips begründen.[71]

---

[65] Zur Reichweite des koordinierten Bereichs im Einzelnen vgl. Kap. 2 C., S. 42 f.

[66] *Blasi*, Herkunftslandprinzip Fernseh-RL und ECRL, S. 346; *Landfermann*, ZUM 1999, 795 (798); *Spindler*, NJW 2002, 925.

[67] *Blasi*, Herkunftslandprinzip Fernseh-RL und ECRL, S. 346; *Kuhlmann/Aydik*, ZUM 2024, 244 (248); *Landfermann*, ZUM 1999, 795 (798 f.); *Spindler*, NJW 2002, 925.

[68] So auch *Bodewig*, GRUR Int. 2000, 475 (479); *Spindler*, ZUM 2017, 473 (475).

[69] Europäische Kommission, KOM (1998) 586 endg., S. 36; *Marly*, in: GHN/Recht der EU, Art. 3 ECRL, Rn. 22.

[70] *Mankowski*, in: MüKO/LauterkeitsR, Teil II, Rn. 87.

[71] *Marly*, in: GHN/Recht der EU, Art. 3 ECRL, Rn. 33.

Innerhalb der AVMD-RL regelt Art. 3 Abs. 1, dass die rechtliche Kontrolle von audiovisuellen Mediendiensten innerhalb der durch die Richtlinie koordinierten Bereiche vorrangig jenem Mitgliedstaat obliegt, in dem die Dienste ihren Ursprung haben und dass der *Empfangs*mitgliedstaat diese Kontrollfunktion des *Ursprungs*mitgliedstaats hinsichtlich besagter Dienste grds. anerkennt und keine Zweitkontrolle vornimmt.[72] Ähnlich wie die ECRL sieht auch die AVMD-RL Ausnahmen von der Geltung des Sendestaatprinzips in Art. 3 Abs. 2–5, Art. 4 Abs. 2–5 AVMD-RL vor. Gem. Art. 3 Abs. 2 AVMD-RL können Mitgliedstaaten vorübergehend vom Sendestaatprinzip abweichen, wenn ein ausländischer audiovisueller Mediendienst „in offensichtlicher, ernster und schwerwiegender Weise" unter Verstoß gegen Art. 6 Abs. 1 lit. a) AVMD-RL zu Hass oder Gewalt aufstachelt, gegen die Jugendschutzvorschrift des Art. 6a AVMD-RL verstößt oder eine Beeinträchtigung oder ernsthafte und schwerwiegende Gefahr der Beeinträchtigung der öffentlichen Gesundheit darstellt. In diesen Fällen sind jedoch die umfangreichen Notifikations- und Verfahrensvorgaben des Art. 3 Abs. 2 UAbs. 2 lit. b)–d) sowie UAbs. 3 einzuhalten. Ein verkürztes Verfahren gilt für die Fälle des Art. 3 Abs. 3 AVMD-RL, soweit ein ausländischer audiovisueller Mediendienst „in offensichtlicher und schwerwiegender Weise" zur Begehung einer terroristischen Straftat auffordert und damit gegen Art. 6 Abs. 1 lit. b) AVMD-RL verstößt oder eine Beeinträchtigung bzw. ernsthafte und schwerwiegende Gefahr der Beeinträchtigung für die öffentliche Sicherheit und die Wahrung nationaler Sicherheits- und Verteidigungsinteressen darstellt.[73] Als eine weitere Durchbrechung des Sendestaatprinzips sieht Art. 4 Abs. 2–5 AVMD-RL Regelungen zur Bekämpfung eines Missbrauchs durch gezielte Sitzverlagerungen des Anbieters vor. Auch hier gelten strenge Gebote der Konsultation und Zusammenarbeit zwischen den jeweils betroffenen Mitgliedstaaten unter Beteiligung der KOM.[74] Die Regelungssystematik des Sendestaatprinzips der AVMD-RL ist im Wesentlichen an jene des Art. 3 ECRL angelehnt. Dies hat der EU-Gesetzgeber auch in ErwG 37 AVMD-RL klargestellt, wonach hinsichtlich etwaiger Ausnahmen vom Sendestaatprinzip auf die Bedingungen und Voraussetzungen des Art. 3 ECRL verwiesen wird. Gleichermaßen werden dadurch die enge rechtssystematische Verknüpfung und der Gleichlauf des Herkunftslandprinzips nach Art. 3 ECRL und Art. 3 AVMD-RL bekräftigt. Deutlich wird dies auch durch Art. 28a Abs. 5 AVMD-RL, der für Video-Sharing-Plattform-Anbieter ausdrücklich auf die Anwendung des Art. 3 ECRL verweist.[75]

Ungeklärt ist jedoch bisher, ob und inwieweit der ErwG 38 DSA diese Struktur und das Verständnis des Herkunftslandprinzips der Art. 3 ECRL beeinflusst bzw. gar verändert, insb. ob spezifische Anordnungen von Behörden und Gerichten

[72] *Brings-Wiesen*, in: Spindler/Schuster, Recht der elektronischen Medien, Allg. B., Rn. 102.

[73] *Oster/Wagner*, in: Dauses/Ludwigs, EU-WirtschaftsR-HdB, E.V., Rn. 55 ff.

[74] *Liesching*, Herkunftslandprinzip der ECRL und die deutsche Medienregulierung, S. 26.

[75] *Liesching*, Herkunftslandprinzip der ECRL und die deutsche Medienregulierung, S. 40.

i. S. d. Art. 9 und 10 DSA abweichend davon zu behandeln sind.[76] Der Wortlaut des ErwG 38 DSA ist dahingehend widersprüchlich. Zwar wird zunächst ausgeführt, dass „Anordnungen zum Vorgehen gegen rechtswidrige Inhalte [...] den Vorschriften zur Wahrung der Zuständigkeit des Mitgliedstaats, in dem der Anbieter niedergelassen ist, und den Vorschriften zur Festlegung möglicher Ausnahmen von dieser Zuständigkeit in bestimmten Fällen gem. Art. 3 RL 2000/31/EG, sofern die Bedingungen des genannten Artikels erfüllt sind" unterliegen. Dann wird allerdings ergänzt, dass Art. 3 ECRL (einschließlich der strengen materiellen und prozeduralen Ausnahmevoraussetzungen für einzelfallbezogene Empfangsstaat-Maßnahmen in Abs. 4 und 5) für nationale behördliche Anordnungen nach dem DSA gerade nicht mehr gelten würde, da „auf bestimmte rechtswidrige Inhalte bzw. bestimmte Nutzerinformationen" bezogene Anordnungen „grundsätzlich" nicht die Freiheit der Anbieter von Vermittlungsdiensten darin beschränken würden, ihre Dienste grenzüberschreitend zu erbringen.[77]

III. Stellungnahme

Die ECRL, AVMD-RL sowie der DSA verfolgen das gemeinsame Ziel der Realisierung eines digitalen europäischen Binnenmarktes für Dienste der Informationsgesellschaft, audiovisuelle Mediendienste bzw. Vermittlungsdienste. Innerhalb dieses teilweise- bzw. vollharmonisierenden Rechtsrahmens ist die Zentralisierung bzw. Zentralisierbarkeit von Gesetzgebungs- und Aufsichtskompetenzen einzelner Mitgliedstaaten in Form des Herkunftslandprinzips zweckdienlich. Damit gehen diverse Vorteile für die EU-Gemeinschaft und den Binnenmarkt in wirtschaftlicher, rechtlicher sowie integrationspolitischer Art einher.[78] Es bewirkt etwa, dass Waren und Dienstleistungen, die nach den Bestimmungen des Herkunftslandes rechtmäßig hergestellt und in den Verkehr gebracht werden, gemeinschaftsweit angeboten und abgesetzt werden können.[79] Das ermöglicht wiederum den Erhalt der Vielfalt der Produkte und Dienstleistungen im Binnenmarkt unter gleichzeitiger Gewährleistung des freien Waren- und Dienstleistungsverkehrs.[80] Gleichzeitig fördert dies aber auch die gegenseitige Anerkennung und Akzeptanz der Rechtsvorschriften sowie Durchsetzung der Mitgliedstaaten untereinander, da die Bestimmungs-/Empfangsländer aus anderen Mitgliedstaaten stammende Waren und Dienstleistungen nicht behindern dürfen.[81] Die generelle Regelung eines Herkunftslandprinzips i. R. d. ECRL, AVMD-RL sowie des DSA durch den Unionsgesetzgeber dürfte daher je-

---

[76] S. dazu Kap. 2 H. II., S. 72 ff.

[77] *Spindler*, CR 2023, 602 (604).

[78] Im Einzelnen hierzu *Blasi*, Herkunftslandprinzip Fernseh-RL und ECRL, Teil I, Kap. 4.

[79] *Blasi*, Herkunftslandprinzip Fernseh-RL und ECRL, S. 38.

[80] Europäische Kommission, Mitteilung Die gegenseitige Anerkennung im Rahmen der Folgemaßnahmen zum Aktionsplan für den Binnenmarkt, KOM (1999) 299 endg., S. 4.

[81] *Blasi*, Herkunftslandprinzip Fernseh-RL und ECRL, S. 40.

denfalls keinen evidenten Verstoß gegen das Subsidiaritätsprinzip des Art. 5 Abs. 3 EUV darstellen.

Die Reichweite des Geltungsbereiches des Herkunftslandprinzips in Art. 3 ECRL erscheint jedoch hinsichtlich des kompetenzbezogenen Verhältnismäßigkeitsgrundsatzes des Art. 5 Abs. 4 EUV problematisch.[82] Anders als in Art. 3 AVMD-RL vorgesehen, soll daher das Herkunftslandprinzip der ECRL unabhängig vom Harmonisierungsgrad des betroffenen Sachrechts auch über die durch die ECRL harmonisierten Bereiche hinaus gelten.[83] Zwar lässt sich aus integrationspolitischer Sicht im Hinblick auf dessen Geeignetheit argumentieren, dass das Herkunftslandprinzip den freien Waren- und Dienstleistungsverkehr auch ohne Harmonisierung der einzelstaatlichen Rechtsvorschriften auf Gemeinschaftsebene gewährleisten könne.[84] Darin liegt jedoch ein offensichtlicher Widerspruch zur Begründung der Bereichsausnahmen des Art. 3 Abs. 3 ECRL, wonach der EU-Gesetzgeber bewusst einzelne Rechtsbereiche mangels Harmonisierung von der Geltung des Herkunftslandprinzips ausgenommen hat. Zudem enthalten die ECRL, AVMD-RL und der DSA allesamt unterschiedliche Öffnungsklauseln zur nationalen Ausgestaltung der Rechtslage durch die einzelnen Mitgliedstaaten, bspw. bzgl. der Rechtswidrigkeit von Inhalten i. S. d. Art. 3 lit. h) DSA oder der Haftung eines Vermittlungsdienstes begründenden Vorschriften, vgl. ErwG 17 S. 2 DSA.[85]

Eine etwaige, infolgedessen entstehende Rechtszersplitterung durch nationale Maßnahmen scheint der EU-Gesetzgeber wiederum über einen weiten Geltungsbereich des Herkunftslandprinzips des Art. 3 ECRL korrigieren zu wollen. Diese Einschränkung der Bestimmungsländer bei der Zweitregulierung bzw. Kontrolle von Diensteanbietern mit Sitz in einem anderen Mitgliedstaat im nicht harmonisierten Rechtsbereich trotz unionaler Öffnungsklausel vermag aber aus mehreren Gründen nicht zu überzeugen. Beispielhaft hierfür ist etwa die Durchsetzung kollektiver Rechte und Interessen im Umgang mit rechtswidrigen Inhalten und Persönlichkeitsrechtsverletzungen.[86] Dabei können Mängel in der Harmonisierung dazu führen, dass dem Herkunftsland die Anreize zur weiteren Regulierung der Plattformen fehlen und es damit bei einem geringen Haftungsmaßstab bleibt. In diesem Fall würde das Herkunftslandprinzip jene Diensteanbieter aus Mitgliedstaaten mit geringeren Haftungsvoraussetzungen vor solchen Mitgliedstaaten schützen, die ehrgeizigere Rechtsvorschriften bzgl. der Plattformverantwortlichkeit

[82] A.A. OVG Münster, Beschl. v. 21.3.2023 – 13 B 381/22 = GRUR-RS 2023, 4784, Rn. 35, eine solche Überlegung ließe sich der bisherigen EuGH Rspr. nicht entnehmen (unter Verw. auf EuGH, Urt. v. 25.10.2011 – verb. Rs. C-509/09 u. C-161/10 – juris Rn. 57 ff.).

[83] OVG Münster Beschl. v. 21.3.2023 – 13 B 381/22 = GRUR-RS 2023, 4784, Rn. 33; *Spindler*, ZUM 2017, 473 (475).

[84] Europäische Kommission, Mitteilung Die gegenseitige Anerkennung im Rahmen der Folgemaßnahmen zum Aktionsplan für den Binnenmarkt, KOM (1999) 299 endg., S. 4.

[85] *Steinrötter*, in: Steinrötter, EU-Plattformregulierung-HdB, § 1, Rn. 6.

[86] So auch *Holznagel*, CRi 2020, 103 (105); für einen persönlichkeitsrechtlichen Rahmen auf EU-Ebene vgl. *Dregelies*, FS Schack, S. 951.

eingeführt haben. Denn das Herkunftslandprinzip verhindert den Erlass von Maßnahmen durch Behörden anderer Mitgliedstaaten zum effektiven und umfangreichen Schutz der eigenen öffentlichen Rechtsordnung, wodurch die Diensteanbieter abermals geschützt würden. Dass der EU-Gesetzgeber grenzüberschreitende Sperr- bzw. Auskunftsanordnungen ggü. ausländischen Vermittlungsdiensten von nationalen Behörden oder Gerichten evtl. aber gerade erst ermöglichen wollte, könnte sich nun aus Art. 9 und 10 i. V. m. ErwG 38 DSA ergeben.[87]

Gegen einen derart weiten Anwendungsbereich des Herkunftslandprinzips in der ECRL spricht auch die Gefahr eines Ausweichverhaltens der Diensteanbieter in einen besonders „plattformfreundlichen“ Mitgliedstaat (etwa Irland), wobei die dort zuständigen Behörden mit der Aufgabe überfordert sein könnten, die Einhaltung der Vorschriften für den gesamten Binnenmarkt zu überwachen.[88] Schließlich sind die zuständigen Behörden des Herkunftslandes zum Schutz aller Unionsbürger in gleicher Weise verpflichtet.[89] Dies dürfte aber gerade durch vorhandene Sprachbarrieren erschwert werden (z. B. soweit die Angebote der Diensteanbieter bewusst in einer anderen Sprache gehalten sind als im Herkunftsland). Sofern den zuständigen Behörden die Kapazitäten oder Anreize für die Aufsicht in den Zielmitgliedstaaten fehlen, wäre somit eine Effektivität der Rechtskontrolle zum Nachteil der Verbraucher und Allgemeinheit nicht mehr hinreichend gesichert.[90] Sodann könnten sich die Plattformen einer regulatorischen Rechenschaftspflicht gänzlich entziehen und sich die „einzige Anlaufstelle“ *de facto* in eine „Null-Anlaufstelle“ wandeln.[91] Gleichzeitig könnten Mitgliedstaaten von einer ehrgeizigen Regulierung und Kontrollen der eigenen Diensteanbieter absehen, um diese im europäischen Wettbewerb nicht zu benachteiligen.[92] In der Konsequenz könnte dies zu einer Rechtsangleichung auf dem niedrigsten Niveau und damit einem *„race to the bottom“* führen, da alle Mitgliedstaaten insgesamt ein geringes Maß an Regulierung anstreben würden.[93] Obwohl das Herkunftslandprinzip ein „pragmatisches Mittel zur wirtschaftlichen Integration“ darstellt, ist eine Rechtsangleichung auf Gemeinschaftsebene notwendig, damit sich nicht aufgrund der Geltung des Herkunftslandprinzips der niedrigste Standard durchsetzt.[94] Folglich ist eine Kombination des

[87] Zur dogmatischen Einordnung des ErwG 38 DSA und Konfliktpotenzial mit dem bisherigen Verständnis des Herkunftslandprinzip der ECRL s. Kap. 2 H. II. 2., S. 74 ff.

[88] So auch *Holznagel*, CRi 2020, 103 (104 f.); diesem Problem wird nun im DSA wahrlich durch die Zentralisierung der Aufsichtskompetenzen bei VLOPs/VLOSEs begegnet, wonach bei bestimmten Pflichten die KOM ausschließlich zur Durchsetzung bestimmter Pflichten aus dem DSA ist, vgl. *Rademacher/Marsch*, in: NK-DSA, Vor Art. 56 ff., 61 ff., Rn. 5.

[89] ErwG 22 ECRL.

[90] So bereits *Marly*, in: GHN/Recht der EU, Art. 3 ECRL, Rn. 18.

[91] So bereits *Holznagel*, CRi 2020, 103 (105); *Mankowski*, IPrax 2004, 385 (386).

[92] So bereits *Holznagel*, CRi 2020, 103 (104).

[93] So auch *Ahrens*, CR 2000, 835 (837); *Bodewig*, GRUR Int. 2000, 475 (482); *Härting*, CR 2001, 271 (273); *Marly*, in: GHN/Recht der EU, Art. 3 ECRL, Rn. 17.

[94] *Blasi*, Herkunftslandprinzip Fernseh-RL und ECRL, S. 44.

Herkunftslandprinzips mit gemeinschaftsrechtlichen Mindeststandards als optimale Methode zur Schaffung eines europäisches Rechtsraumes für digitale Medien erforderlich und wünschenswert.[95]

E. Zwischenergebnis

Das Herkunftslandprinzip des Art. 3 ECRL wird (anders als das Sendestaatprinzip des Art. 3 AVMD-RL) zulasten der mitgliedstaatlichen Kompetenzen der Bestimmungsländer zur Zweitregulierung und Aufsicht von Diensten der Informationsgesellschaft mit Sitz in einem anderen Mitgliedstaat über die durch die ECRL harmonisierten Bereiche ausgedehnt. Zwar mag die Geltung des Herkunftslandprinzips auch in nicht durch Unionsrecht harmonisierten Bereichen dem Grunde nach binnenfunktional sein. Dies steht jedoch im Widerspruch zur Beibehaltung von Öffnungsklauseln im Unionsrecht, die der EU-Gesetzgeber (bspw. im Bereich der Persönlichkeitsrechte) bewusst geschaffen und damit eine mögliche Fragmentierung des nationalen Rechts als Hindernis für den Binnenmarkt in Kauf genommen hat. Um das kompetenzrechtliche Zurückhaltungsgebot ggü. den Bestimmungsländern zu wahren sowie einen strukturellen Gleichlauf des Herkunftslandprinzips der ECRL und dem Sendestaatprinzip der AVMD-RL herzustellen, sollte das Begriffsverständnis des „koordinierten Bereiches" zur Bestimmung des jeweiligen Geltungsbereichs einheitlich ausgelegt werden. Die Reichweite des Herkunftslandprinzips des Art. 3 ECRL sowie des Sendestaatprinzips des Art. 3 AVMD-RL sollte sich daher auf die durch die ECRL, AVMD-RL bzw. anderweitig durch Unionsrecht harmonisierten Rechtsbereiche beschränken. Die Geltung des Herkunftslandprinzips bzw. Sendestaatprinzips erfordert jedenfalls einen Mindestgrad an Harmonisierung der betroffenen Rechtsbereiche. Folglich sollten trotz Beibehaltung des Herkunftslandprinzips innerstaatliche Regelungen und Vollzugsmaßnahmen unter bestimmten Voraussetzungen (insb. mangelnder Harmonisierung) am Marktortprinzip ausgerichtet werden können.

---

[95] So auch *Ohly*, GRUR Int. 2001, 899 (908).

Kapitel 2

Reichweite des Herkunftslandprinzips nach dem DSA

Die unterschiedlichen Harmonisierungsgrade der ECRL (Mindestharmonisierung) und des DSA (Vollharmonisierung) wirken sich auch auf die Relevanz des Herkunftslandprinzips aus. Während das Herkunftslandprinzip in der ECRL umfangreich sowohl die nationale Umsetzung der Richtlinienbestimmung (insb. das Verbot der Zweitregulierung für Bestimmungsländer) sowie deren Aufsicht und Durchsetzung der Vorschriften durch die Mitgliedstaaten betrifft, wird das Herkunftslandprinzip im DSA lediglich bei der für die Überwachung des DSA zuständigen Behörde relevant.[96] Ausgehend vom bisherigen Verständnis des Art. 3 ECRL ist daher festzustellen, dass das Herkunftslandprinzip in materieller Hinsicht zunächst grds. nur so weit wie der sachliche und territoriale Anwendungsbereich der ECRL bzw. des DSA reichen kann.[97] Nachfolgend soll die Reichweite des Herkunftslandprinzips des Art. 3 ECRL vor dem Hintergrund des DSA, insb. die Bedeutung des ErwG 38 DSA für die Struktur und das bisherige Verständnis des Herkunftslandprinzips herausgearbeitet werden. In diesem Zusammenhang werden auch Unterschiede im Anwendungsbereich und mögliche Ausnahmetatbestände zum Herkunftslandprinzip thematisiert, die sich aus der Fortentwicklung der Regulierung von Vermittlungsdiensten und dem Vollharmonisierungsansatz des DSA ergeben.

A. Territorialer Anwendungsbereich des Herkunftslandprinzips

Während für die Eröffnung des Anwendungsbereiches der ECRL gem. Art. 3 Abs. 1 noch eine Niederlassung des Diensteanbieters im Hoheitsgebiet eines Mitgliedstaates erforderlich war, ist es gem. Art. 2 Abs. 1 DSA ausreichend, wenn der Vermittlungsdienst für Nutzer mit einer Niederlassung oder Sitz in der EU *angeboten* wird, ungeachtet des Niederlassungsortes des Anbieters dieses Vermittlungsdienstes.[98] Mithin bedient sich der DSA anders als die ECRL des bereits im

[96] *Müller-Terpitz*, in: Müller-Terpitz/Köhler/DSA, Art. 2, Rn. 3.

[97] *Blasi*, Herkunftslandprinzip Fernseh-RL und ECRL, S. 323.

[98] Damit hat der EU-Gesetzgeber den räumlichen Anwendungsbereich ggü. dem Verordnungsentwurf zum DSA nochmals erweitert, welcher zunächst lediglich vorsah, dass „Vermittlungsdienste in der Union *erbracht* werden müssen“ vgl. Europäische Kommission, COM (2020) 825 final, ErwG 7 DSA-E; *Dregelies*, MMR 2022, 1033 (1034).

Datenschutzrecht (Art. 3 Abs. 2 DSGVO[99]) und Wettbewerbsrecht (Art. 1 Abs. 2 DSM) üblichen Marktortprinzips.[100] Die dortigen Vorschriften sind daher als Referenzpunkte bei der Auslegung der Begriffsbestimmungen des DSA zu berücksichtigen, um dahingehende Kohärenz zu gewährleisten.[101] Durch die Kombination von Marktort- und Herkunftslandprinzip sollen möglichst lückenlos sämtliche relevanten Anbieter von Vermittlungsdiensten erfasst sein, weshalb der Anwendungsbereich in territorialer Hinsicht auf eine „wesentliche Verbindung zur Union" des Vermittlungsdienstes ausgerichtet ist.[102]

Ausweislich der Legaldefinition in Art. 3 lit. d) DSA meint „in der Union Dienstleistungen an[zu]bieten", dass es natürlichen und juristischen Personen möglich ist, in einem oder mehreren Mitgliedstaaten die Dienste eines Anbieters von Vermittlungsdiensten zu nutzen, der eine wesentliche Verbindung zur Union hat. „Wesentlich" ist die Verbindung zur Union, (i) soweit der Diensteanbieter eine Niederlassung in der Union hat, (ii) die Zahl der Nutzer dieses Dienstes im Verhältnis zur Bevölkerung in einem oder mehreren Mitgliedstaaten erheblich ist [103] oder (iii) die Tätigkeit auf einen oder mehrere Mitgliedstaaten ausgerichtet ist.[104] Mithin begründet sich die Verbindung zur Union entweder durch eine eigene Niederlassung des Diensteanbieters in der EU oder das Vorliegen besonderer faktischer Kriterien (Art. 3 lit. g) DSA). Die jeweilige Ausrichtung der Tätigkeit bestimmt sich dabei anhand aller relevanten Umstände, insb. Faktoren wie der Verwendung einer in den betreffenden Mitgliedstaaten gebräuchlichen Sprache, Währung, der Möglichkeit, Produkte oder Dienstleistungen zu erwerben oder der Nutzung einschlägiger Domänen oberster Stufe (z.B. „.de")[105], der Verfügbarkeit der Anwendung in nationalen App-Stores oder der Schaltung von lokaler Werbung.[106] Eine wesentliche Verbindung ist aber auch dann anzunehmen, sofern der Diensteanbieter seine Tätigkeit auf einen oder mehrere Mitgliedstaaten i.S.d. Art. 17 Abs. 1 lit. c)

---

[99] Verordnung (EU) 2016/679 des Europäischen Parlaments und des Rates vom 27. April 2016 zum Schutz natürlicher Personen bei der Verarbeitung personenbezogener Daten, zum freien Datenverkehr und zur Aufhebung der Richtlinie 95/46/EG (Datenschutz-Grundverordnung).

[100] *Müller-Terpitz*, in: Müller-Terpitz/Köhler/DSA, Art. 2, Rn. 6.

[101] So auch *Dregelies*, MMR 2022, 1033 (1034).

[102] *Gerdemann/Spindler*, GRUR 2023, 3 (4).

[103] I.R.d. Trilog-Verfahrens wurde klargestellt, dass sich die Erheblichkeit nach dem Verhältnis der Nutzer zur Gesamtbevölkerung der jeweiligen Mitgliedstaaten bemisst, ohne dahingehend konkrete Schwellenwerte festzulegen, s. *Gerdemann/Spindler*, GRUR 2023, 3 (5).

[104] Vgl. Art. 3 lit. e) DSA.

[105] Diese Kriterien zur Ermittlung der örtlichen Ausrichtung hat der EuGH in der *Alpenhof*-Entscheidung entwickelt, vgl. EuGH, Urt. v. 7.12.2010 – verb. Rs. C-585/08 u. C-144/09 = MMR 2011, 132 Rn. 83 f.

[106] Vgl. ErwG 8 DSA; EuGH, Urt. v. 7.12.2010 – verb. Rs. C-585/08 u. C-144/09 = MMR 2011, 132 Rn. 60 ff.

Brüssel Ia-VO[107] ausrichtet. Hingegen reicht die bloße technische Erreichbarkeit der Webseite eines Anbieters in der Union nicht aus.[108]

B. Sachlicher Anwendungsbereich des Herkunftslandprinzips

Auch im Hinblick auf deren sachlichen Anwendungsbereich unterscheiden sich die ECRL und der DSA bereits dem Grunde nach. Erstere knüpft hinsichtlich der Normadressaten an sämtliche „Dienste der Informationsgesellschaft" an (Art. 1 Abs. 1 ECRL), wohingegen der DSA lediglich „Vermittlungsdienste", besser: Intermediäre (engl.: *intermediary service*; franz.: *service intermédiaire*) als Unterfall der Dienste der Informationsgesellschaft adressiert (Art. 2 Abs. 1 DSA).

I. Dienste der Informationsgesellschaft

Hinsichtlich des Begriffs des „Dienstes der Informationsgesellschaft" wird sowohl in Art. 2 lit. a) ECRL als auch Art. 3 lit. a) DSA jeweils auf die Legaldefinition in der RL (EU) 2015/1535 (vormals Richtlinie 98/34/EG in der Fassung 98/48/EG) verwiesen.[109] Gem. Art. 1 lit. b) Info-RL meint eine Dienstleistung der Informationsgesellschaft „jede in der Regel gegen Entgelt elektronisch im Fernabsatz und auf individuellen Abruf eines Empfängers erbrachte Dienstleistung". Dieser Begriff ist grds. weit zu verstehen[110] und erfasst nach der Rechtsprechung des EuGH u. a. Dienste, die auf einer elektronischen Plattform die Anbahnung von Verträgen zwischen Verbrauchern und Dienstleistern[111], die kostenlose Bereitstellung von Internetzugängen über WLAN[112] sowie bestimmte Online-Marktplätze ermöglichen.[113] „Elektronisch erbracht" wird eine Dienstleistung, wenn sie mittels Geräten für die elektronische Verarbeitung (einschließlich digitaler Kompression) und Speicherung von Daten am Ausgangspunkt gesendet bzw. am Endpunkt empfangen wird und vollständig über Draht, Funk, auf optischem oder anderem elektroma-

---

[107] Verordnung (EU) Nr. 1215/2012 des Europäischen Parlaments und des Rates vom 12. Dezember 2012 über die gerichtliche Zuständigkeit und die Anerkennung und Vollstreckung von Entscheidungen in Zivil- und Handelssachen.

[108] ErwG 8 DSA; *Hofmann*, in: NK-DSA, Art. 2, Rn. 20.

[109] Richtlinie (EU) 2015/1535 des Europäischen Parlaments und des Rates v. 09.09.2015 über ein Informationsverfahren auf dem Gebiet der technischen Vorschriften und der Vorschriften für die Dienste der Informationsgesellschaft; Richtlinie 98/34/EG des Europäischen Parlaments und des Rates v. 22.06.1998 über ein Informationsverfahren auf dem Gebiet der Normen und technischen Vorschriften („Info-RL").

[110] *Oster/Wagner*, in: Dauses/Ludwigs, EU-WirtschaftsR-HdB, E.V., Rn. 88.

[111] EuGH, Urt. v. 19.12.2019 – C-390/18 = MMR 2020, 171 Rn. 69.

[112] EuGH, Urt. v. 15.9.2016 – C-484/14 = GRUR 2016, 1146 Rn. 43, 54.

[113] EuGH, Urt. v. 12.7.2011 – C-324/09 = GRUR 2011, 1025 Rn. 123 f.

gnetischen Wege gesendet, weitergeleitet und empfangen wird (Art. 1 lit. b) ii) Info-RL). „Im Fernabsatz und auf individuellen Abruf eines Empfängers“ erbracht wird die Dienstleistung gem. Art. 1 lit. b) i), iii) Info-RL, sobald diese ohne die gleichzeitige physische Anwesenheit der Vertragsparteien und durch die Übertragung von Daten auf individuelle Anforderung ausgeführt wird. Umfasst ist damit grds. ein weiter Bereich wirtschaftlicher Online-Tätigkeiten, insb. der Online-Verkauf von Waren. Die Begriffsbestimmung der „Dienste der Informationsgesellschaft“ beschränkt sich jedoch nicht nur auf Dienste, bei denen online Verträge geschlossen werden können, sondern erfasst auch Dienste, die nicht von jenen vergütet werden, die sie empfangen (z. B. Online-Informationsdienste, kommerzielle Kommunikation oder Dienste, die Instrumente zur Datensuche zum Datenzugang und zur Datenabfrage bereitstellen). Hinzu kommen zudem Dienste, welche Informationen zu einem Kommunikationsnetz übermitteln, Zugang zu einem solchen Kommunikationsnetz anbieten oder nutzerbezogene Informationen speichern.[114] Nicht erfasst sind lediglich solche Dienstleistungen, die analog, unter physischer Anwesenheit der Vertragsparteien[115], in materieller Form[116] oder im Wege einer Übertragung von Daten ohne individuellen Abruf für eine unbegrenzte Zahl von einzelnen Empfängern (Punkt-zu-Mehrpunkt-Übertragung)[117] erbracht werden.

II. Vermittlungsdienste

Der Begriff des „Vermittlungsdienstes“ wird in Art. 3 lit. g) i)–iii) DSA abschließend definiert als „reine Durchleitungs“- (engl.: *mere conduit*; franz.: *simple transport*), „Caching“- (engl.: *caching service*; franz.: *service de mise en cache*) und „Hosting“- (engl.: *hosting service*; franz.: *service d'hébergement*) Dienste. Ggü. der Begriffsbestimmung der Dienste der Informationsgesellschaft ist die Definition des Vermittlungsdienstes demnach deutlich enger gefasst.[118] Letztere weist zwar Überschneidungen mit dem Begriff des Intermediärs (auch Mittelsperson; Vermittler) in Art. 11 S. 3 Enforcement-RL[119] und Art. 8 Abs. 3 Info-Soc-RL[120] auf,

---

[114] ErwG 18 ECRL.

[115] Vgl. Anhang I Nr. 1 zur Info-RL Beispielliste von nicht „im Fernabsatz“ erbrachten Diensten.

[116] Vgl. Anhang I Nr. 2 zur Info-RL Beispielliste von nicht „elektronisch“ erbrachten Diensten.

[117] Vgl. Anhang I Nr. 3 zur Info-RL Beispielliste von nicht „auf individuellen Abruf eines Empfängers“ erbrachten Diensten.

[118] *Köhler*, in: Müller-Terpitz/Köhler/DSA, Art. 3, Rn. 51.

[119] Richtlinie 2004/48/EG des Europäischen Parlaments und des Rates vom 29. April 2004 zur Durchsetzung der Rechte des geistigen Eigentums.

[120] Richtlinie 2001/29/EG des Europäischen Parlaments und des Rates vom 22. Mai 2001 zur Harmonisierung bestimmter Aspekte des Urheberrechts und der verwandten Schutzrechte in der Informationsgesellschaft.

ist damit aber nicht identisch.[121] Die jeweiligen Begriffsbestimmungen der einzelnen Vermittlungsdienste im DSA wurden hier wortgetreu aus den bisherigen Art. 12–14 ECRL übernommen.[122] Eine Dienstleistung der „reinen Durchleitung" besteht darin, von einem Nutzer bereitgestellte Informationen in einem Kommunikationsnetz zu übermitteln oder den Zugang zu einem Kommunikationsnetzwerk zu vermitteln.[123] Hierzu sollen etwa lokale Funknetze mit Internetzugang (WLAN), Internet-Austausch-Knoten (z.B. DE-CIX), drahtlose Zugangspunkte (wie DENIC, EURid), virtuelle private Netze, DNS-Dienste und DNS-Resolver, Dienste von Namensregistern der Domäne oberster Stufe, Registrierungsstellen, Zertifizierungsstellen, die digitale Zertifikate ausstellen, Internet-Sprachtelefonie („VoIP" wie WhatsApp oder Skype) und andere interpersonelle Kommunikationsdienste zählen.[124]

Hingegen bestehen „Caching"-Leistungen darin, dass von einem Nutzer bereitgestellte Informationen in einem Kommunikationsnetzwerk übermittelt werden und dabei eine automatische, zeitlich begrenzte Zwischenspeicherung der Informationen zu dem alleinigen Zweck erfolgt, die Übermittlung der Information an andere Nutzer auf deren Anfrage effizienter zu gestalten.[125] Exemplarisch wird hier in ErwG 29 S. 2 DSA das alleinige Betreiben von Netzwerken zur Bereitstellung von Inhalten, Reserve-Proxys oder Proxys zur Anpassung von Inhalten genannt.

„Hosting"-Dienste zeichnen sich schließlich dadurch aus, dass sie von einem Nutzer bereitgestellte Informationen in dessen Auftrag speichern.[126] Dies erfasst etwa Hosting-Plattformen, Cloud-Computing-Dienste, Web-Hosting-Dienste, entgeltliche Referenzierungsdienste oder Dienste, die den Online-Austausch von Informationen und Inhalten ermöglichen – darunter auch die Speicherung und der Austausch von Dateien.[127] Eine Unterkategorie der Hosting-Dienste stellen Online-Plattformen dar, die im Auftrag eines Nutzers Informationen speichern und öffentlich verbreiten, z.B. Social-Media Plattformen (Facebook, Instagram, „X"), Online-Marktplätze (wie eBay) und Video-Sharing-Plattformen.[128]

Gem. Art. 3 lit. j) DSA ist auch eine Online-Suchmaschine als Vermittlungsdienst i.S.d. DSA zu qualifizieren. Darunter sind Dienste zu verstehen, die es Nutzern ermöglichen, in Form eines Stichwortes, einer Spracheingabe, Wortgruppe oder einer anderen Eingabe, Anfragen einzugeben, um prinzipiell auf allen Webseiten in einer bestimmten Sprache eine Suche zu einem beliebigen Thema vorzu-

[121] *Hofmann*, in: NK-DSA, Art. 3, Rn. 40.

[122] *Nathanail*, in: Kraul/Der neue DSA, § 2, Rn. 20.

[123] Vgl. Art. 3 lit. g) i) DSA.

[124] ErwG 29 DSA; *Hofmann*, in: NK-DSA, Art. 3, Rn. 55; *Nathanail*, in: Kraul/Der neue DSA, § 2, Rn. 21.

[125] Vgl. Art. 3 lit. g) ii) DSA.

[126] Vgl. Art. 3 lit. g) iii) DSA.

[127] ErwG 29 S. 4 DSA; *Hofmann*, in: NK-DSA, Art. 3, Rn. 60.

[128] ErwG 13 DSA.

nehmen und Erlebnisse in einem beliebigen Format, in dem Informationen im Zusammenhang mit dem angeforderten Inhalt zu finden sind, angezeigt zu bekommen. Die Aufnahme von Online-Suchmaschinen in den Anwendungsbereich des DSA ist dabei neu. Diese waren bisher wegen Art. 21 Abs. 2 ECRL vom Anwendungsbereich der ECRL ausgenommen.[129] Aufgrund der Heterogenität der angebotenen Leistungen lassen sich Online-Suchmaschinen nicht eindeutig den gesetzlichen Kategorien der Durchleitung-, Caching- oder Hostingdienste zuordnen.[130] Da sich die Begriffe „Durchleitung", „Caching" und „Hosting" jedoch auf die in Rede stehende, konkrete Dienstleistung beziehen, dürfte die Einordnung im Einzelfall ausschließlich von den technischen Funktionen der Suchmaschine abhängen.[131] Dafür spricht insb. der vom Europäischen Parlament im Trilog-Verfahren vorgeschlagene ErwG 27a DSA, wonach eine Suchmaschine als Caching-Dienst für Informationen dienen könnte, die in den Ergebnissen einer Anfrage enthalten sind. Hingegen entsprechen neben diesen Ergebnissen angezeigte Elemente wie Online-Werbung eher dem Angebot eines Hosting-Dienstes.[132] Im Hinblick auf die Anwendbarkeit etwaiger Haftungsprivilegien der Art. 4–6 DSA ist damit die konkrete Tätigkeit der Online-Suchmaschine im Einzelfall zu prüfen.[133]

C. Koordinierter Bereich

Der Geltungsbereich des Herkunftslandprinzips des Art. 3 ECRL ist grds. auf Vorschriften des „koordinierten Bereiches" beschränkt, welcher in Art. 2 lit. h) ECRL legaldefiniert aber nicht wortwörtlich zu verstehen ist. Weder von der AVMD-RL noch dem DSA wurde diese Terminologie übernommen oder im Richtlinien- bzw. Verordnungstext anderweitig aufgegriffen. Erfasst sind hingegen sämtliche in den Rechtssystemen der Mitgliedstaaten vorgesehenen Anforderungen für Dienste der Informationsgesellschaft, und zwar ungeachtet der Frage, ob sie allgemeiner Art oder speziell für sie bestimmt sind.[134] Positiv werden etwa Vorschriften zur Qualifikation des Anbieters, zur Genehmigung der Tätigkeit, zum Verhalten des Anbieters während des Betriebes des Dienstes, aber auch Vorschriften zur Qualität bzgl. des vom Dienst angebotenen Inhalts genannt (Art. 2 lit. h) S. 1 i) ECRL). Dies gilt für Vorschriften bzgl. der Tätigkeitsaufnahme und -ausübung

---

[129] *Köhler*, in: Müller-Terpitz/Köhler/DSA, Art. 3, Rn. 60.

[130] *Köhler*, in: Müller-Terpitz/Köhler/DSA, Art. 3, Rn. 60; eingehend zur Problematik s. *Hofmann*, in: NK-DSA, Art. 3, Rn. 63 ff.

[131] ErwG 29 DSA; *Hofmann*, in: NK-DSA, Art. 3, Rn. 42, 66.

[132] Vgl. Europäisches Parlament, Abänderungen v. 20. 1. 2022 zum DSA-E, P9_TA (2022) 0014, Abänderung Nr. 24, die jedoch nicht in den finalen Verordnungstext übernommen wurde; *Neidinger/Wildgans*, in: Kraul/Der neue DSA, § 3, Rn. 23.

[133] *Köhler*, in: Müller-Terpitz/Köhler/DSA, Art. 3, Rn. 60.

[134] Eingehend hierzu *Bodewig*, GRUR Int. 2000, 475 (479).

solcher Dienste gleichermaßen.[135] Gemeint sind hier insb. „Anforderungen betreffend Online-Tätigkeiten, bspw. Online-Informationsdienste, Online-Werbung, Online-Verkauf und Online-Vertragsschluss".[136] Nicht in den koordinierten Bereich sollen hingegen nach Art. 2 lit. h) ii) ECRL Bestimmungen fallen, welche die angebotenen Waren als solche, die Warenlieferung oder Dienste oder nicht auf elektronischem Weg erbrachte Dienste betreffen (etwa Sicherheitsnormen, Kennzeichnungspflichten oder die Haftung für Waren einschließlich der Lieferung von Humanarzneimitteln). Da sich der „koordinierte Bereich" jedenfalls auf die durch die ECRL bzw. den DSA (für Vermittlungsdienste) harmonisierten Bereiche bezieht, sollen zur Eingrenzung des materiellen Anwendungsbereiches nachfolgend die jeweiligen Regelungen grob umrissen werden.

D. Regelungen der ECRL

I. Zulassungsfreiheit, Art. 4 ECRL

Gem. Art. 4 ECRL dürfen die Mitgliedstaaten die Aufnahme und Ausübung der Tätigkeit eines Diensteanbieter der Informationsgesellschaft nicht von einer Zulassung oder sonstigen Anforderungen gleicher Wirkung abhängig machen. Formale Zulassungsverfahren, wie etwa von Behörden einzuholende Genehmigungen oder Erlaubnisse sowie ähnlich wirkende Anforderungen sind mithin untersagt.[137] Mit dem Grundsatz der Zulassungsfreiheit soll gewährleistet werden, dass jeder Wirtschaftsakteur erleichterten Zugang zur elektronischen Geschäftstätigkeit hat, weshalb die KOM in Art. 4 ECRL einen „Anspruch auf die Einrichtung einer Internet-Adresse" verankert wissen wollte.[138] Die Verpflichtung der Mitgliedstaaten betrifft jedoch nicht nur die Einrichtung einer Internet-Adresse, sondern auch den Anschluss an das Internet und die Aufrechterhaltung der Kommunikation.[139]

II. Allgemeine Informationspflichten, Art. 5 ECRL

Art. 5 Abs. 1 ECRL enthält eine allgemeine „Impressumpflicht". Danach muss jeder Diensteanbieter die dort aufgeführten Informationen für Nutzer und zuständige Behörden leicht, unmittelbar und ständig zur Verfügung stellen. Dabei handelt es sich jedoch lediglich um Mindestangaben, die von den Mitgliedstaaten durch weitere Informationspflichten ergänzt werden können – tatsächlich aber nur für

[135] *Marly*, in: GHN/Recht der EU, Art. 2 ECRL, Rn. 37.

[136] ErwG 21 ECRL.

[137] *Oster/Wagner*, in: Dauses/Ludwigs, EU-WirtschaftsR-HdB, E.V., Rn. 93 Fn. 283.

[138] Europäische Kommission, KOM (1998) 586 endg., S. 24.

[139] *Marly*, in: GHN/Recht der EU, Art. 4 ECRL, Rn. 2.

Diensteanbieter, die deren Rechtshoheit unterworfen sind.[140] Erfasst sind neben dem Namen (lit. a)) und der geographischen Adresse der Niederlassung (lit. b)) auch unmittelbare Kontaktaufnahmemöglichkeiten, insb. eine E-Mail-Adresse (lit. c)). Daneben sind ggfs. Handelsregistereintragungen oder Eintragungen in ein vergleichbares öffentliches Register (lit. d)) und die zuständige Aufsichtsbehörde anzugeben, soweit für die Aufnahme der Tätigkeit eine Zulassung erforderlich ist (lit. e)). Wird eine Tätigkeit des Diensteanbieters im Rahmen eines reglementierten Berufs ausgeübt, müssen der betreffende Berufsverband oder ähnliche Einrichtungen, die Berufsbezeichnung sowie der Mitgliedstaat der Verleihung derselben angegeben werden, neben einem Hinweis auf die einschlägigen berufsrechtlichen Regeln (lit. f)). Umsatzsteuerpflichtige Diensteanbieter haben zusätzlich ihre Umsatzsteueridentifikationsnummer vorzuweisen (lit. g)). Zur Sicherstellung der Preistransparenz im elektronischen Geschäftsverkehr müssen auch Preisangaben gem. Art. 5 Abs. 2 ECRL klar und unzweideutig ausgestaltet sein, insb. die Angabe über Steuern und Versandkosten. Dies gilt sowohl für Verbrauchergeschäfte als auch im B2B-Bereich.

III. Besondere Werbevorgaben, Art. 6–8 ECRL

Während Art. 5 ECRL allgemeine Informationspflichten aufstellt, die von jedem Diensteanbieter zu erfüllen sind, enthält Art. 6 ECRL weitergehende Informationspflichten für „kommerzielle Kommunikation" i. S. v. Art. 2 lit. f) ECRL. Darunter sind alle Formen der Kommunikation zu verstehen, „die der unmittelbaren oder mittelbaren Förderung des Absatzes von Waren und Dienstleistungen oder des Erscheinungsbilds eines Unternehmens, einer Organisation oder natürlichen Person dienen, die eine Tätigkeit in Handel, Gewerbe oder Handwerk oder einen reglementierten Beruf ausübt". Erfasst ist hierbei „jede Wirtschaftswerbung im weitesten Sinne".[141] Explizit nennt die ECRL zudem Rabatte, Zugaben, Preisausschreiben oder Gewinnspiele.[142] Daneben sind sämtliche Formen von Werbung, Direktmarketing, Sponsoring, Verkaufsförderung und Öffentlichkeitsarbeit für Produkte und Dienstleistungen erfasst.[143] Keine kommerzielle Kommunikation i. S. d. ECRL sind hingegen Angaben, die den direkten Zugang zu der Tätigkeit des Unternehmens, der Organisation oder Person ermöglichen und damit eher einer „unabhängige Produktförderung" gleichkämen. Dazu zählen u. a. Domain-Namen oder E-Mail-Adressen sowie Angaben bzgl. Waren, Dienstleistungen oder des Erscheinungsbildes eines Unternehmens bzw. einer Organisation oder Person, die unabhängig

[140] *Marly*, in: GHN/Recht der EU, Art. 5 ECRL, Rn. 8; *Oster/Wagner*, in: Dauses/Ludwigs, EU-WirtschaftsR-HdB, E.V., Rn. 94.

[141] *Blasi*, Herkunftslandprinzip Fernseh-RL und ECRL, S. 352.

[142] ErwG 29 ECRL.

[143] Vgl. ErwG 14 RL 98/84/EG.

und ohne finanzielle Gegenleistung gemacht werden.[144] Die Informationspflichten des Art. 6 lit. a)–d) ECRL beziehen sich einerseits auf die eindeutige Unterscheidbarkeit der Werbung von anderen Inhalten und Informationen sowie die klare Identifizierbarkeit des Auftraggebers dieser kommerziellen Kommunikation. Andererseits betreffen die Pflichten besondere Anforderungen zu Angaben bei Preisnachlässen- und Ausschreiben.[145] Demnach müssen Preisnachlässe, Zugaben und Geschenke als verkaufsfördernde Mittel klar erkennbar sein, insb. unter welchen Bedingungen diese Mittel in Anspruch genommen werden können. Gleiches gilt im Übrigen für Preisausscheiben und Gewinnspiele mit den jeweiligen Teilnahmebedingungen in Zusammenhang mit kommerzieller Kommunikation. Wie in Art. 5 ECRL wird jedoch auch im Bereich der kommerziellen Kommunikationen keine abschließende Vollharmonisierung der Informationspflichten angestrebt.[146]

Art. 7 ECRL normiert ein Kennzeichnungsgebot für nicht vom Empfänger angeforderte Werbung, die mittels elektronischer Post versandt wird (bspw. die Zusendung von Werbe-E-Mails). Die Frage nach der Zu- bzw. Unzulässigkeit von unerbetener Werbung bleibt jedoch in der ECRL offen. Sofern der Versand unaufgeforderter Werbung in einem Mitgliedstaat zulässig ist, müssen Diensteanbieter daher sog. „Robinson-Listen" berücksichtigen. Dies sind Listen, „in die sich natürliche Personen eintragen können, die keine derartigen kommerziellen Kommunikationen zu erhalten wünschen" (Art. 7 Abs. 2 ECRL). In Deutschland und einigen anderen Mitgliedstaaten wird etwa ein „Opt-in"-Modell vorgeschrieben, wonach die Versendung von unaufgeforderter Werbung nur im Falle eines vorherigen Einverständnisses des Empfängers zulässig ist.[147]

In Art. 8 ECRL finden sich zudem besondere Werbevorgaben für Angehörige reglementierter Berufe i. S. d. Art. 2 lit. g) ECRL. Dazu zählen u. a. Rechtsanwälte, Ärzte, Wirtschaftsprüfer und Steuerberater.[148] Die Verwendung kommerzieller Kommunikation steht gem. Art. 8 Abs. 1 ECRL unter dem Erlaubnisvorbehalt der Einhaltung berufsrechtlicher Regelungen, insb. der Wahrung der Unabhängigkeit, Würde und Ehre des Berufs, des Berufsgeheimnisses sowie des lauteren Verhaltens ggü. Kunden und Kollegen. Zur Konkretisierung der i. R. d. Abs. 1 zulässigen Werbung, sollen die Berufsvereinigungen und -organisationen auf Gemeinschaftsebene Verhaltenskodizes in enger Zusammenarbeit mit der KOM erarbeiten (Art. 8 Abs. 2, 3 ECRL).

---

[144] *Oster/Wagner*, in: Dauses/Ludwigs, EU-WirtschaftsR-HdB, E.V., Rn. 96 Fn. 288.

[145] *Marly*, in: GHN/Recht der EU, Art. 6 ECRL, Rn. 4–8.

[146] *Marly*, in: GHN/Recht der EU, Art. 6 ECRL, Rn. 3, 7 f.

[147] *Blasi*, Herkunftslandprinzip Fernseh-RL und ECRL, S. 356 m. w. N.

[148] *Marly*, in: GHN/Recht der EU, Art. 8 ECRL, Rn. 2.

IV. Anforderungen an elektronische Vertragsschlüsse, Art. 9–11 ECRL

In Art. 9 ECRL findet sich eine Art General- oder auch Nichtdiskriminierungsklausel, die den Mitgliedstaaten vorbehaltlich der Ausnahmetatbestände jegliche Benachteiligung elektronisch abgeschlossener Verträge verbietet. Im Gegensatz zu Art. 10 und 11 ECRL schließt dies auch Verträge ein, die durch den Austausch von elektronischer Post oder durch vergleichbare individuelle Kommunikation zustande kommen.[149] Gem. Art. 9 Abs. 1 S. 2 ECRL dürfen die für den Vertragsschluss geltenden Vorschriften weder Hindernisse für die Verwendung elektronischer Verträge bilden noch dazu führen, dass elektronisch geschlossene Verträge wegen der Art des Vertragsschlusses ihre rechtliche Wirksamkeit verlieren. Konkret betrifft dies nur Hindernisse, die sich aus rechtlichen Anforderungen ergeben (ErwG 37 ECRL), bspw. Regelungen über Formerfordernisse (ErwG 34 S. 1 ECRL). Gem. Art. 9 Abs. 2 ECRL können die Mitgliedstaaten Ausnahmeregelungen für alle oder bestimmte Verträge der in den lit. a)–d) gelisteten Kategorien vorsehen. Erfasst sind hierbei Immobilienverträge mit Ausnahme von Mietrechten (lit. a)), Verträge mit öffentlicher Beteiligung (lit. b)), Kreditsicherungsverträge (lit. c)) sowie Verträge im Bereich des Familien- und Erbrechts (lit. d)). Sofern die Mitgliedstaaten hiervon Gebrauch machen, sind sie jedoch ggü. der KOM zur Mitteilung verpflichtet, welche der in Abs. 2 genannten Kategorien dies betrifft. Im Falle einer nationalen Ausnahmeregelung bzgl. der Verträge mit öffentlicher Beteiligung i. S. d. Abs. 2 lit. b) muss der KOM darüber hinaus alle fünf Jahre ein Bericht nebst Begründung übermittelt werden, weshalb die Ausnahmeregelung weiterhin gerechtfertigt ist (Art. 9 Abs. 3 ECRL).

Art. 10 ECRL vervollständigt das gestufte System der in der ECRL festgelegten Informationspflichten für Diensteanbieter der Informationsgesellschaft. Die vorvertragliche Informationspflichten des Art. 10 Abs. 1 lit. a)–d) ECRL sind dabei vorrangig für Verbraucherverträge relevant und müssen vor Abgabe einer Bestellung durch den Nutzer erteilt werden. Dazu zählen etwa Angaben zu einzelnen technischen Schritten, die zum Vertragsabschluss führen (lit. a)), Angaben zur Speicherung und nachträglichen Zugänglichkeit des Vertragstextes (lit. b)), aber auch Angaben zu technischen Mitteln zur Erkennung und Korrektur von Eingabefehlern vor Abgabe der Bestellung (lit. c)) sowie der für den Vertragsabschluss zur Verfügung stehenden Sprachen (lit. d)). Zusätzlich hat der Diensteanbieter dem Nutzer gem. Art. 10 Abs. 2 ECRL mitzuteilen, welchen Verhaltenskodizes er sich zur sachgemäßen Anwendung der Art. 5–10 ECRL unterwirft und wie diese auf elektronischem Wege zugänglich sind. Die Vertragsbedingungen und AGB müssen zudem für den Nutzer gem. Art. 10 Abs. 3 ECRL speicher- und reproduzierbar sein.

Darüber hinaus sind in Art. 11 ECRL besondere Anforderungen und Regelungen für die Abgabe einer Bestellung seitens eines Nutzers, die teils vor, teils nach dem

[149] *Marly*, in: GHN/Recht der EU, Art. 9 ECRL, Rn. 2.

Abschluss des Vertrages zu erfüllen sind. Erforderlich ist etwa nach Art. 11 Abs. 1 1. Spiegelstrich eine unverzügliche, elektronische Eingangsbestätigung der Bestellung durch den Diensteanbieter. Eingegangen sind die Bestellung und Empfangsbestätigung, wenn die Parteien, für die sie bestimmt sind, diese abrufen können (Art. 11 Abs. 1 2. Spiegelstrich). Korrespondierend zur Vorgabe des Art. 10 Abs. 1 lit. c) ECRL muss der Diensteanbieter dem Nutzer angemessene, wirksame und zugängliche technische Mittel zur Verfügung stellen, mit denen er Eingabefehler vor Abgabe der Bestellung erkennen und korrigieren kann.[150] Sofern keine abweichenden Vereinbarungen zwischen den Parteien getroffen wurden, gelten die Vorgaben der Art. 10 und 11 ECRL entsprechend für Verträge mit Unternehmen.

E. Regelungen des DSA

Einleitend ist festzustellen, dass die zwei materiell-rechtlichen Schwerpunkte des DSA in der Regulierung einzelner Bausteine zur Intermediärhaftung, insb. Haftungsprivilegierungen (Kap. II, Art. 4–6 DSA) und verschiedenen Sorgfaltspflichten für Vermittlungsdienste, bestehen, verbunden mit dem Ziel ein transparentes und sicheres Online-Umfeld zu schaffen (Kap. III Art. 11–48 DSA). Letztere wurden in einem aufeinander aufbauenden „Pyramidenmodell" ausgestaltet, sodass die Anwendbarkeit der jeweiligen Vorschriften von der jeweiligen Dienstekategorie, der Größe des Unternehmens und deren Auswirkungen im Online-Umfeld abhängt.[151] Die Intermediärsregulierung des DSA betrifft damit sowohl die zentrale Frage nach der Haftung für vermittelte Inhalte als auch die konkrete, technische Ausgestaltung der Plattform.[152]

Für alle Anbieter von Vermittlungsdiensten i. S. d. DSA gelten zunächst die allgemeinen Bestimmungen der Art. 11–15 DSA. Ergänzende besondere Anforderungen für Hostingdiensteanbieter, einschließlich Online-Plattformen finden sich in den Art. 16–18 DSA. Zusätzliche Pflichten ergeben sich zudem speziell für Online-Plattformen aus den Art. 19–28 DSA, wobei hier eine Ausnahme für Kleinst- bzw. Kleinunternehmen i. S. d. Art. 19 DSA besteht. Anbieter von Online-Plattformen, die den Abschluss von Fernabsatzverträgen zwischen Verbrauchern und Unternehmen ermöglichen („Handelsplattformen"), müssen dabei die besonderen Anforderungen der Art. 29–32 DSA erfüllen. Schließlich werden auf der pflichtenintensivsten Regulierungsstufe in Kap. III Abschn. 5 spezielle, auf den Umgang mit systematischen Risiken ausgelegte Pflichten für Anbieter von „sehr großen Online-Plattformen" sowie „sehr großen Suchmaschinen" festgelegt (Art. 33–43 DSA). Diese Regelungen gelten allerdings nur für solche Online-Plattformen und Suchmaschinen, die den Schwellenwert aktiver Nutzer überschreiten und als VLOP/

[150] *Marly*, in: GHN/Recht der EU, Art. 11 ECRL, Rn. 9.

[151] *Hofmann/Raue*, in: NK-DSA, Einl. Rn. 40.

[152] *Hofmann/Raue*, in: NK-DSA, Einl. Rn. 12 f.

VLOSE von der KOM benannt wurden (Art. 33 Abs. 1 DSA); die Pflichten sind vier Monate nach der Benennung anwendbar (Art. 33 Abs. 6 UAbs. 2 DSA).[153] Diese verpflichtenden und vollharmonisierten Sorgfalts- und Transparenzpflichten des DSA werden zudem durch freiwillige Selbstregulierungsmaßnahmen (Art. 45–48 DSA) als Teil des Koregulierungsrahmens ergänzt.[154] Dabei handelt es sich jedoch um „soft law", sodass diese Vorschriften keine unmittelbare Rechtswirkung entfalten.[155]

Aufgrund der Regulierungsdichte und Komplexität des DSA wird auf eine detaillierte Darstellung der einzelnen Pflichten verzichtet. Vielmehr wird lediglich ein Überblick über die Intermediärsregulierung der Kap. II und III des DSA gegeben.[156] Sofern einzelne Regelungen für die Frage nach der Vereinbarkeit von nationalem Recht des NetzDG, MStV, JMStV, JuSchG oder DDG mit dem DSA relevant werden, werden diese im Einzelnen in Kap. 4 behandelt.

I. Haftung von Vermittlungsdiensten

1. Haftungsprivilegierungen, Art. 4–6 DSA

In Kap. II sind entgegen der Überschrift „Haftung der Anbieter von Vermittlungsdiensten" lediglich die Voraussetzungen für das Vorliegen einer Haftungsprivilegierung von Access-, Hosting- und Caching-Anbietern geregelt (Art. 4–6 DSA).[157] Positive Regeln zur Haftungsbegründung enthält der DSA hingegen nicht, sondern setzt hier eine Rechtsgrundlage im nationalen oder anderweitigem Unionsrecht voraus.[158] Im Wesentlichen entsprechen die Regelungen in deren Wortlaut und Struktur den bisherigen Vorgängernormen der Art. 12–15 ECRL[159], wobei die hierzu bisher entwickelte EuGH-Rspr.[160] fortgelten soll (ErwG 18 f. DSA).[161] Die Privilegierungstatbestände der Art. 4–6 DSA orientieren sich hier an den jeweiligen dienstespezifischen Eigenschaften und Fähigkeiten[162], enthalten jedoch die ge-

---

[153] *Beyerbach/Seyer*, in: Müller-Terpitz/Köhler/DSA, Art. 33, Rn. 8.

[154] *Wagner*, in: Müller-Terpitz/Köhler/DSA, Art. 44, Rn. 5.

[155] *Maamar*, in: Kraul/Der neue DSA, § 4, Rn. 258.

[156] Im Einzelnen zu den Anordnungen des Art. 9 und 10 DSA unter H. II. 5., S. 80 ff.

[157] *Hofmann/Raue*, in: NK-DSA, Einl., Rn. 39.

[158] ErwG 17 DSA; *Hofmann*, in: NK-DSA, Vor Art. 4 ff., Rn. 38, 68.

[159] Art. 12 ECRL wird fortgeführt in Art. 4 DSA; Art. 13 ECRL in Art. 5 DSA und Art. 14 ECRL in Art. 6 DSA.

[160] EuGH, Urt. v. 23.3.2010 – verb. Rs. C-236/08 u. C-238/08 = NJW 2010, 2029, Rn. 112 ff., 120; EuGH, Urt. v. 22.6.2021 – verb. Rs. C-682/18 u. C-683/18 = NJW 2021, 2571, Rn. 105 ff.

[161] *Raue/Heesen*, NJW 2022, 3537 (3539); *Spindler*, GRUR 2021, 545 (548).

[162] *Schäufele/Krück*, GRUR-Prax 2023, 120 (121); eingehend hierzu *Raue/Heesen*, NJW 2022, 3537 (3538 f.); *Spindler*, MMR 2023, 73.

meinsame Kernaussage, dass Vermittlungsdienste für fremde Nutzerinhalte grds. nicht haften sollen, solange sie keine „aktive Rolle“ einnehmen bzw. Kenntnis von der Rechtswidrigkeit des Inhalts haben.[163]

Demnach haften Dienste der reinen Durchleitung gem. Art. 4 Abs. 1 lit. a)–c) DSA nicht, solange sie die Übermittlung von Informationen in einem Kommunikationsnetzwerk nicht veranlassen, den Adressaten der Informationen nicht auswählen, und die übermittelten Informationen weder auswählen noch verändern.[164] Caching-Dienste sollen nach Art. 5 Abs. 1 lit. a)–c) DSA nicht haften, solange sie die Informationen nicht verändern und die Bedingung für den Zugang zu den Informationen und branchenübliche Regeln zur Aktualisierung der Information und das Sammeln von Daten über die Nutzung der Informationen beachten. Zudem darf die branchenübliche Anwendung von Technologien zur Sammlung von Daten über die Nutzung der Informationen nicht beeinträchtigt werden (Art. 5 Abs. 1 lit. d) DSA) bzw. dürfen die Dienste keine Kenntnis darüber haben, dass die Informationen am ursprünglichen Ausgangsort der Übermittlung aus dem Netz entfernt wurden, der Zugang zu ihnen gesperrt wurde oder eine Justiz- oder Verwaltungsbehörde die Entfernung/Sperrung des Inhalts angeordnet hat (Art. 5 Abs. 1 lit. e) DSA).[165] Hosting-Anbieter sollen nach Art. 6 Abs. 1 lit. a) DSA nicht für die im Auftrag von Nutzern gespeicherten Informationen haften, sofern sie keine tatsächliche Kenntnis von einer rechtswidrigen Tätigkeit oder rechtswidrigen Inhalten haben und sich bzgl. Schadensersatzansprüchen auch keiner Tatsachen oder Umstände bewusst sind, aus denen sich eine Rechtswidrigkeit der Information offensichtlich ergibt. Sobald daher der Host-Provider Kenntnis oder Bewusstsein über einen rechtswidrigen Inhalt erlangt, ist der Zugang zu diesem Inhalt unverzüglich zu sperren bzw. dieser zu entfernen (Art. 6 Abs. 1 lit. b) DSA).

Relevante inhaltliche Änderungen der Haftungsprivilegien sind insgesamt nicht ersichtlich. Eine Neuerung zur ECRL enthält allerdings Art. 6 Abs. 3 DSA, der eine Haftungsprivilegierung im Verbraucherschutzrecht ausschließt, sofern Produkte oder Dienstleistungen auf Online-Plattformen derart präsentiert werden, dass sie bei einem Verbraucher den Eindruck erwecken, der Gegenstand der Transaktion würde von der Online-Plattform selbst oder jedenfalls von einem Nutzer unter ihrer Aufsicht bereitgestellt werden.[166] Im Kontext des Art. 6 DSA sind zudem die zusätzlichen Bestimmungen für Hosting-Dienste der Art. 16–18 DSA zu beachten.[167] Die dortigen Verfahrensvorgaben und Konkretisierungen zu Meldungen rechtswidriger Inhalte können Einfluss auf die Kenntniserlangung eines Hosting-Dienstes nach

---

[163] ErwG 18 DSA; *Kettemann/Müller*, in: Steege/Chibanguza, Metaverse-HdB, § 7, Rn. 7; *Schäufele/Krück*, GRUR-Prax 2023, 120 (121).

[164] *Schäufele/Krück*, GRUR-Prax 2023, 120 (121).

[165] *Neidinger/Wildgans*, in: Kraul/Der neue DSA, § 3, Rn. 64.

[166] *Neidinger/Wildgans*, in: Kraul/Der neue DSA, § 3, Rn. 80; *Schmid/Grewe*, MMR 2021, 279 (280).

[167] *Gerdemann/Spindler*, GRUR 2023, 3 (5).

Art. 6 Abs. 1 lit. b) DSA und damit dessen Haftung haben.[168] Dies gilt auch für die zusätzlichen Anforderungen an Online-Plattformen und Suchmaschinen der Art. 33 ff. DSA.[169]

2. Verbot allgemeiner Überwachungspflichten und das „Gute-Samariter-Privileg“, Art. 7, 8 DSA

Eine wesentliche Neuerung[170] ist das in Art. 7 DSA verankerte „Gute-Samariter“-Privileg, wonach die Haftungsprivilegien der Art. 4–6 DSA auch bei freiwilligen Tätigkeiten der Vermittlungsdienste zur Identifizierung von rechtswidrigen Inhalten anwendbar sein sollen.[171] Um hier Fehlanreize zu verhindern, führen jedoch solche freiwilligen Überwachungsmaßnahmen nicht zu einer „aktiven Rolle“ des Vermittlungsdienstes, der eine Anwendbarkeit der Haftungsprivilegien ausschließen würde.[172] Das bisherige Verbot allgemeiner Überwachungspflichten für die von den Vermittlungsdiensten übermittelten oder gespeicherten Informationen bzw. der Pflicht, aktiv nach solchen Umständen zu forschen wird in Art. 8 DSA fortgeführt.[173] Unter Verweis auf die „*Glawischnig*“-Entscheidung des EuGH stellt ErwG 30 ausdrücklich klar, dass hier zwar eine widersprechende Auslegung ausscheidet, jedoch Art. 8 DSA einer Anordnung spezifischer Unterlassungs- bzw. Löschpflichten für identische und sinngleiche Inhalte nicht entgegensteht, sofern sich letztere mittels eines automatisierten Verfahrens ausfindig machen lassen.[174] Mithin können sich im Einzelfall spezifische Überwachungspflichten aus behördlichen oder gerichtlichen Anordnungen ergeben, vgl. ErwG 30 S. 2 DSA.[175] Jedoch enthalten weder Art. 8 noch die Art. 9 und 10 DSA eine Begriffsbestimmung von sinngleichen und sinnverschiedenen Inhalten. Dies gilt im Übrigen auch für die Frage, welche technischen Anforderungen an eine automatisierte Erkennung und Filterung solcher Inhalte zu stellen sind.[176]

---

[168] *Gerdemann/Spindler*, GRUR 2023, 3 (5).

[169] *Gerdemann/Spindler*, GRUR 2023, 3 (5).

[170] Zwar war das „Gute Samariter Privileg“ bisher nicht im Unionsrecht normiert. Dennoch entspricht es der bisherigen Rechtsauffassung des EuGH und der KOM und begründet insofern keinen Paradigmenwechsel, s. *Hofmann*, in: NK-DSA, Art. 7, Rn. 4 unter Verweis auf Europäische Kommission, Mitteilung Umgang mit illegalen Online-Inhalten Mehr Verantwortung für Online-Plattformen, COM (2017) 555 final, S. 12 ff.

[171] *Neidinger/Wildgans*, in: Kraul/Der neue DSA, § 3, Rn. 83.

[172] *Hofmann*, in: NK-DSA, Art. 7, Rn. 2.

[173] *Berberich/Seip*, GRUR-Prax 2021, 4; Art. 8 DSA setzt den bisherigen Art. 15 ECRL und die in diesem Zusammenhang ergangene EuGH Rspr. fort, vgl. *Gerdemann/Spindler*, GRUR 2023, 3 (6) unter Verweis auf EuGH, Urt. v. 24.11.2011 – C-70/10 = GRUR 2012, 265, Rn. 35 ff.; EuGH, Urt. v. 16.2.2012 – C-360/10 = GRUR 2012, 382, Rn. 33 ff.

[174] EuGH, Urt. v. 3.10.2019 – C-18/18 = GRUR 2019, 1208, Rn. 46; *Gerdemann/Spindler*, GRUR 2023, 3 (6).

[175] *Spindler*, GRUR 2021, 545 (550).

[176] *Gerdemann/Spindler*, GRUR 2023, 3 (6).

II. Allgemeine Sorgfaltspflichten

1. Kontaktstellen für Behörden/Nutzer und gesetzl. Vertreter, Art. 11–13 DSA

Die Art. 11–13 DSA stehen in engem Zusammenhang und sollen insgesamt die rechtliche Kommunikation mit den Vermittlungsdiensten vereinfachen. Während die Pflichten des Art. 11 und 13 DSA die Kommunikation zwischen den Vermittlungsdiensten und zuständigen Behörden betreffen, verpflichtet Art. 12 DSA die Dienste zur Einrichtung einer benutzerfreundlichen elektronischen Kontaktstelle für Nutzer.[177] Gem. Art. 11 Abs. 1, 2 DSA haben alle Vermittlungsdienste eine zentrale elektronische Kontaktstelle für Behörden der Mitgliedstaaten, die KOM und das EBDS einzurichten, die leicht zugänglich veröffentlicht und aktuell gehalten werden muss.[178] Zudem regelt Abs. 3, in welcher Sprache die Kommunikation mit der Kontaktstelle zu erfolgen hat. Grds. wird dabei vorausgesetzt, dass der Vermittlungsdienst die Kommunikation in zwei Sprachen akzeptiert: Zum einen in der Amtssprache des Mitgliedstaats, in dem der Anbieter seinen Hauptsitz hat; sofern der Anbieter keinen Sitz in der EU hat, wird diesbezüglich auf die Niederlassung des gesetzlichen Vertreters i. S. d. Art. 13 DSA abgestellt. Zum anderen muss die Kommunikation in einer Sprache möglich sein, die von „möglichst vielen Unionsbürgerinnen und Unionsbürgern verstanden wird“. Die damit gemeinten Sprachen werden jedoch vom DSA nicht weiter konkretisiert.[179] Art. 13 DSA erweitert diese Pflicht für Anbieter ohne Niederlassung[180] in der EU um die Benennung eines gesetzlichen Vertreters. Konkret betrifft dies nach Art. 13 Abs. 1 DSA Anbieter, die in einem Drittstaat ansässig sind, aber ihre Dienstleistungen in der Union anbieten. Die gesetzlichen Vertreter sollen demnach zur Entgegennahme, Einhaltung und Durchsetzung von unter dem DSA ergangenen Beschlüssen verantwortlich sein (Abs. 2) und ggfs. persönlich haftbar gemacht werden können (Abs. 3).[181] Der gesetzliche Vertreter kann zugleich die elektronische Kontaktstelle für Behörden und Nutzer i. S. d. Art. 11 und 12 DSA darstellen, sofern die dortigen Anforderungen erfüllt werden (vgl. ErwG 44 S. 7 DSA).[182] Schließlich ist der gesetzliche Vertreter bei dem nationalen DSC bekanntzugeben, in dem der gesetzliche Vertreter niedergelassen ist (Abs. 4), wobei Abs. 5 deklaratorisch klarstellt, dass die Bestellung

---

[177] *Raue*, in: NK-DSA, Art. 11, Rn. 2.

[178] Dies entspricht im Wesentlichen den Anforderungen an die Erreichbarkeit des Impressums in § 5 TMG, vgl. *Maamar*, in: Kraul/Der neue DSA, § 4, Rn. 19 f.

[179] *Maamar*, in: Kraul/Der neue DSA, § 4, Rn. 21; *Raue*, in: NK-DSA, Art. 11, Rn. 28.

[180] Der Begriff der Niederlassung ist im DSA nicht definiert und orientiert sich am allgemeinen Verständnis im Unionsrecht, s. *Maamar*, in: Kraul/Der neue DSA, § 4, Rn. 30 mit Verweis auf EuGH, Urt. v. 25. 7. 1991 – C-221/89, Rn. 20; EuGH, Urt. v. 5. 6. 2018 – C-210/16 = NJW 2018, 2537, Rn. 54.

[181] *Gerdemann/Spindler*, GRUR 2023, 3 (7).

[182] *Maamar*, in: Kraul/Der neue DSA, § 4, Rn. 36.

eines gesetzlichen Vertreters keine Niederlassung des Vermittlungsdienstes in der EU begründet.[183]

Im Hinblick auf die Einrichtung einer elektronischen Kontaktstelle für Nutzer setzt Art. 12 Abs. 1 DSA voraus, dass diese eine direkte und schnelle Kommunikation ermöglicht (bspw. über eine Telefonnummer, E-Mail-Adresse, Live-Chat oder Kontaktformular, vgl. ErwG 43 S. 1 DSA). Der Einsatz automatisierter Kommunikationsmittel, etwa von Chatbots, ist grds. zulässig, darf jedoch nicht ausschließlich zur Kommunikation verwendet werden. Vielmehr muss daher der Nutzer die Möglichkeit haben, ein Kommunikationsmittel zu wählen, das nicht auf automatisierten Instrumenten beruht. Die Kontaktstelle muss darüber hinaus in einer benutzerfreundlichen Weise bereitgestellt werden. Art. 12 Abs. 2 DSA stellt hierzu klar, dass die Impressumspflicht des Art. 5 ECRL durch die Regelung nicht ersetzt, sondern ergänzt wird.[184] Danach ist die Kontaktstelle ebenfalls leicht zugänglich zu machen und stets aktuell zu halten.

2. Ausgestaltung der AGB und Transparenzberichtspflichten, Art. 14, 15 DSA

Art. 14 DSA enthält weitergehende Transparenzvorgaben zur Ausgestaltung der AGB und Nutzungsbedingungen mit Blick auf die Beschränkung von Nutzerinhalten durch manuelle oder automatisierte Inhaltemoderation.[185] Die Mindestangaben werden in Art. 14 Abs. 1 DSA geregelt, wozu Angaben zu allen Leitlinien, Verfahren, Maßnahmen und Werkzeuge, die zur Moderation von Inhalten eingesetzt werden, zählen. Dies schließt auch Angaben zur algorithmischen Entscheidungsfindung und der menschlichen Überprüfung sowie zu den Verfahrensregeln und ihr internes Beschwerdemanagementsystem ein. Zur allgemeinen Verständlichkeit sind die Informationen klar und eindeutig abzufassen und in einer benutzerfreundlichen Weise zugänglich zu machen. Im Falle von Änderungen der AGB sind diese den Nutzern entsprechend mitzuteilen (Art. 14 Abs. 2 DSA). Abs. 3 verschärft die Transparenzpflichten für Dienste, die sich vorrangig an Minderjährige richten bzw. überwiegend von diesen genutzt werden. Hier gelten jedoch erhöhte Anforderungen an die wörtliche Ausformulierung der AGB. Für VLOP/VLOSE-Anbieter werden die Transparenzvorgaben nochmals durch die Abs. 5 und 6 erweitert. Zusätzlich müssen VLOPs und VLOSEs eine „kompakte, leicht zugängliche und maschinenlesbare" Zusammenfassung ihrer AGB einschließlich verfügbarer Rechtsbehelfe und Rechtsbehelfsmechanismen bereitstellen (Abs. 5). Gem. Abs. 6 müssen die AGB zudem in den Amtssprachen aller Mitgliedstaaten

[183] *Maamar*, in: Kraul/Der neue DSA, § 4, Rn. 38 f.

[184] *Maamar*, in: Kraul/Der neue DSA, § 4, Rn. 25–28.

[185] *Gerdemann/Spindler*, GRUR 2023, 3 (8); *Hoch-Loy*, in: Steinrötter, EU-Plattformregulierung-HdB, § 4, Rn. 58; zur Begriffsbestimmung der „Inhaltemoderation" vgl. Art. 3 lit. t) DSA.

veröffentlicht werden, in denen der Dienst angeboten wird. Schließlich betrifft Art. 14 Abs. 4 DSA die Durchsetzung der AGB und beschränkt in diesem Zusammenhang die einseitige Gestaltungsmacht der Vermittlungsdienste.[186] Vermittlungsdienste sind demnach zu einer umfassenden Interessensabwägung verpflichtet, sodass Abs. 4 indirekt eine Grundrechtsbindung statuiert.[187]

Zu den AGB-bezogenen Transparenzvorgaben tritt die in Art. 15 DSA normierte Pflicht zur jährlichen Veröffentlichung eines Transparenzberichts über die Inhaltemoderation der Vermittlungsdienste. Diese Berichtspflicht ist Teil eines abgestuften Systems innerhalb des DSA, welches zwar Kleinunternehmen nach Abs. 2 von der Berichtspflicht ausnimmt, jedoch Online-Plattformen und VLOP-/VLOSE-Anbietern (durch Art. 24 bzw. 42 DSA) erweiterte Transparenzberichtspflichten auferlegt. Der Transparenzbericht ist maschinenlesbar, in elektronischer Form öffentlich zugänglich zu machen und muss die in Art. 15 Abs. 1 S. 2 lit. a)–e) DSA genannten Mindestangaben beinhalten. Dazu zählen die Anzahl der behördlichen Anordnungen zur Einhaltung des DSA, einschließlich der Anordnungen nach Art. 9 und 10 DSA (lit. a)), bei Hosting-Anbietern die Anzahl der Meldungen im Melde- und Abhilfeverfahren (lit. b)), zudem eine Beschreibung der auf Eigeninitiative des Anbieters durchgeführten Inhaltemoderation (lit. c)), die Anzahl der Beschwerden, die im internen Beschwerdemanagementsystem nach Art. 20 DSA eingegangen sind (lit. d)) und die Beschreibung der Verwendung automatisierter Mittel zur Moderation von Inhalten (lit. e)). Die KOM ist nach Art. 15 Abs. 3 DSA ermächtigt, Durchführungsrechtsakte zu erlassen, in denen die Vorlagen für Form, Inhalt und sonstige Einzelheiten der Transparenzberichte einschließlich der Berichtszeiträume festgelegt werden.

III. Zusätzliche Bestimmungen für Hostingdiensteanbieter und Online-Plattformen

1. Einrichtung von Melde- und Abhilfeverfahren, Art. 16 DSA

In den Art. 16–18 DSA wird das bisher für Hosting-Anbieter geltende „Notice-and-Takedown"-Verfahren harmonisiert und inhaltlich weiterentwickelt. Gem. Art. 16 Abs. 1 DSA sind Hosting-Diensteanbieter einschließlich Online-Plattformen zur Einrichtung von Verfahren verpflichtet, mit deren Hilfe bestimmte Inhalte als vermeintlich rechtswidrig gemeldet werden können und der Diensteanbieter daraufhin zu entscheiden hat, ob und welche Abhilfemaßnahmen unternommen werden.[188] Zu beachten sind dabei insb. die Verfahrensvorgaben des Art. 16 Abs. 1 und 2 lit. a) bis d) DSA, wonach ein elektronisches Meldeformular erforderlich ist,

---

[186] *Raue*, in: NK-DSA, Art. 14, Rn. 6.

[187] *Maamar*, in: Kraul/Der neue DSA, § 4, Rn. 46.

[188] *Berberich*, in: Steinrötter, EU-Plattformregulierung-HdB, § 5, Rn. 18.

welches eindeutig in der Nähe des betroffenen Inhalts angezeigt werden sowie leicht auffindbar und nutzbar sein muss. Inhaltlich müssen im Meldeformular Angaben zum Speicherort des Inhalts (URL-Adresse), eine Erläuterung zur Rechtswidrigkeit des Inhalts sowie eine Erklärung, dass der Meldende in gutem Glauben von der Richtigkeit der Meldung überzeugt ist, möglich sein. Abs. 3 regelt zudem die Rechtsfolge von Meldungen rechtswidriger Inhalte und enthält eine unwiderlegbare Vermutung der Kenntnis[189], die sich unmittelbar auf die allgemeine Haftungsprivilegierung des Art. 6 Abs. 1 lit. b) DSA auswirkt. Sofern ein Hosting-Diensteanbieter eine Meldung eines rechtswidrigen Inhaltes erhält und darauf basierend die Rechtswidrigkeit des Inhalts ohne einhergehende rechtliche Prüfung feststellen kann, wird dadurch die konkrete Kenntnis des Anbieters bewirkt.[190] In den Abs. 4–6 des Art. 16 DSA werden Verfahrensvorgaben zur Bearbeitung einer Meldung geregelt. Danach hat der Hosting-Diensteanbieter dem Meldenden eine unverzügliche Empfangsbestätigung der Meldung zu senden (Abs. 4).[191] Abs. 6 S. 1 verpflichtet die Hosting-Diensteanbieter zu einer zeitnahen Bearbeitung der Meldung und sorgfältigen, willkürfreien und objektiven Entscheidung, ob der gemeldete Inhalt rechtswidrig und damit zu entfernen bzw. zu sperren ist.[192] Dabei ist jedoch keine menschliche Kontrolle der eingehenden Meldungen erforderlich, vielmehr ist auch der Einsatz von automatisierten Mitteln zulässig (Abs. 6 S. 2).[193] Dies muss dem Meldenden jedoch bei Mitteilung der Entscheidung mitgeteilt werden. Die Mitteilung an den Hinweisgeber muss zudem Informationen über mögliche Rechtsbehelfe und Rechtsbehelfsmechnismen gegen die Entscheidung enthalten, insb. Hinweise auf das interne Beschwerdemanagementsystem (Art. 20 DSA) und eine außergerichtliche Streitbeilegung (Art. 21 DSA).[194]

2. Pflicht zur Begründung von (diensteseitigen) Nutzungsbeschränkungen, Art. 17 DSA

Die Pflicht zur Information und Begründung des von einer Maßnahme nach Art. 16 Abs. 6 DSA betroffenen Nutzers ergibt sich aus Art. 17 DSA. Gem. Art. 17 Abs. 1 S. 1 DSA müssen Hosting-Diensteanbieter die Nutzer über sämtliche Beschränkungen der Anzeige von Informationen (lit. a)), deren Monetarisierung (lit. b)), der Bereitstellung des Dienstes (lit. c)) oder des Nutzerkontos (lit. d)) entsprechend informieren und mit einer klaren und spezifischen Begründung versehen.

---

[189] *Dregelies*, MMR 2022, 1033 (1034) Fn. 31; *Raue*, in: NK-DSA, Art. 16, Rn. 55 f.; a. A. *Maamar*, in: Kraul/Der neue DSA, § 4, Rn. 64, der hierin eine gesetzliche Fiktion sieht.

[190] *Berberich*, in: Steinrötter, EU-Plattformregulierung-HdB, § 5, Rn. 25; *Gerdemann/Spindler*, GRUR 2023, 3 (8).

[191] *Raue*, in: NK-DSA, Art. 16, Rn. 45.

[192] *Barudi*, in: Müller-Terpitz/Köhler/DSA, Art. 16, Rn. 27 f.; *Raue/Heesen*, NJW 2022, 3537 (3539).

[193] *Maamar*, in: Kraul/Der neue DSA, § 4, Rn. 71; *Spindler*, GRUR 2021, 545 (552).

[194] *Raue*, in: NK-DSA, Art. 16, Rn. 106.

Von dieser Begründungs- und Informationspflicht sind Anordnungen zum Vorgehen gegen rechtswidrige Inhalte nach Art. 9 DSA ausgenommen (Art. 17 Abs. 5 DSA). Zudem findet Abs. 1 keine Anwendung in Fällen, in denen dem Anbieter „einschlägige elektronische Kontaktangaben" fehlen oder es sich um irreführende, umfangreiche kommerzielle Inhalte handelt (Art. 17 Abs. 2 DSA).[195] Die formalen und materiellen Mindestanforderungen für eine Begründung sind in Art. 17 Abs. 3 und 4 DSA normiert.[196] Inhaltlich setzt Abs. 3 zunächst die Angabe der getroffenen Maßnahme sowie deren räumlichen und zeitlichen Geltungsbereich (lit. a)), die der Maßnahme zugrunde liegenden Tatsachen und Umstände, insb. ob die Maßnahme auf einer Meldung i. S. d. Art. 16 DSA oder Eigeninitiative des Anbieters beruht (lit. b)) sowie Informationen über den Einsatz automatisierter Mittel bei der Entscheidungsfindung oder Inhalteerkennung (lit. c)) voraus. Zudem muss nach Abs. 3 lit. d) bzw. e) die Rechtsgrundlage für die beschränkende Maßnahme offengelegt werden, entweder i. S. e. gesetzlichen Verbotsnorm (lit. d)) oder durch die AGB des Anbieters (lit. e))[197], nebst einer näheren Erläuterung, warum von einer Rechtswidrigkeit des Inhalts ausgegangen wird. Schließlich ist auch auf mögliche Rechtsbehelfe gegen die Entscheidung hinzuweisen (Abs. 3 lit. f)).[198] In formeller Hinsicht muss die Begründung klar und leicht verständlich (Abs. 1, 4 S. 1) und gleichzeitig derart spezifisch sein, dass der Nutzer zur Wahrnehmung der Rechtsbehelfe in der Lage ist (Abs. 4 S. 2).[199] Die Begründung muss dem Nutzer spätestens ab dem Zeitpunkt übermittelt werden, ab dem die Beschränkung ggü. diesem wirksam wird (Art. 17 Abs. 2 UAbs. 1 DSA).[200]

3. Meldepflicht bei Verdacht auf Straftaten, Art. 18 DSA

Sofern ein Hosting-Diensteanbieter Kenntnis von Informationen erhält, die den Verdacht einer begangenen, andauernden oder bevorstehenden Straftat mit Gefahr für Leben oder Sicherheit von Personen begründen, muss dies unverzüglich den zuständigen Strafverfolgungs- oder Justizbehörden des betreffenden Mitgliedstaates gemeldet und alle vorliegenden Informationen übermittelt werden.[201] Die hiervon erfassten Straftatbestände werden zwar im DSA nicht konkretisiert, jedoch verweist ErwG 56 DSA hier beispielhaft auf Straftraten zur Verhütung und Bekämpfung des

[195] *Barudi*, in: Müller-Terpitz/Köhler/DSA, Art. 17, Rn. 26 f.

[196] *Barudi*, in: Müller-Terpitz/Köhler/DSA, Art. 17, Rn. 29.

[197] *Raue*, in: NK-DSA, Art. 17, Rn. 50 ff.

[198] *Berberich*, in: Steinrötter, EU-Plattformregulierung-HdB, § 5, Rn. 30.

[199] *Berberich*, in: Steinrötter, EU-Plattformregulierung-HdB, § 5, Rn. 30; *Raue*, in: NK-DSA, Art. 17, Rn. 57 ff.

[200] *Raue*, in: NK-DSA, Art. 17, Rn. 61.

[201] *Berberich*, in: Steinrötter, EU-Plattformregulierung-HdB, § 5, Rn. 31.

Menschenhandels (i. S. d. Menschenhandel-RL[202]) sowie Straftaten zur Bekämpfung des sexuellen Missbrauchs von Kindern (i. S. d. Kinderpornografie-Bekämpfungs-RL[203]) oder zur Terrorismusbekämpfung (i. S. d. Terrorismusbekämpfungs-RL[204]).[205] Als „betreffender“ Mitgliedstaat i. S. d. Art. 18 DSA gilt dabei jener in dem die Straftat begangen wurde, begangen wird oder begangen werden könnte bzw. alternativ der Wohn- oder Aufenthaltsort des Verdächtigen oder des Opfers (Abs. 2 UAbs. 2). Kann hingegen der betreffende Mitgliedstaat nicht ermittelt werden, sind die Strafverfolgungsbehörden des Niederlassungsstaates des Anbieters oder Europol zu informieren (Abs. 2 UAbs. 1).[206]

IV. Zusätzliche Bestimmungen für Online-Plattformen

1. Beschwerdemanagementsystem und außergerichtliche Streitbeilegung, Art. 20, 21 DSA

Mit den Art. 20 und 21 DSA hat der EU-Gesetzgeber ein komplexes, vorgelagertes Rechtsschutzsystem gegen Entscheidungen von Online-Plattformbetreibern geschaffen und bestätigt damit die Tendenz zur internen Konfliktlösung und außergerichtlichen Streitbeilegung.[207] Zunächst verpflichtet Art. 20 Abs. 1, 2 DSA zur Einrichtung eines kostenlosen, elektronischen Beschwerdesystems, das den Beschwerdeberechtigten mindestens sechs Monate nach Kenntnis über die gegenständliche Entscheidung des Anbieters zur Verfügung stehen muss.[208] Die beschwerdefähigen Entscheidungen sind in Abs. 1 lit. a)–d) DSA festgelegt, wozu Entscheidungen über Beschränkungen i. S. e. Sperrung oder Deaktivierung des Nutzerkontos ebenso wie eine teilweise Aussetzung der Diensteerbringung ggü. dem Nutzer, die Entfernung oder Beschränkung der Sichtbarkeit von Nutzerinhalten sowie deren vollständige oder teilweise Demonetarisierung u. a. mit Blick auf

[202] Richtlinie (EU) 2011/36 des Europäischen Parlaments und des Rates vom 5. 4. 2011 zur Verhütung und Bekämpfung des Menschenhandels und zum Schutz seiner Opfer sowie zur Ersetzung des Rahmenbeschlusses 2002/629/JI des Rates.

[203] Richtlinie (EU) 2011/93 des Europäischen Parlaments und des Rates vom 13. 12. 2011 zur Bekämpfung des sexuellen Missbrauchs und der sexuellen Ausbeutung von Kindern sowie der Kinderpornografie sowie zur Ersetzung des Rahmenbeschlusses 2004/68/JI des Rates.

[204] Richtlinie (EU) 2017/541 des Europäischen Parlaments und des Rates vom 15. 3. 2017 zur Terrorismusbekämpfung und zur Ersetzung des Rahmenbeschlusses 2002/475/JI des Rates und zur Änderung des Beschlusses 2005/671/JI des Rates.

[205] *Berberich*, in: Steinrötter, EU-Plattformregulierung-HdB, § 5, Rn. 31; zu erfassten Straftatbeständen nach dem StGB vgl. *Gerdemann/Spindler*, GRUR 2023, 3 (10 f.).

[206] *Holznagel*, in: Müller-Terpitz/Köhler/DSA, Art. 18, Rn. 42.

[207] *Berberich*, in: Steinrötter, EU-Plattformregulierung-HdB, § 5, Rn. 62; *Maamar*, in: Kraul/Der neue DSA, § 4, Rn. 99.

[208] *Gerdemann/Spindler*, GRUR 2023, 115 (116).

Werbeeinnahmen zählen.[209] Das Beschwerdesystem muss zudem benutzerfreundlich sein und die Einreichung präziser und begründeter Beschwerden fördern.[210] Der Maßstab für die Prüfung eingehender Beschwerden ergibt sich aus Abs. 4 und 6. Danach sind die Beschwerden „zeitnah, diskriminierungsfrei, sorgfältig und willkürfrei“ zu bearbeiten und dürfen nicht allein durch automatisierte Mittel entschieden werden.[211] Die Entscheidung des Anbieters ist sodann dem Beschwerdeführer unter Hinweis auf mögliche Rechtsbehelfe (insb. der außergerichtlichen Streitbeilegung) unverzüglich mitzuteilen (Art. 20 Abs. 5 DSA).[212]

Sofern Konflikte nicht intern über die Verfahren der Art. 16 oder 20 DSA gelöst werden können, besteht die Möglichkeit zur außergerichtlichen Streitbeilegung nach Art. 21 DSA.[213] Die Streitbeilegungsstellen werden auf Antrag durch die nationalen DSCs zugelassen, sofern die Zulassungskriterien des Abs. 3 (u. a. Unabhängigkeit, Unparteilichkeit, Sachkenntnis) erfüllt sind. Bei nachträglichem Wegfall erforderlicher Voraussetzungen kann die Zulassung der Streitbeilegungsstelle widerrufen werden (Abs. 7). Erteilte Zulassungen sind der KOM zur Veröffentlichung mitzuteilen (Abs. 8).[214] Eine Entscheidung hat die Streitbeilegungsstelle innerhalb von 90 Tagen (bei hochkomplexen Streitfällen 180 Tagen) zu treffen (Abs. 4); diese entfaltet als solche jedoch keine rechtliche Bindungswirkung (Abs. 2 UAbs. 3).[215] Im Hinblick auf die Kostentragung gelten die Vorgaben des Art. 21 Abs. 5 DSA.[216] Die Streitbeilegung nach der Streitbeilegungs-RL[217] soll von Art. 21 DSA unberührt bleiben (Abs. 9).[218]

2. Meldungen von vertrauenswürdigen Hinweisgebern, Art. 22 DSA

Online-Plattformen sind nach Art. 22 DSA verpflichtet, ein beschleunigtes Meldeverfahren für Meldungen nach Art. 16 DSA durch vertrauenswürdige Hinweisgeber („trusted flagger“) zu etablieren.[219] Bestimmte Einrichtungen können auf

---

[209] *Gerdemann/Spindler*, GRUR 2023, 115 (116).

[210] *Raue*, in: NK-DSA, Art. 20, Rn. 4.

[211] *Berberich*, in: Steinrötter, EU-Plattformregulierung-HdB, § 5, Rn. 67, 71.

[212] *Maamar*, in: Kraul/Der neue DSA, § 4, Rn. 110.

[213] *Berberich*, in: Steinrötter, EU-Plattformregulierung-HdB, § 5, Rn. 62; *Dregelies*, in: NK-DSA, Art. 21, Rn. 11.

[214] *Berberich*, in: Steinrötter, EU-Plattformregulierung-HdB, § 5, Rn. 72.

[215] *Dregelies*, in: NK-DSA, Art. 21, Rn. 48.

[216] *Maamar*, in: Kraul/Der neue DSA, § 4, Rn. 121.

[217] Richtlinie 2013/11/EU des Europäischen Parlaments und des Rates vom 21. Mai 2013 über die alternative Beilegung verbraucherrechtlicher Streitigkeiten und zur Änderung der Verordnung (EG) Nr. 2006/2004 und der Richtlinie 2009/22/EG (Richtlinie über alternative Streitbeilegung in Verbraucherangelegenheiten).

[218] *Maamar*, in: Kraul/Der neue DSA, § 4, Rn. 124.

[219] *Berberich*, in: Steinrötter, EU-Plattformregulierung-HdB, § 5, Rn. 74.

Antrag als vertrauenswürdige Hinweisgeber durch die nationalen DSCs entsprechend des Verfahrens nach Art. 22 Abs. 2, 6 und 7 DSA zugelassen werden.[220] Als materielle Zulassungskriterien sieht Art. 22 Abs. 2 lit. a)–c) DSA eine besondere Sachkenntnis, Unabhängigkeit ggü. der Online-Plattformen sowie die sorgfältige, genaue und objektive Übermittlung von Meldungen vor.[221] Zugelassene Hinweisgeber und widerrufene Zulassungen sind der KOM durch die DSCs mitzuteilen, welche entsprechend aktuelle Informationen in einer Datenback zur Verfügung stellen soll (Abs. 4, 5).[222] Vertrauenswürdige Hinweisgeber unterliegen der Pflicht zur Veröffentlichung eines jährlichen Transparenzberichts (Art. 22 Abs. 3 DSA).[223] Die KOM ist zudem nach Art. 22 Abs. 8 DSA berechtigt, Leitlinien zur Konkretisierung der Zulassungsbedingungen des Abs. 2, der Tatbestandsmerkmale des Abs. 6, des Widerrufsverfahrens und der Wiederbeantragung eines widerrufenen Status zu erlassen.[224]

3. Missbräuchliche Verwendung von Online-Plattformen, Art. 23 DSA

Art. 23 DSA sieht bestimmte Schutzmaßnahmen zur Reaktion auf die missbräuchliche Verwendung von Online-Plattformen vor. Danach sind Online-Plattformen verpflichtet, ihre Dienste nach vorheriger Warnung temporär ggü. Nutzern auszusetzen, die häufig offensichtlich rechtswidrige Inhalte veröffentlichen (Abs. 1).[225] Ferner gilt diese Pflicht nach Abs. 2 für solche Hinweisgeber und Beschwerdeführer, die häufig offensichtlich unbegründete Meldungen (Art. 16 DSA) oder Beschwerden (Art. 20 DSA) einreichen.[226] Die Entscheidungen über das Vorliegen eines Missbrauchsfalls sind vom jeweiligen Anbieter einzelfallbezogen, zeitnah, sorgfältig und objektiv zu treffen (Abs. 3).[227] Die Vorgaben des Art. 23 DSA sollen von den Online-Plattformen inhaltlich konkretisiert und an die individuellen Umstände der Plattform angepasst werden. Dabei steht es den Online-Plattformanbietern frei, über Art. 23 hinausgehende Maßnahmen bzw. Fälle des Missbrauchs zu regeln (ErwG 64 S. 2, 3 und 6 DSA).[228] Über den jeweils ange-

[220] *Berberich*, in: Steinrötter, EU-Plattformregulierung-HdB, § 5, Rn. 76 f.; *Maamar*, in: Kraul/Der neue DSA, § 4, Rn. 131.

[221] *Berberich*, in: Steinrötter, EU-Plattformregulierung-HdB, § 5, Rn. 76.

[222] *Berberich*, in: Steinrötter, EU-Plattformregulierung-HdB, § 5, Rn. 78.

[223] *Raue*, in: NK-DSA, Art. 22, Rn. 5.

[224] *Raue*, in: NK-DSA, Art. 22, Rn. 87.

[225] *Berberich*, in: Steinrötter, EU-Plattformregulierung-HdB, § 5, Rn. 79.

[226] *Raue*, in: NK-DSA, Art. 23, Rn. 24.

[227] *Berberich*, in: Steinrötter, EU-Plattformregulierung-HdB, § 5, Rn. 83.

[228] *Maamar*, in: Kraul/Der neue DSA, § 4, Rn. 139.

wandten Missbrauchsmechanismus sind die Plattformnutzer in den AGB hinreichend aufzuklären (Abs. 4).[229]

4. Verbot manipulativer Praktiken bei der Gestaltung der Online-Schnittstellen, Art. 25 DSA

Online-Plattformen ist gem. Art. 25 Abs. 1 DSA der Einsatz von manipulativen Praktiken (sog. „Dark Patterns") bei der Gestaltung und dem Betrieb von deren Online-Schnittstellen untersagt, um die Autonomie und Entscheidungsfreiheit der Nutzer zu schützen (ErwG 67 DSA).[230] Die KOM kann hier den Verbotstatbestand durch Leitlinien für die Praxis konkretisieren (Abs. 3).[231] Dies bezieht sich insb. auf die in Art. 25 Abs. 3 lit. a)–c) DSA genannten Arten von Dark Patterns, nämlich „Misdirection Pattern", „Nagging Pattern" sowie „Roach Motel Pattern".[232] Speziellere Vorgaben des Verbraucher- und Datenschutzrechts, insb. Irreführungsverbote der UGP-RL[233] und DSGVO sollen jedoch von der Verbotsnorm des Art. 25 DSA unberührt bleiben.[234]

5. Weitergehende Transparenz-(berichts-)vorschriften bzgl. Werbung und Empfehlungssystemen, Art. 24, 26 und 27 DSA

Die Transparenz-(berichts-)pflichten für Online-Plattformen werden durch die Vorgaben der Art. 24, 26 und 27 DSA ggü. jenen für alle Vermittlungsdienste geltenden Pflichten des Art. 15 DSA erweitert.[235] Gem. Art. 24 Abs. 1 DSA haben Online-Plattformanbieter in ihren Transparenzberichten zusätzlich Angaben zu Verfahren vor außergerichtlichen Streitbeilegungsstellen (lit. a)) sowie der Anzahl der Aussetzungen wegen missbräuchlicher Verwendung (lit. b)) zu veröffentlichen.[236] Die KOM kann durch den Erlass von Durchführungsrechtsakten Form,

---

[229] ErwG 64 S. 3 DSA; *Berberich*, in: Steinrötter, EU-Plattformregulierung-HdB, § 5, Rn. 82; *Raue*, in: NK-DSA, Art. 23, Rn. 84.

[230] *Barudi*, in: Müller-Terpitz/Köhler/DSA, Art. 25, Rn. 2; *Maamar*, in: Kraul/Der neue DSA, § 4, Rn. 150; zur Definition von „Dark Pattern" vgl. ErwG 67 DSA.

[231] *Gerdemann/Spindler*, GRUR 2023, 115 (119).

[232] Im Einzelnen hierzu vgl. *Maamar*, in: Kraul/Der neue DSA, § 4, Rn. 154; *Raue*, in: NK-DSA, Art. 25, Rn. 107 ff., 111 ff., 113 ff.

[233] Richtlinie 2005/29/EG des Europäischen Parlaments und des Rates vom 11. Mai 2005 über unlautere Geschäftspraktiken im binnenmarktinternen Geschäftsverkehr zwischen Unternehmen und Verbrauchern und zur Änderung der Richtlinie 84/450/EWG des Rates, der Richtlinien 97/7/EG, 98/27/EG und 2002/65/EG des Europäischen Parlaments und des Rates sowie der Verordnung (EG) Nr. 2006/2004 des Europäischen Parlaments und des Rates (Richtlinie über unlautere Geschäftspraktiken).

[234] *Gerdemann/Spindler*, GRUR 2023, 115 (119).

[235] *Gerdemann/Spindler*, GRUR 2023, 115 (119).

[236] *Maamar*, in: Kraul/Der neue DSA, § 4, Rn. 141 ff.

Inhalt und sonstige Einzelheiten des Abs. 1 konkretisieren (Abs. 6).[237] Daneben besteht auch eine Pflicht zur Offenlegung der durchschnittlichen, monatlichen Zahl der aktiven Nutzer in der Union[238] (Abs. 2). Die Zahlen müssen mind. alle sechs Monate auf einer öffentlich zugänglichen Online-Schnittstelle veröffentlicht und gem. Art. 24 Abs. 3 DSA dem nationalen DSC bzw. der KOM auf Verlangen mitgeteilt werden.[239] Zudem müssen die Anbieter der KOM Entscheidungen und Begründungen nach Art. 17 DSA für eine europäische Datenbank übermitteln (Abs. 5).[240]

Weiter müssen Online-Plattformen gem. Art. 27 Abs. 1 DSA in ihren AGB in klarer und verständlicher Weise über die wichtigsten Parameter informieren, die in ihren Empfehlungssystemen verwendet werden.[241] Neben den erforderlichen Mindestinformationen zu den Parametern (Abs. 2),[242] sind auch Möglichkeiten des Nutzers zur Änderung oder Beeinflussung dieser Parameter offenzulegen.[243] Sofern eine Online-Plattform mehrere Empfehlungssysteme verwendet, besteht zudem die Pflicht zur Einrichtung einer Auswahl- und Änderungsfunktion zum Wechsel des Empfehlungssystems für den Nutzer.[244] Besondere Pflichten zur Kennzeichnung und Transparenz von Online-Werbung ergeben sich für Online-Plattformen aus Art. 26 Abs. 1 DSA.[245] Dabei sind Informationen zum Auftraggeber (lit. b)) und der zahlenden Person (lit. c)) sowie jene Parameter anzugeben, auf deren Basis dem Nutzer die Werbung angezeigt wird (lit. d)).[246] Darüber hinaus besteht die Pflicht zur Einrichtung einer Funktion zur nutzerseitigen Kennzeichnung von Werbung (Art. 26 Abs. 2 DSA).[247] Schließlich enthält Art. 26 Abs. 3 DSA ein Werbeverbot auf der Basis von Profiling, sofern für das Profiling personenbezogene Daten i. S. d. Art. 9 Abs. 1 DSGVO verwendet wurden.[248]

---

[237] *Raue*, in: NK-DSA, Art. 24, Rn. 17.

[238] Zur Begriffsbestimmung der „aktiven Nutzer" einer Online-Plattform bzw. Suchmaschine vgl. Art. 3 lit. p) u. q) DSA; zur Berechnung und Veröffentlichung der Nutzerzahlen s. Europäische Kommission, Gesetz über digitale Dienste: Leitlinien zur Verpflichtung zur Veröffentlichung von Benutzernummern, Fragen und Antworten zur Identifizierung und Zählung aktiver Nutzer im Rahmen des Gesetzes über digitale Dienste (DSA), abrufbar unter https://digital-strategy.ec.europa.eu/de/library/dsa-guidance-requirement-publish-user-numbers (zuletzt abgerufen am 2. 5. 2025).

[239] *Raue*, in: NK-DSA, Art. 24, Rn. 19, 23.

[240] *Raue*, in: NK-DSA, Art. 24, Rn. 15.

[241] *Holznagel*, in: Müller-Terpitz/Köhler/DSA, Art. 27, Rn. 23 ff.

[242] *Grisse*, in: NK-DSA, Art. 27, Rn. 20.

[243] ErwG 70 S. 5 DSA; *Maamar*, in: Kraul/Der neue DSA, § 4, Rn. 170.

[244] *Holznagel*, in: Müller-Terpitz/Köhler/DSA, Art. 27, Rn. 37; *Maamar*, in: Kraul/Der neue DSA, § 4, Rn. 172.

[245] *Grisse*, in: NK-DSA, Art. 26, Rn. 17.

[246] *Holznagel*, in: Müller-Terpitz/Köhler/DSA, Art. 26, Rn. 29 ff.; *Maamar*, in: Kraul/Der neue DSA, § 4, Rn. 161.

[247] *Maamar*, in: Kraul/Der neue DSA, § 4, Rn. 163.

[248] *Grisse*, in: NK-DSA, Art. 26, Rn. 59.

6. Jugendschutz, Art. 28 DSA

Ferner treffen Online-Plattformen nach Art. 28 DSA besondere Pflichten zum Jugendschutz in deren Diensten, soweit diese für Minderjährige zugänglich sind (ErwG 71 DSA).[249] Abs. 1 sieht hier eine generalklauselartige Sorgfaltspflicht vor, wonach Plattformanbieter verhältnismäßige Maßnahmen ergreifen sollen, um ein hohes Maß an Privatsphäre, Sicherheit und Schutz für minderjährige Nutzer zu schaffen.[250] Die KOM soll hier die Anbieter durch den Erlass von Leitlinien unterstützen (Abs. 4).[251] Zusätzlich enthält Art. 28 Abs. 2 DSA ein umfassendes Verbot von personalisierter Werbung ggü. Minderjährigen, die auf der Grundlage von Profiling ausgewählt wird.[252] Jedoch sind Online-Plattformen nicht verpflichtet, personenbezogene Daten zur Altersermittlung von Nutzern zu erheben und weiterzuverarbeiten.[253]

V. Verbraucherschutzbestimmungen für Online-Handelsplattformen, Art. 30–32 DSA

In den Art. 30–32 DSA finden sich konkrete Verbraucherschutzvorgaben für jene Online-Plattformen, die den Verbrauchern den Abschluss von Fernabsatzverträgen mit Unternehmen ermöglichen. Die Regelungen gelten allerdings nicht für Kleinst- und Kleinunternehmen i. S. d. Art. 29 DSA. Um die Durchsetzung bereits bestehender Verbraucherschutzrechte ggü. auf den Plattformen registrierten Unternehmen zu erleichtern[254], sieht Art. 30 DSA u. a. die Speicherung der Händlerdaten durch die Online-Plattform vor, um die Nachverfolgbarkeit von Unternehmen zu gewährleisten, falls diese rechtswidrige Produkte oder Dienstleistungen anbieten.[255] Demnach muss der Anbieter nach Art. 30 Abs. 1 DSA Namen, Anschrift, Telefonnummer, E-Mail-Adresse, Zahlungskonto und Handelsregistereintragung des Unternehmens sowie die Kopie eines Identitätsdokuments abfragen, bevor der

---

[249] *Maamar*, in: Kraul/Der neue DSA, § 4, Rn. 174.

[250] *Gerdemann/Spindler*, GRUR 2023, 115 (119); *Maamar*, in: Kraul/Der neue DSA, § 4, Rn. 175.

[251] Die KOM hat in der dritten Sitzung des EBDS v. 25. 4. 2024 Arbeiten an den Leitlinien zur Konkretisierung des Art. 28 DSA angekündigt, s. Europäische Kommission (Vertretung in Deutschland), Schutz Minderjähriger im Internet: EU-Kommission startet Sondierung zu DSA-Leitlinien, Pressemitteilung v. 31. 7. 2024, abrufbar unter https://germany.representation.ec.europa.eu/news/schutz-minderjahriger-im-internet-eu-kommission-startet-sondierung-zu-dsa-leitlinien-2024-07-31_de (zuletzt abgerufen am 2. 5. 2025).

[252] *Grisse*, in: NK-DSA, Art. 28, Rn. 16.

[253] *Grisse*, in: NK-DSA, Art. 28, Rn. 19; *Maamar*, in: Kraul/Der neue DSA, § 4, Rn. 177.

[254] *Gerdemann/Spindler*, GRUR 2023, 115 (120).

[255] ErwG 72 S. 1, 4 DSA; *Maamar*, in: Kraul/Der neue DSA, § 4, Rn. 182.

Händler die Plattform nutzen kann.[256] Gem. Art. 30 Abs. 2 DSA werden Online-Plattformen zur Prüfung verpflichtet, ob es sich hierbei um verlässliche Informationen handelt.[257] Sofern begründete Zweifel an der Richtigkeit der Informationen bestehen, muss der Händler diese korrigieren. Anderenfalls droht ihm die Aussetzung des Dienstes durch den Plattformbetreiber in Bezug auf das Angebot von Produkten oder Dienstleistungen in der EU (Abs. 3).[258] In diesem Fall steht dem Händler nach Abs. 4 jedoch ein Beschwerderecht zu.[259] Die von der Online-Plattform gespeicherten Händlerdaten müssen zudem ggü. dem Nutzer zugänglich gemacht werden; ggü. Dritten allerdings nur auf behördliche bzw. gerichtliche Anordnung (Abs. 6, 7).[260] Die Speicherdauer der Händlerdaten ist in Art. 30 Abs. 5 DSA geregelt (sechs Monate nach Beendigung des Vertragsverhältnis).[261]

Ferner verpflichtet Art. 31 Abs. 1, 2 DSA Online-Handelsplattformen, ihre Online-Schnittstelle[262] derart auszugestalten, dass Händler ihre unionsrechtlichen Informationspflichte (etwa hinsichtlich Verbraucher-Widerrufsrechten und Wareneigenschaften nach Art. 6, 8 Verbraucherrechte-RL[263]) erfüllen sowie Informationen zur Identifizierung der Produkte oder Dienstleistungen einschließlich Produktsicherheitsinformationen bereitstellen können.[264] Diese Informationen sind von den Online-Plattformen vor Freischaltung des Angebots auf ihre Vollständigkeit zu überprüfen (ErwG 74 S. 2, 3 DSA).[265] Stichprobenhaft müssen zudem Kontrollen über die Rechtskonformität der Produkte und Dienstleistungen angestellt werden (Art. 31 Abs. 3 DSA).[266] Sofern die Online-Handelsplattform Kenntnis von einem Angebot eines rechtswidrigen Produkts oder einer Dienstleistung erlangt, müssen sämtliche Verbraucher, die das Produkt innerhalb der vergangenen sechs Monate erworben haben, darüber informiert werden (Art. 32 Abs. 1 DSA).[267] Zu informieren ist hier im Konkreten über die Rechtswidrigkeit des Produkts/Dienstleistung

---

[256] *Gerdemann/Spindler*, GRUR 2023, 115 (120); *Maamar*, in: Kraul/Der neue DSA, § 4, Rn. 183.

[257] *Dregelies*, in: NK-DSA, Art. 30, Rn. 2.

[258] *Dregelies*, in: NK-DSA, Art. 30, Rn. 2, 45.

[259] *Föhlisch*, in: Müller-Terpitz/Köhler/DSA, Art. 30, Rn. 3.

[260] *Gerdemann/Spindler*, GRUR 2023, 115 (120).

[261] *Maamar*, in: Kraul/Der neue DSA, § 4, Rn. 186.

[262] Zur Begriffsbestimmung vgl. Art. 3 lit. m) DSA.

[263] Richtlinie 2011/83/EU des Europäischen Parlaments und des Rates vom 25. Oktober 2011 über die Rechte der Verbraucher, zur Abänderung der Richtlinie 93/13/EWG des Rates und der Richtlinie 1999/44/EG des Europäischen Parlaments und des Rates sowie zur Aufhebung der Richtlinie 85/577/EWG des Rates und der Richtlinie 97/7/EG des Europäischen Parlaments und des Rates.

[264] *Gerdemann/Spindler*, GRUR 2023, 115 (120).

[265] *Maamar*, in: Kraul/Der neue DSA, § 4, Rn. 192.

[266] *Föhlisch*, in: Müller-Terpitz/Köhler/DSA, Art. 31, Rn. 19; *Gerdemann/Spindler*, GRUR 2023, 115 (120).

[267] *Gerdemann/Spindler*, GRUR 2023, 115 (120).

(Abs. 1 S. 1 lit. a)), die Identität des Händlers (Abs. 1 S. 1 lit. b)) sowie mögliche Rechtsbehelfe (Abs. 1 S. 1 lit. c)).[268] Wenn die Online-Plattform nicht über die Kontaktdaten der betroffenen Nutzer verfügt, sind die Informationen entsprechend des Art. 32 Abs. 2 DSA auf der Online-Schnittstelle des Anbieters leicht und öffentlich zugänglich zu machen.[269]

VI. Zusätzliche Bestimmungen für VLOP-/VLOSE-Anbieter

1. Bewertung und Minimierung systemischer Risiken, Art. 34, 35 DSA

Nach Art. 34 DSA sind VLOP/VLOSE-Anbieter zur Bewertung aller systemischen Risiken verpflichtet, die sich aus der Konzeption, dem Betrieb oder der Nutzung des Dienstes ergeben.[270] Die Risikobewertung soll mindestens jährlich durchgeführt werden (Art. 34 Abs. 1 UAbs. 2 DSA), wobei die vier Kategorien der dort genannten „systemischen Risiken" zu berücksichtigen sind. Dazu zählen Risiken, die durch die Verbreitung rechtswidriger Inhalte entstehen (ErwG 80 DSA; lit. a)); Risiken, die nachteilige Auswirkungen auf die Ausübung von Grundrechten bspw. die Meinungsäußerungsfreiheit (ErwG 81 DSA; lit. b)) oder auf die gesellschaftliche Debatte, Wahlprozesse und die öffentliche Sicherheit haben (ErwG 82 DSA; lit. c)). Gleiches gilt im Übrigen für Risiken für die physische oder psychische Gesundheit einer Person (ErwG 83 DSA; lit. d)).[271] Gem. Art. 34 Abs. 2 DSA sollen insb. die algorithmischen Systeme sowie Datenerhebung und -nutzung überprüft werden. Dabei ist auch das Missbrauchspotential des Dienstes durch Bots oder Fake-Accounts sowie zur Verbreitung irreführender oder täuschender Inhalte einzubeziehen (ErwG 84 S. 4 DSA).[272] Die Risikobewertung muss nicht veröffentlicht werden, ist jedoch mit den vorbereitenden und zugrundeliegenden Datensätzen mind. drei Jahre aufzubewahren (Art. 34 Abs. 3 DSA).

VLOPs und VLOSEs werden als kritische Infrastrukturen durch Art. 35 DSA verpflichtet, die durch deren Gatekeeping-Funktionen verursachten oder verschärften und i. R. d. Art. 34 DSA ermittelten Gefahren zu minimieren.[273] Die Maßnahmen müssen im Einzelnen auf die ermittelten systemischen Risiken zugeschnitten und darüber hinaus angemessen und verhältnismäßig sein. Art. 35 Abs. 1 S. 2 lit. a)–k) DSA enthält einen Katalog möglicher in Betracht kommender Risikominimierungsmaßnahmen, die durch die ErwG 87, 88 DSA konkretisiert wer-

[268] *Dregelies*, in: NK-DSA, Art. 32, Rn. 22.

[269] *Dregelies*, in: NK-DSA, Art. 32, Rn. 32.

[270] *Beyerbach*, in: Müller-Terpitz/Köhler/DSA, Art. 34, Rn. 10; *Denga*, in: Steinrötter, EU-Plattformregulierung-HdB, § 6, Rn. 32.

[271] *Gerdemann/Spindler*, GRUR 2023, 115 (122); *Kaesling*, in: NK-DSA, Art. 34, Rn. 57.

[272] *Maamar*, in: Kraul/Der neue DSA, § 4, Rn. 215 f.

[273] *Beyerbach*, in: Müller-Terpitz/Köhler/DSA, Art. 34, Rn. 3.

den.[274] Dazu zählen Anpassungen hinsichtlich der Gestaltung und Funktionsweise des Dienstes (lit. a)), der AGB oder deren Durchsetzung (lit. b)), der internen Verfahren zur Inhaltemoderation (lit. c)), der Empfehlungssysteme oder der Anzeige von Werbung (lit. d) bzw. e)). Genannt sind zudem Maßnahmen zur Stärkung der Ermittlung systemischer Risiken (lit. f)), eine verstärkte Zusammenarbeit mit vertrauenswürdigen Hinweisgebern (lit. g)), Selbstregulierungsmaßnahmen (lit. h)), Maßnahmen zur Sensibilisierung der Nutzer über systemische Risiken (lit. i)) zum gezielten Schutz von Minderjährigen (lit. j))[275] sowie die Kennzeichnung von Deepfakes (lit. k)).[276] Gem. Art. 35 Abs. 2 S. 1 DSA veröffentlicht das EBDS in Zusammenarbeit mit der KOM jährlich die auffälligsten wiederkehrenden systemischen Risiken sowie bewährte Verfahren zur Minderung, die von den VLOPs/VLOSEs gemeldet wurden.[277] Ferner ist die KOM nach Art. 35 Abs. 3 DSA ermächtigt, Leitlinien zu bewährten Verfahren und möglichen Risikominimierungsmaßnahmen nach vorheriger öffentlicher Konsultation zu veröffentlichen.[278]

2. Krisenmechanismen und -protokolle, Art. 36, 48 DSA

Als Reaktion auf besondere Krisensituationen, also „außergewöhnliche Umstände, die zu einer schwerwiegenden Bedrohung der öffentlichen Sicherheit oder der öffentlichen Gesundheit führen können", etwa bewaffnete Konflikte, terroristische Handlungen, Naturkatastrophen oder Pandemien[279], sind in den Art. 36, 48 DSA spezielle Regelungen für VLOPs/VLOSEs vorgesehen.[280] In diesem Fall kann die KOM auf Empfehlung des EBDS die VLOP/VLOSE-Anbieter per Beschluss zur Durchführung besonderer Maßnahmen verpflichten (Art. 36 Abs. 1 DSA).[281] Als mögliche Krisenreaktionen kommen hier eine Risikobewertung, inwiefern der Dienst zur Krise beiträgt, die Ermittlung und Anwendung angemessener und wirksamer Maßnahmen zur Verhinderung oder Begrenzung eines erkannten Risikos oder ein Bericht an die KOM über ermittelte Risiken und entsprechende Abhilfemaßnahmen in Betracht.[282] Der Beschluss gilt zunächst drei Monate und kann bei Bedarf um weitere drei Monate verlängert werden, vgl. Art. 36 Abs. 3 lit. c), Abs. 8 DSA. Hinsichtlich der zu ergreifenden Maßnahmen haben die Anbieter nach Art. 36 Abs. 5 DSA ein weites Auswahlermessen.[283] Sofern die KOM die providerseitig

---

[274] *Denga*, in: Steinrötter, EU-Plattformregulierung-HdB, § 6, Rn. 48 f.

[275] S. dazu Kap. 4 C. III. 3., S. 154 ff.

[276] *Maamar*, in: Kraul/Der neue DSA, § 4, Rn. 219.

[277] *Kaesling*, in: NK-DSA, Art. 35, Rn. 70 f.

[278] *Kaesling*, in: NK-DSA, Art. 35, Rn. 76.

[279] Vgl. ErwG 91; Art. 36 Abs. 2 DSA.

[280] *Gerdemann/Spindler*, GRUR 2023, 115 (123).

[281] *Denga*, in: Steinrötter, EU-Plattformregulierung-HdB, § 6, Rn. 56.

[282] *Maamar*, in: Kraul/Der neue DSA, § 4, Rn. 224.

[283] *Keber*, CR 2022, 660 (664) Rn. 17.

getroffenen Maßnahmen jedoch für unzureichend oder unverhältnismäßig erachtet, kann sie den Anbieter zur Prüfung der Maßnahme auffordern (Art. 36 Abs. 7 UAbs. 2 DSA).[284]

In diesem Zusammenhang besteht auch die Möglichkeit der KOM, VLOP-/VLOSE-Anbieter gem. Art. 48 DSA zur freiwilligen Ausarbeitung von Krisenprotokollen anzuhalten, um die praktische und technische Umsetzung von Krisenreaktionen nach Art. 36 DSA zu beschleunigen.[285] In diesem Protokoll sollen nach Art. 48 Abs. 2 S. 2 DSA mindestens eine hervorgehobene Darstellung von besonders vertrauenswürdigen Informationen über die Krisensituation (lit. a)), die Benennung einer spezifischen Kontaktstelle für das Krisenmanagement (lit. b)) sowie Vorgaben zur Anpassung der Ressourcen, die zur Einhaltung der in lit. c) genannten Verpflichtungen erforderlich sind, enthalten sein.[286] An der Ausarbeitung der Protokolle können sich im Übrigen auch Behörden der Mitgliedstaaten, Einrichtungen und sonstige Stellen der Union sowie Organisationen der Zivilgesellschaft beteiligen (Art. 48 Abs. 3 DSA).[287]

3. Bereitstellung von Empfehlungssystemen ohne Profiling, Art. 38 DSA

Zusätzlich zu den Transparenzpflichten in Bezug auf Empfehlungssysteme nach Art. 27 DSA verpflichtet Art. 38 DSA VLOP-/VLOSE-Anbieter zur Bereitstellung von mindestens einer alternativen Option für jedes ihrer Empfehlungssysteme, die nicht auf Profiling[288] beruht.[289] Dies gilt für die „wichtigsten Parameter" der Empfehlungssysteme, die vom DSA jedoch nicht weiter konkretisiert werden.[290] Entsprechend ErwG 94 S. 3 DSA sollte die Auswahl direkt von derjenigen Online-Schnittstelle aus zugänglich sein, auf der die Empfehlungen vorgelegt werden.

4. Erweiterte Transparenz-(berichts-)pflichten, Art. 39, 42 DSA

Art. 39 DSA erweitert für VLOPs/VLOSEs die bestehenden Transparenzvorgaben für Werbung des Art. 26 DSA um die Einrichtung und Pflege eines Werbearchivs auf einer Online-Schnittstelle der Anbieter.[291] Das zu veröffentlichende Archiv muss mind. die Angaben des Art. 39 Abs. 2 DSA, namentlich Angaben zum

---

[284] *Keber*, CR 2022, 660 (664) Rn. 19.

[285] *Gerdemann/Spindler*, GRUR 2023, 115 (123); *Maamar*, in: Kraul/Der neue DSA, § 4, Rn. 262.

[286] *Marsch*, in: NK-DSA, Art. 48, Rn. 12.

[287] *Spindler*, GRUR 2021, 653 (661).

[288] Im Hinblick auf die Begriffsbestimmung zum „Profiling" wird auf Art. 4 Nr. 4 DSGVO verwiesen, vgl. ErwG 69 DSA.

[289] *Denga*, in: Steinrötter, EU-Plattformregulierung-HdB, § 6, Rn. 85.

[290] *Denga*, in: Steinrötter, EU-Plattformregulierung-HdB, § 6, Rn. 85.

[291] *Gerdemann/Spindler*, GRUR 2023, 115 (122).

Inhalt der Werbung (lit. a)), zur Identität des Werbenden (lit. b) und c)), zum Zeitraum der Werbeanzeige (lit. d)), den Zielgruppen der Werbung (lit. e)), veröffentlichter und ermittelter Werbung i.S.d. Art. 26 Abs. 2 DSA (lit. f)) sowie zur Reichweite der Werbung (lit. g)) enthalten.[292] Im Falle von entfernter oder gesperrter Werbung müssen die Informationen der lit. a)–c) nicht angegeben werden (Art. 39 Abs. 3 UAbs. 1).[293] Das Archiv muss für den gesamten Zeitraum der Werbeanzeige und darüber hinaus mindestens ein Jahr nach Ende der Werbeschaltung öffentlich zugänglich sein (Art. 39 Abs. 1 DSA).[294] Die KOM kann nach vorheriger Konsultation des EBDS, zugelassenen Forschern i.S.d. Art. 40 DSA und der Öffentlichkeit Leitlinien zur Struktur, Organisation und Funktionsweise der Online-Archive herausgeben (Art. 39 Abs. 3 UAbs. 2 DSA).[295]

Daneben verkürzt Art. 42 DSA den Turnus zur Veröffentlichung der Transparenzberichte für VLOP-/VLOSE-Anbieter (auf sechs Monate statt jährlich) bei gleichzeitiger Erweiterung der Berichtsgegenstände. Zusätzlich zu den Mindestangaben der Art. 15 und 24 DSA sind gem. Art. 42 Abs. 2–4 DSA Informationen über die personelle Ausstattung der Content-Moderation auf Basis der Melde- und Beschwerdeverfahren (Abs. 2), die durchschnittliche monatliche Nutzerzahl (Abs. 3), die Ermittlung sowie der Umgang mit systemischen Risiken einschließlich Audit-Berichten (Abs. 4) zu veröffentlichen.[296] Gem. Art. 42 Abs. 5 DSA können vertrauliche Informationen aus den öffentlichen Berichten unter den dort genannten Voraussetzungen entfernt werden. In diesem Fall ist dem nationalen DSC und der KOM eine entsprechende Begründung vorzulegen und der vollständige Bericht zu übermitteln.[297]

5. Audits, Compliance-Abteilungen und Aufsichtsgebühr, Art. 37, 41, 43 DSA

Gem. Art. 37 Abs. 1 DSA müssen sich VLOP-/VLOSE-Anbieter mindestens einmal jährlich auf eigene Kosten einer unabhängigen, externen Prüfung (Audit) unterziehen, innerhalb der die Einhaltung der Sorgfaltspflichten aller Regulierungsstufen bewertet wird.[298] Die materiellen Anforderungen an eine solche Prüfungsstelle sind in Art. 37 Abs. 3 DSA festgelegt und werden durch ErwG 93 DSA konkretisiert.[299] Im Hinblick auf das Prüfungsverfahren ist in Abs. 2 der Umfang der

---

[292] *Maamar*, in: Kraul/Der neue DSA, § 4, Rn. 236.

[293] *Denga*, in: Steinrötter, EU-Plattformregulierung-HdB, § 6, Rn. 93.

[294] *Denga*, in: Steinrötter, EU-Plattformregulierung-HdB, § 6, Rn. 89.

[295] *Grisse*, in: NK-DSA, Art. 39, Rn. 44 f.

[296] *Gerdemann/Spindler*, GRUR 2023, 115 (122).

[297] *Denga*, in: Steinrötter, EU-Plattformregulierung-HdB, § 6, Rn. 123; *Kaesling*, in: NK-DSA, Art. 42, Rn. 47.

[298] *Gerdemann/Spindler*, GRUR 2023, 115 (123 f.).

[299] *Denga*, in: Steinrötter, EU-Plattformregulierung-HdB, § 6, Rn. 75.

Mitwirkungspflicht der zu prüfenden Anbieter sowie der Umgang mit vertraulichen Informationen geregelt.[300] Im Anschluss an das Prüfungsverfahren hat der Auditor einen begründeten Prüfungsbericht zu erstellen, der mindestens die in Art. 37 Abs. 4 lit. a)–h) DSA genannten Informationen sowie eine Bewertung der Kategorien „positiv", „positiv mit Anmerkungen" oder „negativ" enthalten soll.[301] Sofern ein Anbieter einen negativen Prüfbericht erhält, muss er die an ihn gerichteten operativen Empfehlungen des Auditors durch erforderliche Maßnahmen umsetzen und einen Bericht über die Umsetzung der Prüfergebnisse vorlegen (Abs. 6).[302] Die KOM kann durch delegierte Rechtsakte die Vorgaben für das Prüfungsverfahren, -methoden und Berichtsvorlagen ergänzen (Abs. 7).[303]

Zusätzlich haben die VLOP-/VLOSE-Dienste gem. Art. 41 Abs. 1 DSA eine interne Compliance-Abteilung einzurichten, deren Mitarbeiter die Einhaltung des DSA überwachen.[304] Die einzelnen Aufgaben der Compliance-Beauftragen sind in Art. 41 Abs. 3 lit. a)–f) DSA geregelt.[305] VLOPs/VLOSEs müssen der KOM und dem nationalen DSC die Leitung ihrer Compliance-Abteilung nebst Kontaktangaben mitteilen (Art. 41 Abs. 4 DSA).[306] Daneben ergibt sich die Verantwortlichkeit des Leitungsorgans für die personellen Ressourcen der Compliance-Abteilung aus Art. 41 Abs. 2 DSA[307]; weitergehende Pflichten zur Unternehmensführung und die Beteiligung des Leitungsorgans am Risikomanagement sind in den Abs. 5–7 festgelegt.[308]

Schließlich ist eine jährliche Aufsichtsgebühr zu zahlen, um die mit den Aufsichtsaufgaben der KOM i.R.d. DSA eingehenden Kosten zu decken (Art. 43 Abs. 2 DSA).[309] Die jeweilige Höhe wird durch die KOM per Durchführungsrechtsakt festgesetzt und entsprechend der anteiligen Nutzerzahl der Dienste aufgeteilt (Art. 43 Abs. 5 lit. b) DSA). Dabei darf die Gebühr die Grenze von 0,05 % des weltweiten Nettojahreseinkommens des Dienstes nicht überschreiten.[310] Gem. Abs. 4 sind zudem delegierte Rechtsakte der KOM zur Festlegung relevanter Methodik und Verfahren möglich. Die Aufsichtsgebühren sind zweckgebundene Ein-

[300] *Denga*, in: Steinrötter, EU-Plattformregulierung-HdB, § 6, Rn. 73 f.; *Kaesling*, in: NK-DSA, Art. 37, Rn. 2.

[301] *Maamar*, in: Kraul/Der neue DSA, § 4, Rn. 230.

[302] *Kaesling*, in: NK-DSA, Art. 37, Rn. 84 f.

[303] *Denga*, in: Steinrötter, EU-Plattformregulierung-HdB, § 6, Rn. 83.

[304] *Gerdemann/Spindler*, GRUR 2023, 115 (124).

[305] *Denga*, in: Steinrötter, EU-Plattformregulierung-HdB, § 6, Rn. 114.

[306] *Kaesling*, in: NK-DSA, Art. 41, Rn. 78.

[307] *Kaesling*, in: NK-DSA, Art. 41, Rn. 4.

[308] *Kaesling*, in: NK-DSA, Art. 41, Rn. 80, 92.

[309] ErwG 101 S. 1 DSA; *Denga*, in: Steinrötter, EU-Plattformregulierung-HdB, § 6, Rn. 125.

[310] *Maamar*, in: Kraul/Der neue DSA, § 4, Rn. 256.

nahmen i.S.d. VO 2018/1046[311] (Abs. 6) und müssen gemeinsam mit den tatsächlich entstandenen Aufsichtskosten der KOM berichtet werden (Abs. 7).[312]

6. Gewährleistung von Datenzugang, Art. 40 DSA

Zur Überwachung der VLOP-/VLOSE-Dienste sieht Art. 40 DSA verschiedene Zugangsrechte für die KOM, die DSCs sowie zugelassene Forscher zu internen Daten der Anbieter vor.[313] Den Behörden soll so unter Beachtung des Schutzes von personenbezogenen Daten und Geschäftsgeheimnissen Zugang zu überwachungsrelevanten Daten, insb. der Funktionsweise von eingesetzten Algorithmen gegeben werden (Art. 40 Abs. 1–3 DSA).[314] Zugelassenen Forschern ist unter den Voraussetzungen des Art. 40 Abs. 4–12 DSA zur Durchführung von Forschungsarbeiten zu systemischen Risiken und Risikominderungsmaßnahmen (i.S.d. Art. 34, 35 DSA) ebenfalls ein Datenzugang zu ermöglichen.[315] Die Art und Weise des einzurichtenden Datenzugangs (durch geeignete technische Online-Schnittstellen) ist für Behörden und Forscher einheitlich in Art. 40 Abs. 7 DSA geregelt.[316] Überdies kann die KOM durch den Erlass delegierter Rechtsakte gem. Art. 40 Abs. 13 DSA die technischen Bedingungen und Verwendungszwecke für den Datenzugang im Einzelnen konkretisieren.[317]

F. Zwischenergebnis

Der DSA erweitert für Dienste der Informationsgesellschaft, die gleichzeitig Vermittlungsdienste i.S.d. Art. 3 lit. g) i)–iii) DSA darstellen, den koordinierten Bereich und damit sachlichen Anwendungsbereich des Herkunftslandprinzips im Geltungsbereich der VO. Dabei harmonisiert der DSA umfassende Sorgfalts-, Transparenz und Organisationspflichten für Vermittlungsdienste, ohne dass die Mitgliedstaaten im unmittelbaren Anwendungsbereich dieser Vorgaben abweichende oder gar strengere Regelungen im nationalen Recht vorsehen können (und

---

[311] Verordnung (EU, Euratom) 2018/1046 des Europäischen Parlaments und des Rates vom 18. Juli 2018 über die Haushaltsordnung für den Gesamthaushaltsplan der Union, zur Änderung der Verordnungen (EU) Nr. 1296/2013, (EU) Nr. 1301/2013, (EU) Nr. 1303/2013, (EU) Nr. 1304/2013, (EU) Nr. 1309/2013, (EU) Nr. 1316/2013, (EU) Nr. 223/2014, (EU) Nr. 283/2014 und des Beschlusses Nr. 541/2014/EU sowie zur Aufhebung der Verordnung (EU, Euratom) Nr. 966/2012.

[312] *Kaesling*, in: NK-DSA, Art. 43, Rn. 3.

[313] *Denga*, in: Steinrötter, EU-Plattformregulierung-HdB, § 6, Rn. 95.

[314] *Gerdemann/Spindler*, GRUR 2023, 115 (124).

[315] ErwG 96 S. 1, 4 DSA; *Gerdemann/Spindler*, GRUR 2023, 115 (124); *Müller*, MMR 2022, 1007 (1009).

[316] *Maamar*, in: Kraul/Der neue DSA, § 4, Rn. 246.

[317] *Kaesling*, in: NK-DSA, Art. 40, Rn. 4.

mithin auch keine Zweitregulierung durch Bestimmungsländer möglich ist). Die Dichte der Harmonisierung nimmt dabei im DSA pyramidenartig gestuft mit der Bedeutung und dem Gefährdungspotential (systemisches Risiko im Online-Binnenmarkt) der einzelnen Vermittlungsdienste (Hosting-, Access- und Caching-Provider) zu. Auch der persönlich-territoriale Geltungsbereich des Herkunftslandprinzips reicht im DSA aufgrund der Kombination von Marktort- und Herkunftslandprinzip weiter als noch in der ECRL, wo rein an die Niederlassung eines Diensteanbieters angeknüpft wurde. Die Unterschiede im Hinblick auf die jeweiligen Anwendungsbereiche der ECRL und DSA (und damit der Reichweite des darin verorteten Herkunftslandprinzips) lassen sich vor allem auf die unterschiedlichen regulatorischen Kernziele sowie den Harmonisierungsgrad (RL bzw. VO) zurückführen. Infolge des Verordnungscharakters des DSA (und der damit einhergehenden Sperrwirkung) wirken sich die Neuerungen zur Reichweite des Herkunftslandprinzips im DSA vorrangig beim Aufsichtssystem der Mitgliedstaaten nach den Art. 51 ff. bzgl. den jeweiligen Durchsetzungs- und Sanktionsbefugnissen bei vermeintlichen Verstößen von Vermittlungsdiensten gegen Pflichten des DSA aus.

G. Ausnahmen von den Anwendungsbereichen der ECRL und DSA

Keine Anwendung findet das Herkunftslandprinzip in Bereichen, die vom Geltungsbereich der ECRL bzw. dem DSA ausgenommen sind. Ausgeschlossen sind daher gem. Art. 1 Abs. 5 lit. a)–d) ECRL die Bereiche der Besteuerung sowie solche Bereiche, die von den Richtlinien 95/46/EG und 97/66/EG[318] erfasst werden. Daneben sind Tätigkeiten von Notaren oder Angehörigen gleichwertiger Berufe ausgenommen, sofern diese eine unmittelbare oder besondere Verbindung zur Ausübung öffentlicher Befugnisse aufweisen. Ferner finden die Regelungen der ECRL keine Anwendung auf die gerichtliche Vertretung von Mandanten bzw. die Verteidigung von deren Interessen und im Bereich von Gewinnspielen mit einem einen Geldwert darstellenden Einsatz, einschließlich Lotterien und Wetten. Demgegenüber sind grds. jene Preisausschreiben und Gewinnspiele vom Geltungsbereich der ECRL erfasst, mit denen der Verkauf von Waren oder Dienstleistungen gefördert werden soll und bei denen etwaige Zahlungen nur dem Erwerb der angebotenen Waren oder Dienstleistungen dienen.[319]

---

[318] Richtlinie 95/46/EG des Europäischen Parlaments und des Rates vom 24. Oktober 1995 zum Schutz natürlicher Personen bei der Verarbeitung personenbezogener Daten und zum freien Warenverkehr; Richtlinie 97/66/EG des Europäischen Parlaments und des Rates vom 15. Dezember 1997 über die Verarbeitung personenbezogener Daten und den Schutz der Privatsphäre im Bereich der Telekommunikation.

[319] ErwG 16 ECRL.

Der DSA gilt gem. Art. 2 Abs. 2 DSA weder für Dienstleistungen, die keine Vermittlungsdienste sind, noch für Anforderungen, die an eine solche Dienstleistung gestellt werden, ungeachtet dessen, ob die Dienstleistung durch Inanspruchnahme eines Vermittlungsdienstes erbracht wird. Ausgeschlossen sind damit Dienste, welche die Anforderungen einer Dienstleistung der reinen Durchleitung, des Cachings oder Hostings nicht erfüllen, wie etwa der Betrieb eines Online-Shops durch einen Einzelhändler.[320] Da sich der DSA zudem auf die Regulierung der Vermittlungsdienstleistungen beschränkt, ist bspw. der Vertrieb von Arzneimitteln über eBay nicht vom Anwendungsbereich des DSA erfasst, obgleich die Vertriebsleistung über einen Vermittlungsdienst erfolgt. Mithin sind nach ErwG 6 DSA auch IT-Dienstleistungen auf Distanz oder Transport-, Beherbergungs- oder Lieferdienste nicht vom Geltungsbereich des DSA erfasst. Schließlich findet der DSA keine Anwendung, wenn der Vermittlungsdienst fester Bestandteil einer anderen Dienstleistung ist, bei der es sich nicht um einen Vermittlungsdienst handelt. Dies ist etwa beim Taxi-Dienst Uber der Fall, wobei der Vermittlungsdienst integraler Bestandteil einer Gesamtdienstleistung ist, die hauptsächlich in einer Verkehrsdienstleistung besteht.[321] Zwar lässt sich ein Vermittlungsdienst, der es mittels einer Smartphone-Applikation ermöglicht, die Informationen über die Buchung der Verkehrsdienstleistung zwischen dem Passagier und dem Fahrer zu übermitteln, als „Dienstleistung der Informationsgesellschaft" i. S. v. Art. 1 Nr. 2 RL 98/34/EG[322] einordnen.[323] Die Bedingungen der real erbrachten Dienstleistung werden jedoch maßgeblich durch den Dienst Uber bestimmt, sodass hier kein Vermittlungsdienst vorliege und die Regulierungsvorschriften für Verkehrsdienstleistungen anwendbar seien.[324] Anders verhält es sich hingegen bspw. beim Angebot von Airbnb, wo die Vermittlungsdienstleistung von Wohnungen vom eigentlichen Immobiliengeschäft trennbar sei. Im Mittelpunkt stehe somit weniger das reale Angebot von Immobilien; vielmehr gehe es daher hier darum, einen strukturierten Vergleich der Angebote auf der Plattform zu ermöglichen, um den Abschluss von Verträgen über künftige Beherbergungsdienstleistungen zu erleichtern.[325]

---

[320] *Hofmann*, in: NK-DSA, Art. 2, Rn. 27.

[321] EuGH, Urt. v. 20.12.2017 – C-434/15 = GRUR 2018, 308 Rn. 40; *Hofmann*, in: NK-DSA, Art. 2, Rn. 31; *Müller-Terpitz*, in: Müller-Terpitz/Köhler/DSA, Art. 2, Rn. 12.

[322] Richtlinie 98/34/EG des Europäischen Parlaments und des Rates vom 22. Juni 1998 über ein Informationsverfahren auf dem Gebiet der Normen und technischen Vorschriften.

[323] EuGH, Urt. v. 20.12.2017 – C-434/15 = GRUR 2018, 308 Rn. 35; *Hofmann*, in: NK-DSA, Art. 2, Rn. 31.

[324] EuGH, Urt. v. 20.12.2017 – C-434/15 = GRUR 2018, 308 Rn. 39 f.; *Hofmann*, in: NK-DSA, Art. 2, Rn. 31.

[325] EuGH, Urt. v. 19.12.2019 – C-390/18 = MMR 2020, 171 Rn. 53; *Hofmann*, in: NK-DSA, Art. 2, Rn. 32.

H. Ausnahmen von der Anwendung des Herkunftslandprinzips

I. Durchbrechungen des Herkunftslandprinzips durch die Zuständigkeitsverteilung der Art. 56 ff. DSA

Die KOM besitzt eine ausschließliche Zuständigkeit zur Aufsicht (und Durchsetzung) von VLOP-/VLOSE-Anbietern bzgl. der Einhaltung der Pflichten betreffend die systemische Risiken (Art. 33 ff. DSA) des Kap. III Abschn. 5 (Art. 56 Abs. 2 DSA). Daneben besteht gem. Art. 56 Abs. 4 DSA eine konkurrierende Zuständigkeit der KOM mit den jeweiligen nationalen DSCs hinsichtlich anderer Verpflichtungen von VLOP-/VLOSE-Diensten, bspw. des Kap. III Abschn. 1–4.[326] Mithin sieht der DSA im Bereich der Aufsichts- und Eingriffsmaßnahmen ggü. VLOP-/VLOSE-Diensten zur Durchsetzung von Pflichten aus dem DSA eine gewichtige Durchbrechung des Herkunftslandprinzips (bzw. die Möglichkeit zu einer solchen) durch die vertikale Zentralisierung bzw. Zentralisierbarkeit der Aufsichts- und Durchsetzungskompetenzen zugunsten der KOM vor.[327] Zusätzlich besteht mit Art. 60 Abs. 4 S. 2 DSA eine kooperationsrechtliche Sonderzuständigkeit der DSCs in den Bestimmungsländern, die nicht der Zuständigkeitsverteilung des Art. 56 DSA folgt und eine Durchbrechung des Herkunftslandprinzips darstellt.[328] Danach ist der DSC im Bestimmungsland berechtigt, eigene Untersuchungsbefugnisse nach Art. 51 Abs. 1 DSA ggü. ausländischen Vermittlungsdiensten in seinem Hoheitsgebiet auszuüben, ohne dass es hierfür eines Amtshilfeersuchens nach Art. 57 DSA bedarf.[329] Art. 60 Abs. 4 S. 2 DSA betrifft jedoch nur Untersuchungs- und keine Durchsetzungsmaßnahmen.[330] Dies gilt unter der strengen Voraussetzung, dass sich die Untersuchungsmaßnahmen auf den entsprechenden Vermittlungsdienst sowie Gegenstand einer gemeinsamen Untersuchung mit dem DSC des Niederlassungsortes nach Art. 60 DSA beziehen. Da allein der Bezug zum Gegenstand der gemeinsamen Untersuchung die Durchbrechung der Zuständigkeitsverteilung nach Art. 56 Abs. 1, 4 und 6 DSA rechtfertigt, dürfen anderweitige mutmaßliche Zuwiderhandlungen ausländischer Diensteanbieter im eigenen Hoheitsgebiet nicht ermittelt werden.[331] Keine Durchbrechung des Herkunftslandprinzips begründet hingegen Art. 58 DSA, der lediglich ein Aufforderungsrecht des DSC am Bestimmungsort ggü. dem DSC im Niederlassungsort normiert, mutmaßliche Rechtsverstöße eines dort ansässigen Vermittlungsdienstes nach Art. 56, 51 DSA zu prüfen und entsprechende Maßnahmen zu ergreifen.[332] Trotz der Fortgeltung des Her-

---

[326] *Marsch/Rademacher*, in: NK-DSA, Vor Art. 56 ff., 61 ff., Rn. 5.

[327] *Müller-Terpitz*, in: Müller-Terpitz/Köhler/DSA, Art. 56, Rn. 11.

[328] *Marsch/Rademacher*, in: NK-DSA, Art. 56, Rn. 24 f.

[329] *Marsch/Rademacher*, in: NK-DSA, Art. 60, Rn. 19.

[330] *Marsch/Rademacher*, in: NK-DSA, Art. 60, Rn. 2, 19.

[331] *Marsch/Rademacher*, in: NK-DSA, Art. 60, Rn. 19.

[332] *Marsch/Rademacher*, in: NK-DSA, Art. 58, Rn. 1; Vor Art. 56 ff., 61 ff., Rn. 19; *Müller-Terpitz*, in: Müller-Terpitz/Köhler/DSA, Art. 58, Rn. 4.

kunftslandprinzips sollen daher durch Art. 58 DSA grenzüberschreitende Zuwiderhandlungen gegen den Vorschriften des DSA unterbunden und verfolgt werden.[333]

II. Ausnahmen für behördliche und gerichtliche Anordnungen i. S. d. Art. 9, 10 DSA durch ErwG 38 DSA?

1. Änderungen des ErwG 38 DSA im Gesetzgebungsprozess

Der ErwG 38 DSA findet sich bereits im Verordnungsvorschlag der KOM vom 15. Dezember 2020.[334] Zuletzt wurden lediglich semantische Änderungen des Wortlauts von ErwG 38 S. 1 und 2 DSA durch das EU-Parlament nach Art. 241 GO vorgenommen sowie die Nummerierung geändert.[335] Zuvor hatte das Parlament in seiner Position zum DSA-E vom Januar 2022 jedoch eine umfassende Änderung des ErwG 38 S. 3 DSA vorgeschlagen.[336] Dieser sollte anstelle der jetzigen Fassung zusätzliche verfahrensrechtliche Regelungen zur Zustellung von Anordnungen nach den Art. 9 und 10 DSA enthalten und insb. die Möglichkeit einer Zustellung auf elektronischem Weg im Einklang mit den Vorschriften zum Schutz personenbezogener Daten und unter Verwendung von qualifizierten Diensten für die Zustellung elektronischer Einschreiben gemäß der VO (EU) Nr. 910/2014[337] regeln.[338] Ferner sollte dem ErwG 38 DSA ein vierter Satz zur Klarstellung hinzugefügt werden, dass der DSA das Zivilprozessrecht, insb. die Brüssel Ia-VO, nicht berührt.[339] Beide

---

[333] *Marsch/Rademacher*, in: NK-DSA, Vor Art. 56 ff., 61 ff., Rn. 19, Art. 58, Rn. 1.

[334] Europäische Kommission, COM (2020) 825 final, ErwG 33 DSA-E.

[335] U. a. wurden aus „illegalen", „rechtswidrige" Inhalte in Anpassung an die Begriffsbestimmung des Art. 3 lit. h) DSA, vgl. *Raue/Heesen*, NJW 2022, 3537.

[336] Europäisches Parlament, Abänderungen zum DSA-E v. 20. 1. 2022, Abänderung Nr. 30, P9_TA(2022)0014.

[337] Verordnung (EU) Nr. 910/2014 des Europäischen Parlaments und des Rates vom 23. Juli 2014 über elektronische Identifizierung und Vertrauensdienste für elektronische Transaktionen im Binnenmarkt und zur Aufhebung der Richtlinie 1999/93/EG.

[338] Der Vorschlag des ErwG 33 S. 3 DSA-E lautete wie folgt: „Die zuständige Behörde sollte Anordnungen zum Vorgehen gegen illegale Inhalte und zur Bereitstellung von Informationen durch elektronische Mittel, die einen schriftlichen Nachweis unter Bedingungen ermöglichen, die dem Diensteanbieter die Authentifizierung des Absenders, einschließlich der Richtigkeit des Datums und der Zeit der Absendung und des Eingangs der Anordnung, gestatten (z. B. über ein gesichertes E-Mail System und Plattformen oder sonstige gesicherte Kanäle, einschließlich der vom Diensteanbieter zur Verfügung gestellten), im Einklang mit den Vorschriften zum Schutz personenbezogener Daten direkt an den betreffenden Adressaten übermitteln. Diese Anforderung sollte insb. durch die Verwendung von qualifizierten Diensten für die Zustellung elektronischer Einschreiben gemäß der VO (EU) Nr. 910/2014 erfüllt werden."

[339] Der Vorschlag des ErwG 33 S. 4 DSA-E lautete wie folgt: „Diese Verordnung sollte unbeschadet der Bestimmungen zur gegenseitigen Anerkennung und Durchsetzung von Ur-

Änderungsvorschläge wurden jedoch verworfen, wobei der vorgeschlagene S. 4 mittlerweile in ErwG 34 sowie Art. 9 Abs. 6 DSA eine Entsprechung finden dürfte. Im Gesetzgebungsverfahren hat das EU-Parlament im Hinblick auf die Geltung des Art. 3 ECRL für Anordnungen nach Art. 9 und 10 DSA eine andere Position vertreten als die KOM. Neben ErwG 33 S. 1 DSA-E, in dem ausgeführt wurde, dass „Anordnungen zum Vorgehen gegen rechtswidrige Inhalte [...] den Vorschriften zur Wahrung der Zuständigkeit des Mitgliedstaats" unterliegen, „in dem der Anbieter niedergelassen ist, und den Vorschriften zur Festlegung möglicher Ausnahmen von dieser Zuständigkeit in bestimmten Fällen gem. Art. 3 RL 2000/31/EG, sofern die Bedingungen des genannten Artikels erfüllt sind", stellte auch der Abänderungsvorschlag 152 zu Art. 8 Abs. 2 lit. ca) DSA-E[340] klar, dass solche Anordnungen dem Art. 3 ECRL entsprechen müssen. Zudem hatte das Parlament auch die Aufnahme eines neuen lit. b) zu Art. 9 Abs. 2 DSA-E[341], lit. ba) zu Art. 47 Abs. 2 DSA-E[342] und lit. da) zu Art. 49 Abs. 1 DSA-E[343] vorgeschlagen; in Art. 44 Abs. 2 DSA-E[344] sollte lit. a) ergänzt werden.

Danach sollten Anbieter von Vermittlungsdiensten ein Recht auf einen wirksamen Rechtsbehelf gegen Auskunftsanordnungen haben, insb. ein Recht zur Anfechtung der Anordnung vor den Justizbehörden des Mitgliedstaats der erlassenden zuständigen Behörde, sofern die Anordnung gegen Art. 3 ECRL verstößt (Abänderungsvorschlag 170, Art. 9 Abs. 2 lit. b) DSA-E). Zudem sollten die Tätigkeitsberichte der DSC Informationen hinsichtlich der erlassenen Anordnungen nach Art. 8 und 9 DSA-E, insb. eine entsprechende Begründung darüber, dass die Anordnung im Einklang mit Art. 3 ECRL steht (Abänderungsvorschlag 400, Art. 44 Abs. 2 lit. a) DSA). Nach Ansicht des Parlaments sollte das EBDS die DSC und die KOM im Einklang mit dem DSA beraten, um einen Beitrag zur wirksamen Anwendung von Art. 3 ECRL zur Verhinderung einer Fragmentierung des digitalen Binnenmarktes zu leisten (Abänderungsvorschlag 414, Art. 47 Abs. 2 lit. ba) DSA-E). Soweit in diesem Zusammenhang erforderlich sollte das EBDS auch die Überwachung der Einhaltung von Art. 3 ECRL bei Maßnahmen eines Mitgliedstaats zur Beschneidung der Freiheit zur Erbringung der Dienste von Anbietern von Vermittlungsdiensten aus einem anderen Mitgliedstaat übernehmen. Dabei sollte das EBDS gewährleisten, dass diese Maßnahmen unbedingt erforderlich sind und die Anwendung des DSA nicht einschränken (Abänderungsvorschlag 425, Art. 49

---

teilen gelten, insb. in Bezug auf das Recht, die Anerkennung und Durchsetzung eines Urteils zum Vorgehen gegen illegale Inhalte zu verweigern, vor allem wenn diese Anordnung der öffentlichen Politik in dem Mitgliedstaat widerspricht, in dem sie anerkannt oder durchgesetzt werden soll."

[340] Nunmehr Art. 9 DSA (Anordnungen zum Vorgehen gegen rechtswidrige Inhalte).

[341] Nunmehr Art. 10 DSA (Auskunftsanordnungen).

[342] Nunmehr Art. 61 DSA (Europäisches Gremium für digitale Dienste).

[343] Nunmehr Art. 63 DSA (Aufgaben des Gremiums).

[344] Nunmehr Art. 55 DSA (Tätigkeitsberichte).

Abs. 1 lit. da) DSA-E).[345] Diese Änderungsvorschläge lassen daher vermuten, dass das Parlament insb. die Einhaltung und Fortgeltung des Art. 3 ECRL gerade im Zusammenhang mit den vorgesehenen (ggfs. grenzüberschreitenden) Anordnungen nach Art. 9 und 10 DSA (und damit im Einklang mit der bisherigen EuGH Rspr.) abgesichert wissen wollte. In der endgültigen Fassung der jeweiligen Normen wurde jedoch keiner dieser Änderungsvorschläge berücksichtigt. Vielmehr wurde in ErwG 38 DSA auf den durch die KOM eingebrachten S. 3 zurückgegriffen, wonach Art. 3 ECRL, insb. die prozeduralen und materiellen Vorgaben der Art. 3 Abs. 4–6 ECRL, nicht für die Anordnungen nach Art. 9 und 10 DSA gelten soll. Ein gewisser Widerspruch zur Position des Parlaments liegt damit auf der Hand und lässt demnach einen eindeutigen Willen des Gesetzgebers zum Verhältnis des Art. 3 ECRL zu den Anordnungen nach Art. 9 und 10 i. V. m. ErwG 38 DSA nicht erkennen.[346]

2. Dogmatische Einordnung

Dogmatisch lässt sich die finale Version des ErwG 38 DSA nur schwer in das strukturelle Gepräge des Herkunftslandprinzips nach Art. 3 ECRL[347] einordnen. Entsprechend ungeklärt ist daher, inwieweit ErwG 38 DSA das bisherige Verständnis des Herkunftslandprinzips des Art. 3 ECRL verändert oder gar lockert.[348] Zunächst wird in S. 1 ausgeführt, dass „Anordnungen zum Vorgehen gegen rechtswidrige Inhalte und zur Bereitstellung von Informationen [nach Art. 9 und 10 DSA] den Vorschriften zur Wahrung der Zuständigkeit des Mitgliedstaats unterliegen, in dem der Anbieter niedergelassen ist, und den Vorschriften zur Festlegung möglicher Ausnahmen von dieser Zuständigkeit in bestimmten Fällen gemäß Artikel 3 der Richtlinie 2000/31/EG, sofern die Bedingungen des genannten Artikels erfüllt sind“. Dagegen stellt S. 3 i. V. m. S. 2 wiederum klar, dass die „Vorschriften des Artikels 3 der Richtlinie 2000/31/EG, einschließlich derer über die Notwendigkeit, Maßnahmen zu rechtfertigen, die aus bestimmten genau festgelegten Gründen eine Ausnahme von der Zuständigkeit des Mitgliedstaats, in dem der Anbieter niedergelassen ist, darstellen und über die Mitteilung solcher Maßnahmen, [...] nicht für diese Anordnungen“ gelten sollen, „da sich die betreffenden Anordnungen auf bestimmte rechtswidrige Inhalte bzw. bestimmte Informationen beziehen“ und damit „grundsätzlich nicht die Freiheit dieser Anbieter, ihre Dienste grenzüberschreitend zu erbringen“ beschränken.[349]

---

[345] Europäisches Parlament, Abänderungen zum DSA-E v. 20. 1. 2022, P9_TA(2022)0014.

[346] So auch *Spindler*, CR 2023, 602 (605).

[347] Zur strukturellen Konzeption des Art. 3 ECRL s. Kap. 1 D. II., S. 30 ff.

[348] Vgl. hierzu *Hofmann/Rademacher* in: NK-DSA, Art. 2, Rn. 22, Art. 56, Rn. 5; *Holznagel*, CR 2021, 123 (130 ff.); *Spindler*, GRUR 2021, 545 (546); dagegen *Liesching*, ZUM 2024, 205 (207).

[349] *Spindler*, CR 2023, 602 (604).

Aus dem Wortlaut des S. 1 ergibt sich zunächst, dass das Herkunftslandprinzip des Art. 3 ECRL im Grunde für Anordnungen nach Art. 9 und 10 DSA fortgelten soll. Etwaige Ausnahmen richten sich nach Art. 3 Abs. 4–6 ECRL, wobei für solche Anordnungen in jedem Fall die verfahrensrechtlichen (Mindest-)Anforderungen der Art. 9 und 10 DSA gelten.[350] Dies würde auch im Einklang mit dem bisherigen Verständnis des Art. 3 ECRL insb. den Einzelfallausnahmen nach Art. 3 Abs. 4–6 ECRL stehen, wonach solche einzelfallbezogenen Anordnungen gerade vom Anwendungsbereich des Herkunftslandprinzip erfasst sein sollten.[351] Hierfür spricht auch das Verhältnis des DSA zur ECRL in Art. 2 Abs. 3 DSA, der die ECRL und damit auch das Herkunftslandprinzip nach Art. 3 DSA grundsätzlich unberührt lassen soll.[352]

In ErwG 38 S. 2 und 3 DSA wird wiederum ausgeführt, dass das Herkunftslandprinzip des Art. 3 ECRL, insb. die prozeduralen und formellen Voraussetzungen der Abs. 4–6, nicht für Anordnungen nach Art. 9 und 10 DSA gelten sollen, da die Vermittlungsdienste in diesen Fällen weiterhin grenzüberschreitend ihre Dienste erbringen könnten und die Dienstleistungsfreiheit nach Art. 56 AEUV damit nicht verletzt sei. Dies würde somit eher auf eine Bereichsausnahme i. S. d. Art. 3 Abs. 3 ECRL unter den zusätzlichen Voraussetzungen der Art. 9 und 10 DSA hindeuten, in der das Herkunftslandprinzip von vornherein nicht anwendbar ist. Dagegen sprechen jedoch – wie obig festgestellt – Art. 3 Abs. 4–6 ECRL sowie die in diesem Zusammenhang ergangene Rechtsprechung. Danach würde es Art. 3 ECRL vorbehaltlich der Ausnahmen des Art. 3 Abs. 4 ECRL nicht zulassen, einen Diensteanbieter strengeren Anforderungen zu unterwerfen, als dies das im Sitzmitgliedstaat dieses Anbieters geltende Sachrecht vorsieht. Gerade eine solche Unterwerfung eines Diensteanbieters unter strengere Anforderungen eines Nichtherkunftslandes würde nämlich nicht den freien Verkehr dieses Dienstes i. S. d. Art. 3 Abs. 1 ECRL umfassend sicherstellen.[353] Die Rückausnahmen zur Anwendung des Herkunftslandprinzips sind insofern systematisch zusammenhängend und abschließend in den Art. 3 Abs. 3 und 4 ECRL geregelt.[354] Für das bisherige Verständnis des Art. 3 Abs. 4–6 ECRL spricht demnach, dass die Grundintention des Art. 3 Abs. 2 ECRL vollumfänglich unterminiert wäre, wenn sich künftig soziale Netzwerke und andere Vermittlungsdienste mit empfangsstaatlichen Sperr- oder Auskunftsanordnungen konfrontiert sähen.[355]

---

[350] *Holznagel*, CR 2021, 123 (130); *Spindler*, CR 2023, 602 (604).

[351] So auch *Holznagel*, CR 2021, 123 (131), wonach der EuGH bisher ersichtlich noch nie argumentiert habe, dass einzelfallbezogene Anordnungen von der Anwendung des Herkunftslandprinzip ausgenommen werden sollen.

[352] *Hofmann*, in: NK-DSA, Art. 2, Rn. 40 ff.

[353] EuGH, Urt. v. 25.10.2011 – verb. Rs. C-509/09 u. C-161/10 = NJW 2012, 137, Rn. 66 f.; EuGH, Urt. v. 9.11.2023 – C-376/22 = GRUR-RS 2023, 30964 Ls.

[354] *Holznagel*, CR 2022, 250 (258).

[355] So *Liesching*, MMR 2023, 56 (60); *ders.*, ZUM 2024, 205 (207): Danach sei die EuGH Entscheidung v. 9.11.2023 eher dahin zu deuten, dass einzelne nationalbehördliche Anord-

In jedem Fall dürfte erst ErwG 38 S. 3 DSA allen Nichtherkunftsländern den Erlass grenzüberschreitender Anordnungen nach Art. 9 und 10 DSA unabhängig von einer besonderen Zulässigkeit nach Art. 3 Abs. 4–6 ECRL ermöglichen.[356] Der Kontrollmaßstab der Herkunftsländer sowie die Verfahrensvoraussetzungen des Art. 3 Abs. 4 ECRL wären damit für solche Anordnungen aufgehoben.[357] Art. 9 und 10 DSA bezwecken somit lediglich die Harmonisierung der Abwicklung gerichtlicher und behördlicher Rechtsdurchsetzungsmaßnahmen einzelner Mitgliedstaaten.[358] Demnach bilden weder Art. 9 noch 10 DSA eine Rechtsgrundlage für den Erlass von Anordnungen zur Löschung oder Sperrung von Informationen bzw. Auskunftsanordnungen noch enthalten sie materiell-rechtliche Vorgaben zum räumlichen Anwendungsbereich oder der grenzüberschreitenden Durchsetzung, vgl. ErwG 31 DSA.[359] Mithin ergeben sich die positiven Haftungsvoraussetzungen und Rechtsgrundlagen für entsprechende Anordnungen entweder aus Unionsrecht (z. B. Art. 11 S. 3 Enforcement-RL) oder nationalem Recht (z. B. § 109 Abs. 3 MStV ggfs. i. V. m. § 20 Abs. 4 JMStV).[360] Folglich würde ErwG 38 S. 3 DSA einzelfallbezogene Anordnungen nach Art. 9 und 10 DSA von der Anwendung des Herkunftslandprinzips nach Art. 3 ECRL ausnehmen, die auf nationalen Haftungskriterien für Vermittlungsdienste beruhen und damit eine Rechtsdurchsetzung der Bestimmungsländer ggü. ausländischen Diensteanbietern im nicht bzw. nur geringfügig harmonisierten Bereich fördern. Mit dieser Regelung toleriert jedoch der EU-Gesetzgeber auch einen gewissen Spielraum bei der grenzüberschreitenden Rechtsdurchsetzung zum Schutz der nationalen Rechtsordnungen der Mitgliedstaaten und ggfs. die daraus für Vermittlungsdienste resultierende Rechtsunsicherheit. Tendenziell ähnelt ErwG 38 S. 3 DSA damit einer Öffnungsklausel, die die Souveränität der Bestimmungsländer im nicht bzw. nur wenig harmonisierten Bereich schützt.[361]

Im Ergebnis könnte ErwG 38 DSA daher den übergeordneten Gedanken stützen, dass das Herkunftslandprinzip des Art. 3 ECRL künftig nur in den durch die ECRL, DSA oder durch anderes Unionsrecht harmonisierten Bereichen gelten soll und

---

nungen gegen Vermittlungsdienste in anderen EU-Mitgliedstaaten zum Vorgehen gegen rechtswidrige Inhalte (aufgrund eines Verstoßes gegen nationales Empfangsstaatrecht) gem. Art. 2 Abs. 3 DSA nur bei Vorliegen der materiellen Ausnahmen vom Herkunftslandprinzip nach Art. 3 Abs. 4 ECRL möglich wären.

[356] So auch *Holznagel*, CR 2021, 123 (131).

[357] *Spindler*, CR 2023, 602 (604).

[358] *Hofmann*, in: NK-DSA, Art. 9, Rn. 5; Art. 10, Rn. 5.

[359] *Hofmann*, in: NK-DSA, Art. 9, Rn. 8; Art. 10, Rn. 5.

[360] *Hofmann*, in: NK-DSA, Art. 9, Rn. 1; *Holznagel*, CR 2021, 123 (129); *Kuhlmann/Trute*, GSZ 2022, 115 (118).

[361] Dass der EU-Gesetzgeber insb. die grenzüberschreitende Zusammenarbeit der nationalen DSCs und auch die Durchsetzung der Pflichten nach dem DSA effektiv gestalten und stärken wollte, zeigt sich insb. in der Aufsichtsstruktur des DSA, insb. den Art. 58, 60 DSA, vgl. unter H. I., S. 71 f.

nicht (mehr) darüber hinaus; d.h. der „koordinierte“ Bereich i.S.d. Art. 2 lit. h) ECRL ist demnach enger und parallel zur Begriffsbestimmung des „koordinierten“ Bereiches in der AVMD-RL zu verstehen. Damit wäre jedenfalls auch innersystematisch ein struktureller Gleichlauf mit dem „koordinierten“ Bereich der AVMD-RL hergestellt.

3. Vereinbarkeit mit dem Bestimmtheitsgebot

Die soeben dargestellten Unsicherheiten bzgl. der dogmatischen Einordnung von ErwG 38 i.V.m. Art. 9 und 10 DSA vor dem Hintergrund des Art. 3 ECRL dürften jedoch deren Vereinbarkeit mit dem Bestimmtheitsgebot, als höherrangigem Unionsrecht, nicht entgegen stehen. Der EuGH hat das Bestimmtheitsgebot als Teil der allgemeinen Rechtsgrundsätze richterrechtlich in seiner Rechtsprechung herausgearbeitet. Danach muss eine den Adressaten belastende Regelung „klar und deutlich [sein], damit er seine Rechte und Pflichten unzweideutig erkennen und somit seine Vorkehrungen treffen kann“[362]. Dabei bindet dieses Gebot der Normenklarheit und -bestimmtheit aus Gründen der Rechtssicherheit der Begünstigten auch die Mitgliedstaaten bei der Umsetzung von Richtlinien.[363] Die Maßstäbe des EuGH zur Beurteilung der Normenklarheit europäischer Gesetzgebung sind jedoch eher großzügig, sodass bei Zweifeln mit Blick auf nationale Umsetzungsvorschriften die abschließende Beurteilung den nationalen Gerichten der Mitgliedstaaten obliegt.[364]

Wie soeben unter 2. ausgeführt, steht der ErwG 38 S. 2 und 3 DSA zwar ersichtlich im Widerspruch zum bisherigen Verständnis des Anwendungsbereichs des Art. 3 ECRL, etwaiger Ausnahmetatbestände hiervon, der bisherigen EuGH Rechtsprechung sowie Art. 2 Abs. 3 DSA. Dennoch legen S. 2 und 3 nahe, dass das Herkunftslandprinzip des Art. 3 ECRL nur für solche mitgliedstaatlichen Maßnahmen anwendbar sein soll, die die Diensteerbringung als solche betreffen, während einzelfallbezogene Maßnahmen nationaler Behörden und Gerichte i.S.d. Art. 9, 10 DSA dem Bestimmungslandprinzip unterliegen.[365] Soweit sich der DSA gegen die Verbreitung rechtswidriger Inhalte richtet, beruht er demnach im Wesentlichen auf dem Bestimmungslandprinzip.[366] Insofern ergibt sich aus (dem Wortlaut des) ErwG 38 S. 2 und 3 DSA eindeutig, dass Vermittlungsdienste künftig grds. mit empfangsstaatlichen Sperr- und Auskunftsanordnungen nach Art. 9 und 10 DSA aller zuständigen nationalen Behörden auf der Grundlage von 27 unterschiedlichen Rechtsordnungen konfrontiert werden könnten. Folglich sind auch dessen (belastende) Rechtsfolgen für betroffene Anbieter von Vermittlungsdiensten erkennbar.

[362] EuGH, Urt. v. 9.7.1981 – C-169/80, Rn. 17.

[363] EuGH, Urt. v. 30.5.1991 – verb. Rs. C-361/88 u. C-59/89, Rn. 15; *Mayer*, in: GHN/Recht der EU, Nach Art. 6 EUV, Rn. 394.

[364] *Englisch*, in: Schaumburg/Englisch, Europäisches StR, Kap. 12, Rn. 12.30 m.w.N.

[365] *Gersdorf*, 74.djt I/G, S. 62f.

[366] *Gersdorf*, 74.djt I/G, S. 63.

Trotz dessen folgen aus der Mehrdeutigkeit des ErwG 38 DSA Herausforderungen für mitgliedstaatliche Umsetzungsrechtsakte zur Umsetzung von sektorspezifischem Unionsrecht. Zwar ist der DSA als Verordnung nach Art. 288 AEUV unmittelbar und verbindlich in allen EU-Mitgliedstaaten anwendbar, jedoch bedürften etwa Art. 3 ECRL sowie Art. 3 AVMD-RL als Richtlinienrecht grds. weiterhin nationaler Umsetzungsvorschriften. Dabei haben die Mitgliedstaaten die uneingeschränkte Anwendbarkeit des DSA zu gewährleisten, etwa indem kollidierende nationale Bestimmungen aufgehoben oder abgeändert werden. Insofern müssen die Mitgliedstaaten sicherstellen, dass keine dem DSA widersprechenden nationalen Maßnahmen eingeführt oder beibehalten werden.[367] In Deutschland waren im Übrigen die Art. 3 ECRL und Art. 3 AVMD-RL bisher gemeinsam in § 3 TMG umgesetzt (seit dem 14.5.2024 in § 3 DDG).[368]

Soweit der Verordnungsgeber mit ErwG 38 DSA beabsichtigt, die Ausnahmetatbestände des Art. 3 ECRL zur Anwendbarkeit des Herkunftslandprinzips inhaltlich um behördliche Anordnungen nach Art. 9 und 10 DSA zu erweitern bzw. zu lockern, müssten daher diese Änderungen gleichermaßen eine Entsprechung in den nationalen Umsetzungsvorschriften (bspw. § 3 DDG) finden. Folglich wäre eine Klarstellung des EU-Gesetzgebers zur Bedeutung des ErwG 38 DSA im Verhältnis zu Art. 2 Abs. 3 DSA mit Blick auf das bisherige Verständnis des Art. 3 ECRL (ggfs. auch Art. 3 AVMD-RL) wünschenswert, um eine hinreichende, möglichst einheitliche Umsetzung im nationalen Recht der einzelnen Mitgliedstaaten zu gewährleisten.

4. Vereinbarkeit mit Art. 296 AEUV

Problematisch ist der Inhalt des ErwG 38 DSA im Hinblick auf die nach Art. 296 AEUV grds. bestehende Pflicht des Verordnungsgebers zur hinreichenden Begründung von Unionsrechtsakten. Zur Erleichterung der gerichtlichen Inanspruchnahme durch Betroffene und Gewährung gerichtlichen Rechtsschutzes müssen die einer Maßnahme zugrunde liegenden rechtlichen und tatsächlichen Erwägungen in klarer und eindeutiger Weise im Rechtsakt enthalten sein.[369] Insofern läuft es der Begründungsgebot zuwider, wenn die Erwägungsgründe unklar, mehrdeutig oder in sich widersprüchlich sind.[370]

ErwG 36 S. 3 DSA begründet zunächst die Möglichkeit, den Geltungsbereich einer Anordnung nach Art. 9 Abs. 2 lit. b) DSA über das Hoheitsgebiet des erlassenden Mitgliedstaates hinaus unter bestimmten Voraussetzungen auszudehnen.[371]

---

[367] Vgl. *Schroeder*, in: Streinz/EUV/AEUV, Art. 288, Rn. 47.

[368] S. dazu Kap. 4 A. I., S. 123 ff.

[369] *Gellermann*, in: Streinz/EUV/AEUV, Art. 296, Rn. 5, 7.

[370] *Gellermann*, in: Streinz/EUV/AEUV, Art. 296, Rn. 7 mit Verweis auf EuGH, Urt. v. 7.7.1981 – C-158/80, Rn. 26; EuG, Urt. v. 5.4.2001– T-82/00, Rn. 33.

[371] *Neidinger/Wildgans*, in: Kraul/Der neue DSA, § 3, Rn. 108.

Demgegenüber knüpft ErwG 38 DSA sowohl an Art. 2 Abs. 3 DSA als auch Art. 9 Abs. 2 lit. b) und Art. 10 DSA an. Dabei enthält ErwG 38 S. 2 DSA zwar grds. eine Begründung dahingehend, weshalb empfangsstaatliche Anordnungen zum Vorgehen gegen bestimmte rechtswidrige Inhalte bzw. Auskunftsanordnungen nicht (mehr) dem Anwendungsbereich des Art. 3 ECRL unterliegen sollen (da solche Anordnungen die Dienstleistungsfreiheit der Vermittlungsdienste nach Art. 56 AEUV nicht einschränken würden). Zu deren Verhältnis zur prinzipiellen Anwendbarkeit des Herkunftslandprinzips im Geltungsbereich des DSA (Art. 2 Abs. 3 DSA), wonach dieser keine Auswirkungen auf Art. 3 ECRL (insb. dessen Geltungsbereich sowie Ausnahmetatbestände) haben soll, verhalten sich die Gründe hingegen nicht eindeutig. Vor allem die der im Verordnungstext beabsichtigte Kombination von Herkunfts- und Bestimmungslandprinzip zugrundeliegende Differenzierung hinsichtlich ihrer jeweiligen Anwendungsbereiche (und Ausnahmen) wird nur unzureichend begründet. Mithin lässt das innersystematische Konfliktpotential im Wortlaut des ErwG 38 S. 1 und 3 DSA jedenfalls dessen Vereinbarkeit mit den Begründungsanforderungen des Art. 296 AEUV bezweifeln. Dabei wiegt diese mangelnde Abbildung in den Gründen umso schwerer, als sie maßgeblich das mitgliedstaatliche Kompetenzgefüge der Bestimmungs- und Herkunftsländer untereinander (wesentlich) beeinflusst und erhebliche Rechtsfolgen für betroffene Vermittlungsdienste mit sich bringt.

Im Übrigen dürfen ErwG grds. weder Bestimmungen mit normativen Charakter noch politische Willensbekundungen enthalten. Im Gegensatz zum verfügenden Teil des jeweiligen Rechtsaktes sind sie daher rechtlich unverbindlich.[372] Folglich dürften potenzielle Änderungen des Art. 3 ECRL hinsichtlich der Reichweite bzw. des Anwendungsbereichs durch ErwG 38 S. 2, 3 DSA zunächst keine unmittelbare Wirkung in den Mitgliedstaaten entfalten (insb. ergibt sich daraus noch keine Pflicht zur Anpassung der nationalen Umsetzungsvorschrift des § 3 DDG bzw. Ermächtigung zur Abweichung von Art. 3 Abs. 3 und 4 bis 6 ECRL).[373] Um dies sicherzustellen, müsste daher der Unionsgesetzgeber ebendiese Anpassungen des Art. 3 ECRL in den verfügenden Teil des DSA (etwa Art. 9 und 10 DSA) aufnehmen oder Art. 3 ECRL selbst entsprechend anpassen. Bis dahin lässt sich ErwG 38 DSA allenfalls als eine Auslegungshilfe für den Anwendungsbereich des Herkunftslandprinzips des Art. 3 ECRL heranziehen.[374]

---

[372] EuGH, Urt. v. 19.11.1998 – C-162/97, Rn. 54; EuGH, Urt. v. 12.5.2005 – C-444/03, Rn. 25; Europäisches Parlament/Rat der Europäischen Union/Europäische Kommission, Gemeinsamer Leitfaden für Personen, die an der Abfassung von Rechtstexten der Europäischen Union mitwirken, 2015, abrufbar unter https://eur-lex.europa.eu/content/techleg/KB0213228DEN.pdf (zuletzt abgerufen am 2.5.2025).

[373] So auch *Spindler*, CR 2023, 602 (605).

[374] So auch *Gersdorf*, 74.djt I/G, S. 63; *Janal*, K&R 2021, 6 (7); *Rössel*, ITRB 2023, 68 (75), Fn. 61.

5. Inhalt und Reichweite

Da sich ErwG 38 DSA ausdrücklich auf Anordnungen zum Vorgehen gegen rechtswidrige Inhalte und zur Bereitstellung von Informationen bezieht, sollen im Folgenden der Inhalt und die Reichweite der Art. 9 und 10 DSA untersucht werden. Um die materielle Reichweite des ErwG 38 S. 3 DSA einzuordnen, stellt sich hier zusätzlich die Frage, inwieweit die Regelung auch die den Anordnungen zugrunde liegenden zivilrechtlichen Ansprüche betrifft.

a) Anordnungen zum Vorgehen gegen bestimmte rechtswidrige Inhalte und Auskunftsanordnungen, Art. 9, 10 DSA

Wie bereits unter 2. festgestellt, harmonisieren die Art. 9 und 10 DSA lediglich spezifische Mindestanforderungen für entsprechende Anordnungen, ohne eine Rechtsgrundlage für den Erlass solcher Anordnungen zur Löschung oder Sperrung rechtswidriger Informationen oder Auskunftsanordnungen zu schaffen oder deren Vollstreckung ggü. Intermediären zu regeln.[375] Beide Normen verkörpern somit formelles Recht und enthalten verfahrensrechtliche Vorgaben, um sicherzustellen, dass die Anordnungen im grenzüberschreitenden Kontext wirksam und effizient befolgt werden.[376] Strukturell sind die Art. 9 und 10 DSA verwandt; so sind etwa die Abs. 3 bis 6 nahezu identisch. Bestehende Unterschiede bei den Anforderungen an die jeweiligen Anordnungen nach Art. 9 und 10 DSA beruhen somit auf deren Rechtsnatur.[377]

Art. 9 DSA bezieht sich zunächst auf Anordnungen zum Vorgehen gegen rechtswidrige Inhalte, die von nationalen Justiz- und Verwaltungsbehörden (engl.: *judicial or administrative authorities*; franz.: *autorités judiciares ou administratives*) auf der Grundlage des geltenden Unionsrechts oder nationalen Rechts im Einklang mit dem Unionsrecht erlassen werden. Adressiert werden hier zum einen Vermittlungsdienste, denen bestimmte Informationspflichten ggü. Behörden und betroffenen Nutzern auferlegt werden. Andererseits finden sich in den Abs. 2 und 3 Vorgaben für Behörden und Gerichte bzgl. der formalen Ausgestaltung einschlägiger Anordnungen zur Löschung oder Sperrung rechtswidriger Inhalte sowie Verpflichtungen zum Informationsaustausch.[378] Behördliche Anordnungen können somit aus deutscher Perspektive etwa Anordnungen der Landesmedienanstalten auf der Grundlage von § 109 Abs. 3 MStV ggfs. auch i.V.m. § 20 Abs. 4 JMStV darstellen. Während jedoch die Anordnungen inhaltlich ggü. Host-Providern auf Sperrung oder Deaktivierung eines Inhalts oder Nutzerkontos bzw. zur Verhinde-

---

375 *Hofmann*, in: NK-DSA, Art. 9, Rn. 8, 81.

376 *Hofmann*, in: NK-DSA, Art. 9, Rn. 5 ff.; *Holznagel*, CR 2021, 123 (130); *Neidinger/Wildgans*, in: Kraul/Der neue DSA, § 3, Rn. 103.

377 *Hofmann*, in: NK-DSA, Art. 10, Rn. 5 f.

378 *Hofmann*, in: NK-DSA, Art. 9, Rn. 22.

rung des erneuten Uploads gerichtet sein können, kommt ggü. Accessprovidern eine Anordnung von Zugangssperren in Betracht.[379] Gerichtliche Anordnungen können insb. Unterlassungsurteile basierend z.B. auf § 1004 BGB oder gerichtliche Anordnungen zum Sperren ggü. WLAN-Anbietern und Accessprovidern nach § 7 Abs. 4 TMG (§ 8 DDG) sein.[380] Denkbar ist jedoch auch der Erlass von Anordnungen nach Art. 9 DSA, die Vermittlungsdienste verpflichten, das erneute Auftreten rechtswidriger Inhalte zu verhindern, soweit dies im Einklang mit dem Unionsrecht und der EuGH-Rspr. (*Glawischnig-Piesczek*) steht.[381]

Art. 10 DSA enthält verfahrensrechtliche Vorgaben für behördliche oder gerichtliche Auskunftsanordnungen. Dabei werden Informationspflichten über die Ausführung der Anordnung ggü. dem Staat (Abs. 1) und ggü. den Nutzern (Abs. 5) geregelt. Daneben finden sich Regelungen für bestimmte Mindestinhalte solcher Auskunftsanordnungen (Abs. 2) und zum Informationsaustausch unter den einzelnen Behörden (Abs. 3 und 4).[382] Rechtsgrundlagen für solche Auskunftsbegehren können sich z.B. aus Art. 8 Abs. 1 lit. c) Enforcement-RL oder nationalem Verwaltungsrecht ergeben.[383] Gerichtliche Anordnungen zur Auskunftserteilung können bspw. im Zusammenhang mit der Verfolgung von Persönlichkeitsrechtsverletzungen auf der Grundlage von § 242 BGB bzw. § 14 Abs. 4 TMG a.F. oder nach Verletzungen des geistigen Eigentums nach § 19 Abs. 2 MarkenG ergehen.[384]

Verstöße der Vermittlungsdienste gegen Anordnungen des Art. 9 und 10 DSA unterliegen (mit Ausnahme der Informationspflichten der Abs. 1) nicht den Durchsetzungsmechanismen der Art. 49 ff. DSA.[385] Vielmehr hat bei Nichtbefolgung einer solchen Anordnung der erlassende Mitgliedstaat diese im Einklang mit dessen nationalem Recht durchzusetzen.[386]

aa) Formelle Anforderungen des Art. 9 und 10 DSA

Die erforderlichen Mindestangaben für Anordnungen zum Vorgehen gegen bestimmte rechtswidrige Inhalte sind in Art. 9 Abs. 2 lit. a) DSA aufgezählt. Konkret enthalten sein müssen: die Angabe der Rechtsgrundlage (Nr. i); eine Begründung nebst Normbezug, warum es sich bei den Informationen um rechtswidrige Inhalte handelt (Nr. ii); Informationen zur Identifizierung der anordnenden Behörde

---

[379] *Holznagel*, CR 2021, 123 (129).

[380] *Holznagel*, CR 2021, 123 (129).

[381] Europäische Kommission, COM (2020) 825 final, S.4; dagegen *Neidinger/Wildgans*, in: Kraul/Der neue DSA, § 3, Rn. 110 ff.; *Nägele*, in: Müller-Terpitz/Köhler/DSA, Art. 9, Rn. 8.

[382] *Hofmann*, in: NK-DSA, Art. 10, Rn. 3 f.

[383] *Hofmann*, in: NK-DSA, Art. 10, Rn. 2.

[384] *Holznagel*, CR 2021, 123 (129).

[385] ErwG 32 DSA; *Hofmann*, in: NK-DSA, Art. 9, Rn. 9, 44.

[386] *Hofmann*, in: NK-DSA, Art. 9, Rn. 9, 42.

(Nr. iii); klare Angaben zur Identifikation der betroffenen Inhalte, etwa URL-Adressen (Nr. iv); Angaben über Rechtsbehelfsmechanismen für den betroffenen Intermediär und Nutzer (Nr. v) sowie Angaben über die Behörde, welche über die Ausführung der Anordnung zu informieren ist (Nr. vi).[387] Die in Art. 10 Abs. 2 lit. a) DSA festgelegten Mindestanforderungen an behördliche oder gerichtliche Auskunftsanordnungen entsprechen weitestgehend jenen in Art. 9 Abs. 2 lit. a) DSA. Ein Unterschied besteht jedoch darin, dass nach Art. 10 Abs. 2 lit. a) Nr. iii DSA klare Angaben zur Identifikation des Informationssubjekts, also über denjenigen, über den ausweislich der Auskunftsanordnung Informationen zu geben sind, enthalten sein müssen. Genannt werden hier beispielhaft Kontonamen oder andere eindeutige Kennungen.

Art. 9 und 10 Abs. 2 lit. c) DSA enthalten jeweils identische Vorgaben für die Sprache, in der die Anordnungen übermittelt und an die vom Vermittlungsdienst nach Art. 11 DSA benannte elektronische Kontaktstelle geschickt werden soll.[388] Dies ist entweder eine vom Vermittlungsdienst nach Art. 11 Abs. 3 DSA angegebene Sprache oder eine Amtssprache der Mitgliedstaaten, auf die sich die Anordnung erlassende Behörde und der Diensteanbieter geeinigt haben. Drittens kann die Anordnung auch in der Sprache der erlassenden Behörde übermittelt werden, soweit eine Übersetzung der Mindestangaben der Art. 9 und 10 Abs. 2 lit. a) und b) DSA in eine angegebene oder bilateral vereinbarte Sprache beigefügt ist.[389]

Während Art. 9 Abs. 2 lit. b) DSA zudem Vorgaben für den räumlichen Geltungsbereich der Anordnung zum Vorgehen gegen einen oder mehrere bestimmte rechtswidrige Inhalte regelt, begrenzt Art. 10 Abs. 2 lit. c) DSA die Verpflichtung der Auskunftserteilung eines Vermittlungsdienstes in materieller Hinsicht.[390] ErwG 36 DSA stellt hinsichtlich ersterem Fall klar, dass der räumliche Anwendungsbereich solcher Anordnungen auf der Grundlage des geltenden Unions- oder nationalen Rechts, welches den Erlass der Anordnung ermöglicht, nicht über das zur Erreichung ihrer Ziele unbedingt erforderliche Maß hinausgehen soll.[391] Erforderlich ist daher die Abwägung der Ziele der Anordnung im Einklang mit der zugrunde liegenden Rechtsgrundlage gegen die Rechte und berechtigten Interessen aller Dritten, insb. die Grundrechte der Charta.[392] Ein grenzüberschreitender Geltungsbereich der Anordnung nach Art. 9 DSA dürfte demnach grds. nur bei Unionsrechtswidrigkeit der Inhalte in Betracht kommen oder soweit die Behörde einen größeren räumlichen Geltungsbereich im Einklang mit dem Unions- und Völker-

---

[387] *Neidinger/Wildgans*, in: Kraul/Der neue DSA, § 3, Rn. 103.

[388] *Hofmann*, in: NK-DSA, Art. 9, Rn. 68; Art. 10, Rn. 44.

[389] *Hofmann*, in: NK-DSA, Art. 9, Rn. 69 f.

[390] *Hofmann*, in: NK-DSA, Art. 9, Rn. 63; Art. 10, Rn. 42.

[391] *Gerdemann/Spindler*, GRUR 2023, 3 (7); *Hofmann*, in: NK-DSA, Art. 9, Rn. 65.

[392] *Hofmann*, in: NK-DSA, Art. 9, Rn. 65.

recht, unter Berücksichtigung der Interessen diplomatischer Gepflogenheiten für erforderlich hält (vgl. ErwG 36 S. 3 DSA).[393]

Hingegen dürfen Auskunftsanordnungen nach Art. 10 DSA den Vermittlungsdienst nur zur Bereitstellung von Informationen verpflichten, die er ohnehin zum Zwecke der Erbringung des Dienstes erfasst hat und die seiner Verfügungsgewalt unterliegen.[394] Dabei enthält Art. 10 Abs. 2 lit. b) DSA jedoch keine Pflicht, proaktiv im Vorfeld von Auskunftsanordnungen Informationen zu sammeln oder entsprechende Informationen infolge einer Auskunftsanordnung zu beschaffen.[395]

bb) Prozedurale Anforderungen des Art. 9 und 10 DSA

Nach Eingang einer Anordnung nach Art. 9 oder 10 DSA hat der Vermittlungsdienst die erlassende oder eine andere in der Anordnung genannte Behörde unverzüglich über die Ausführung der Anordnung unter Angabe, ob und wann diese ausgeführt wurde, zu informieren.[396] Anders als in den Fällen des Art. 9 Abs. 1 DSA ist bei Auskunftsanordnungen nach Art. 10 DSA auch eine Eingangsbestätigung der Anordnung erforderlich.[397] Die Informationspflicht nach Art. 9 Abs. 1 bzw. 10 Abs. 1 DSA wird nur dann ausgelöst, wenn die Anordnung rechtmäßig und ihr Inhalt hinreichend bestimmt ist.[398]

Ferner hat der Intermediär nach Art. 9 bzw. 10 Abs. 5 DSA betroffene Nutzer über die Anordnung sowie deren Ausführung spätestens zum Zeitpunkt der Befolgung der Anordnung zu unterrichten.[399] Dabei muss dem Nutzer auch eine Begründung, existierende Rechtsbehelfsmöglichkeiten und eine Beschreibung des räumlichen Geltungsbereichs der Anordnung mitgeteilt werden.[400] Bei Auskunftsanordnungen entfällt der Hinweis zur territorialen Geltung.[401] Die Begründungspflicht berührt jedoch nicht jene des Art. 17 DSA und umgekehrt, vgl. Art. 17 Abs. 5 DSA.[402]

Die anordnende Justiz- oder Verwaltungsbehörde bzw. jene Behörde, die in der Anordnung benannt ist, hat dem DSC im Mitgliedstaat der erlassenden Behörde die Anordnung nebst sämtlichen vom Vermittlungsdienst enthaltenen Angaben zur

---

[393] *Hofmann*, in: NK-DSA, Art. 9, Rn. 65.
[394] *Hofmann*, in: NK-DSA, Art. 10, Rn. 42.
[395] *Hofmann*, in: NK-DSA, Art. 10, Rn. 43.
[396] *Hofmann*, in: NK-DSA, Art. 9, Rn. 34; Art. 10, Rn. 18.
[397] *Hofmann*, in: NK-DSA, Art. 10, Rn. 19.
[398] *Hofmann*, in: NK-DSA, Art. 9, Rn. 40 f.
[399] *Hofmann*, in: NK-DSA, Art. 9, Rn. 76 f.
[400] *Hofmann*, in: NK-DSA, Art. 9, Rn. 78.
[401] *Hofmann*, in: NK-DSA, Art. 10, Rn. 48.
[402] *Hofmann*, in: NK-DSA, Art. 9, Rn. 79.

Ausführung zu übermitteln.[403] Der DSC übersendet dann unverzüglich allen DSC der anderen Mitgliedstaaten über das nach Art. 85 DSA eingerichtete System eine Kopie der Anordnung.[404] Letzterer Schritt kann jedoch bei Anordnungen im Zusammenhang mit Strafverfahren entfallen, soweit dies im nationalen Strafprozessrecht vorgesehen ist.[405]

cc) Begriff der rechtswidrigen Inhalte

Wesentlicher Bezugspunkt des ErwG 38 DSA bzw. Art. 9 DSA ist der Begriff des „rechtswidrigen Inhaltes", der in Art. 3 lit. h) DSA lediglich abstrakt unter Verweis auf das europäische und nationale Recht der Mitgliedstaaten definiert wird.[406] Hierbei handelt es sich jedoch um kein statisches Begriffsverständnis, da insb. auch die bisherige Rspr. zu Sperranordnungen nach Art. 6 DSA einfließt.[407] Gemeint sind daher nach Art. 3 lit. h) DSA zunächst „alle Informationen, die als solche oder durch ihre Bezugnahme auf eine Tätigkeit, einschließlich des Verkaufs von Produkten oder der Erbringung von Dienstleistungen, nicht im Einklang mit dem Unionsrecht oder dem Recht eines Mitgliedstaates stehen, ungeachtet des genauen Gegenstands oder der Art der betreffenden Rechtsvorschriften".

ErwG 12 DSA stellt dabei klar, dass zur Gewährleistung eines sicheren, vorhersehbaren und vertrauenswürdigen Online-Umfeldes der Begriff der „Rechtswidrigkeit" weit zu verstehen ist und den bereits bestehenden Vorschriften in der Offline-Welt entsprechen sollte. Konkret fallen darunter alle Informationen, die nach geltendem Recht an sich rechtswidrig sind, wie etwa die rechtswidrige Hassrede, terroristische Inhalte, rechtswidrige, diskriminierende Inhalte oder solche die mit rechtswidrigen Handlungen, Produkten oder Dienstleistungen zusammenhängen. Als rechtswidrige Handlungen sind in ErwG 12 DSA beispielhaft etwa die Weitergabe von Darstellungen sexuellen Missbrauchs von Kindern, die rechtswidrige Weitergabe privater Bilder ohne Zustimmung, Cyber-Stalking, der Verkauf nicht konformer oder gefälschter Produkte, der Verkauf oder die Erbringung von Dienstleistungen unter Verstoß gegen das Verbraucherschutzrecht, die nicht genehmigte Verwendung urheberrechtlich geschützten Materials, das rechtswidrige Angebot von Beherbergungsdienstleistungen oder der Verkauf von lebenden Tieren genannt. Hingegen sind Bild- und Videoaufnahmen von Augenzeugen einer potentiellen Straftat nur dann als rechtswidrig einzustufen, wenn die Aufnahme oder die öffentliche Verbreitung nach nationalem Recht oder Unionsrecht untersagt ist.

Das Begriffsverständnis der Rechtswidrigkeit im DSA ist grds. weitreichender als im bislang ausschließlich für einen engen Katalog strafbarer Inhalte geltenden

[403] *Hofmann*, in: NK-DSA, Art. 9, Rn. 73.

[404] *Hofmann*, in: NK-DSA, Art. 9, Rn. 74.

[405] *Hofmann*, in: NK-DSA, Art. 9, Rn. 75.

[406] Europäische Kommission, COM (2020) 825 final, S. 4, 10.

[407] *Köhler*, in: Müller-Terpitz/Köhler/DSA, Art. 3, Rn. 71.

NetzDG (vgl. § 1 Abs. 3 NetzDG).[408] Vom Anwendungsbereich des Art. 3 lit. h) DSA sind jedoch sonstige schädliche, aber nicht oder zumindest nicht unbedingt rechtswidrige Inhalte bewusst ausgenommen worden, „da es sich hierbei um einen heiklen Bereich handele, der schwerwiegende Auswirkungen auf den Schutz der Meinungsfreiheit habe"[409]. Auch Desinformationen adressiert der DSA lediglich, sofern es sich hierbei um rechtswidrige Inhalte handelt (bspw. i. S. v. § 187 StGB oder § 130 Abs. 3 StGB).[410] Im Falle von nicht (straf-)rechtlich relevanten Inhalten soll es damit beim Selbstregulierungsansatz der EU bleiben.[411]

Im Zusammenhang mit Art. 9 DSA ist der Begriff der Rechtswidrigkeit streng akzessorisch zum einschlägigen materiellen Recht, sodass sich die Rechtswidrigkeit eines Inhaltes auch nicht aus AGB-Verstößen ergeben kann.[412] Die im Binnenmarkt verfügbaren Inhalte sind damit hinsichtlich ihrer potentiellen Rechtswidrigkeit am Maßstab des Unionsrecht und dem Recht sämtlicher Mitgliedstaaten zu messen.[413] Stark kritisiert wird bisher, dass für die Rechtswidrigkeit eines Inhaltes die Unvereinbarkeit mit dem nationalen Recht eines einzigen Mitgliedstaates ausreichen soll.[414] Aufgrund der erheblichen Unterschiede der national geprägten Bewertungsmaßstäbe zur Rechtswidrigkeit[415] wird zudem befürchtet, dass Mitgliedstaaten mit einer meinungsfreiheitsfeindlichen Gesetzgebung die Meinungsfreiheit durch grenzüberschreitende Lösch- und Sperranordnungen auch in anderen Ländern einschränken könnten.[416] Als Sicherheitsnetz dient hier lediglich die Regelung des Art. 9 Abs. 2 lit. b) DSA, wonach der räumliche Geltungsbereich von Anordnungen grds. auf das Hoheitsgebiet des anordnenden Mitgliedstaates zu beschränken ist. Zudem muss das den Anordnungen zugrunde liegende nationale Recht des anordnenden Mitgliedstaates im Einklang mit dem Unionsrecht, insb. Art. 11 GRCh stehen.[417]

---

[408] *Kalbhenn/Hemmert-Halswick*, ZUM 2021, 184 (188).

[409] Europäische Kommission, COM (2020) 825 final, S. 10.

[410] *Berberich*, in: Steinrötter, EU-Plattformregulierung-HdB, § 5, Rn. 20; *Kuhlmann/Trute*, GSZ 2022, 115 (119).

[411] *Gielen/Uphues*, EuZW 2021, 627 (634). Nach Art. 14 Abs. 1, 4 DSA bleibt Vermittlungsdiensten die Möglichkeit, bestimmte Inhalte wegen Verstößen gegen ihre AGB unter dem Vorbehalt der Verhältnismäßigkeit einzuschränken.

[412] *Gerdemann/Spindler*, GRUR 2023, 3 (4); *Hofmann*, in: NK-DSA, Art. 9, Rn. 49.

[413] *Kuhlmann/Trute*, GSZ 2022, 115 (119); zur Frage welches nationale Recht im Einzelfall zur Anwendung kommt sogleich unter dd).

[414] *Berberich*, in: Steinrötter, EU-Plattformregulierung-HdB, § 5, Rn. 21; *Kuhlmann/Trute*, GSZ 2022, 115 (118); *Nägele*, in: Müller-Terpitz/Köhler/DSA, Art. 9, Rn. 28.

[415] Hierzu eingehend *Denga*, EuR 2021, 569 (572).

[416] *Kuhlmann/Trute*, GSZ 2022, 115 (118); je nach Harmonisierungsgrad des jeweiligen Rechtsbereichs sind die nationalen Divergenzen im Recht der Mitgliedstaaten unterschiedlich stark ausgeprägt (je niedriger die Harmonisierung, desto größer sind die nationalen Divergenzen, bspw. im materiellen Strafrecht oder Äußerungsrecht).

[417] *Berberich*, in: Steinrötter, EU-Plattformregulierung-HdB, § 5, Rn. 21.

dd) Prüfungsmaßstab der Rechtswidrigkeit – Recht des Herkunfts- oder Bestimmungslandes?

Im Hinblick auf die Bestimmung der Rechtswidrigkeit eines Inhaltes als Voraussetzung für eine behördliche oder gerichtliche Anordnung nach Art. 9 DSA stellt sich ferner die Frage, nach welchem materiellen Recht eines Mitgliedstaates (Herkunfts- oder Bestimmungsland) dies beurteilt wird.[418] Während die ECRL noch keine Kollisionsnorm enthielt, hat der DSA jedenfalls seinen territorial-persönlichen Anwendungsbereich durch Integration des Markortprinzips kollisionsrechtlich abgesteckt.[419]

Da dem DSA jedoch eine Kombination von Herkunfts- und Marktortprinzip zugrunde liegt, lässt sich der Prüfungsmaßstab der Rechtswidrigkeit eines Inhaltes nicht eindeutig und pauschal festlegen. Denkbar wäre, dass sich die Anwendung des Rechts eines Mitgliedstaates (wie bisher) nach den einschlägigen Kollisionsregeln (IPR) unter Berücksichtigung des Herkunftslandprinzips nach Art. 3 ECRL (als sachrechtliche Beschränkungsnorm) richtet.[420] In diesem Fall müsste jedes Gericht sowie Behörde das Kollisionsrecht der *lex fori* anwenden, wodurch ggfs. eine im Detail unbekannte nationale Rechtsvorschrift zu prüfen sein könnte.[421] Dafür spricht wohl, dass der DSA das Herkunftslandprinzip des Art. 3 ECRL unberührt lässt (vgl. ErwG 9, Art. 2 Abs. 3 DSA).

Dem ließe sich jedoch entgegnen, dass sich der Anwendungsbereich des DSA gem. Art. 2 Abs. 1 DSA nicht nach dem Niederlassungsort oder Sitz des Anbieters, sondern der Niederlassung des Nutzers (also dem Recht des Bestimmungsstaates) richtet. Insofern wäre ein „sichere[s], vorhersehbare[s] und vertrauenswürdige[s] Online-Umfeld" gem. Art. 1 Abs. 1 DSA als Umfeld des individuellen Nutzers zu gewährleisten und die Rechtsordnung dessen Mitgliedstaates (Bestimmungsland) zu schützen. Folglich würde sich die Rechtswidrigkeit eines Inhaltes entsprechend dem Marktortprinzip des Art. 2 Abs. 1 DSA nach dem Recht des Mitgliedstaates bestimmen, in dem der Nutzer seinen Niederlassungsort hat.[422] Diese Ansicht überzeugt zumindest in Bezug auf rechtswidrige Inhalte im Zusammenhang mit Anordnungen des Art. 9 und 10 DSA, sofern Behörden und Gerichte der Bestimmungsländer hier auf der Grundlage des eigenen materiellen Rechts grenzüberschreitende Anordnungen ggü. Vermittlungsdiensten mit Niederlassung in einem anderen Mitgliedstaat erlassen können (vgl. ErwG 38 S. 2, 3 DSA). Die Rechts-

---

[418] Eingehend hierzu *Gersdorf*, 74.djt I/G, S. 61 ff.; *Mauritz*, To Define is just to define: Illegal content according to Article 3 lit. h DSA and the conflict of laws, Verfassungsblog, 8. 4. 2024, abrufbar unter https://verfassungsblog.de/to-define-is-just-to-define/ (zuletzt abgerufen am 2. 5. 2025).

[419] *Steinrötter/Schauer*, in: Steinrötter, EU-Plattformregulierung-HdB, § 2, Rn. 61.

[420] So *Köhler/Holznagel*, in: Müller-Terpitz/Köhler/DSA, Art. 3, Rn. 77; *Rademacher*, in: NK-DSA, Art. 56, Rn. 5.

[421] So *Köhler/Holznagel*, in: Müller-Terpitz/Köhler/DSA, Art. 3, Rn. 77.

[422] *Gersdorf*, 74.djt I/G, S. 64.

widrigkeit eines Inhaltes bemisst sich in diesem Fall offensichtlich nach dem nationalen Sachrecht des Bestimmungsstaates.[423] Aus der Abkehr vom Herkunftslandprinzip i. R. d. ErwG 38 bzw. Art. 1 Abs. 1 i. V. m. Art. 2 Abs. 1 DSA lässt sich daher schließen, dass sich das Herkunftslandprinzip des Art. 56 DSA rein auf die Aufsichts- und Durchsetzungszuständigkeit der nationalen Behörden beschränkt.[424]

Bei Vorliegen eines rechtswidrigen Inhaltes auf einem Vermittlungsdienst, der gleichzeitig eine Zuwiderhandlung gegen den DSA darstellt, entsteht konsequenterweise jedoch eine parallele Zuständigkeit der DSC's des Bestimmungs- und Herkunftslandes.[425]

b) Entscheidungserhebliche zivilrechtliche Ansprüche

ErwG 38 DSA bezieht sich in seinem Wortlaut ausdrücklich nur auf behördliche und gerichtliche Anordnungen i. S. d. Art. 9, 10 DSA. Ungeklärt ist hierbei, inwieweit den Anordnungen zugrunde liegende zivilrechtliche Ansprüche auf Sperrung oder Löschung bestimmter rechtswidriger Inhalte oder gerichtet auf Auskunft über bestimmte Nutzerdaten von einer Ausnahme des Herkunftslandprinzips nach ErwG 38 S. 3 DSA miterfasst wären.[426] Dass sich der Wortlaut des ErwG 38 DSA nur auf „Anordnungen" bezieht, beruht vermutlich in erster Linie auf dogmatischen Unterschieden des europäischen und nationalen Rechts zur Rechtsdurchsetzung. Anders als im deutschen Privatrecht sind jedoch gerichtliche Anordnungen im Unionsrecht ähnlich dem anglo-amerikanischen Rechtskreis konstitutiv für die Entstehung des Rechtsdurchsetzungsrechts.[427] Dennoch sind die jeweiligen Rechtsbehelfe sowohl nach deutscher als auch europäischer Systematik dem materiellen Recht zugeordnet, sodass sie unabhängig von einer gerichtlichen Entscheidung entstehen können.[428] Dies gilt auch für die materiell-rechtliche Verpflichtung zum Vorgehen gegen rechtswidrige Inhalte nach Art. 9 DSA bzw. zur Auskunftserteilung nach Art. 10 DSA, welche nicht erst im Zeitpunkt des Erlasses einer behördlichen oder gerichtlichen Anordnung, sondern *ipso jure* (frei vom Sachrecht des Herkunftslandes) entstehen kann.[429] Insofern ist es daher naheliegend, dass zugrunde liegende zivilrechtliche Ansprüche ebenfalls von der Geltung des Herkunftslandprinzips ausgenommen wären, sofern ErwG 38 S. 3 DSA tatsächlich eine Ausnahme für einzelfallbezogene Anordnungen nach Art. 9 und 10 DSA ggü. Vermittlungsdiensten begründet. Wären demnach zivilrechtliche Ansprüche nicht gleichermaßen vom Herkunftslandprinzip befreit, wären betroffene Nutzer ge-

[423] *Gersdorf*, 74.djt I/G, S. 64.
[424] So auch *Gersdorf*, 74.djt I/G, S. 63, 68.
[425] *Rademacher*, in: NK-DSA, Art. 56, Rn. 3.
[426] *Holznagel*, CR 2021, 123 (132).
[427] *Hofmann*, in: NK-DSA, Art. 9, Rn. 15.
[428] *Hofmann*, in: NK-DSA, Art. 9, Rn. 16.
[429] *Hofmann*, in: NK-DSA, Art. 9, Rn. 18.

zwungen, gerichtlichen Rechtsschutz zu beanspruchen. Eine außergerichtliche Geltendmachung solcher Ansprüche ggü. einem ausländischen Vermittlungsdienst wäre somit nicht möglich, sodass dem DSA insofern eine systemwidrige zivilprozessuale Wirkung i. S. e. Richtervorbehalts zukäme.[430] Im Ergebnis dürfte für eine solch weite Auslegung des ErwG 38 DSA auch dessen *ratio* sprechen.[431] Zwar dürfte der Hauptgedanke des ErwG 38 DSA nicht allein darin bestehen, dass bei Einzelfallbezogenheit der Anordnung die Dienstleistungsfreiheit des jeweiligen Vermittlungsdienstes grds. nicht berührt wäre.[432] Dies wäre nämlich insofern widersprüchlich, als bisher einzelfallbezogene Anordnungen einen wichtigen Anwendungsbereich des Ausnahmetatbestandes des Art. 3 Abs. 4 ECRL ausgemacht haben.[433] Vielmehr dürfte hier daher ergänzend hinzukommen, dass ErwG 38 i. V. m. Art. 9 bzw. 10 DSA eine effiziente, grenzüberschreitende Durchsetzung der Verpflichtungen von Vermittlungsdiensten und Wahrung der Rechte Dritter (z. B. Nutzern) gewährleisten soll.[434] Die Rechtsdurchsetzung der Bestimmungsländer ggü. Vermittlungsdiensten mit Sitz in einem anderen Mitgliedstaat wäre daher auf der Grundlage von nationalen Haftungsvorschriften im nicht bzw. nur geringfügig harmonisierten Rechtsbereich möglicherweise gerade deshalb gefördert, weil das materielle Recht durch die Öffnungsklauseln des DSA weiterhin den Mitgliedstaaten zur nationalen Ausgestaltung obliegt. Vor diesem Hintergrund wäre es daher rechtlich konsequent auch die zugrunde liegenden materiellen Ansprüche von der Anwendung des Herkunftslandprinzips zu suspendieren.[435]

III. Absolute Bereichsausnahmen, Art. 3 Abs. 3 ECRL

In Art. 3 Abs. 3 ECRL sind Bereichsausnahmen für die in Anhang I der ECRL genannten Rechtsgebiete geregelt, die von vornherein von der Geltung des Herkunftslandprinzips ausgenommen sind. Begründet wird dies damit, dass (i) entweder der Grundsatz der gegenseitigen Anerkennung i. S. d. EuGH-Rspr. zu den Grundsätzen des freien Verkehrs des Vertrages nicht anwendbar ist, (ii) keine ausreichende Harmonisierung besteht, die angesichts der nicht bestehenden Anerkennung ein gleichwertiges Schutzniveau in allen Mitgliedstaaten gewährleisten könnte oder (iii) einige Bestimmungen in den bestehenden Richtlinien eindeutig nicht mit Art. 3 ECRL vereinbar sind, da sie ausdrücklich die Kontrolle durch das Bestimmungsland vorsehen.[436] Zu den ausgenommenen Teilrechtsgebieten gehören zu-

---

[430] Zutreffend *Holznagel*, CR 2021, 123 (132).

[431] Im Ergebnis zutreffend *Holznagel*, CR 2021, 123 (132).

[432] So *Holznagel*, CR 2021, 123 (132).

[433] *Holznagel*, CR 2021, 123 (131).

[434] *Nägele*, in: Müller-Terpitz/Köhler/DSA, Art. 9, Rn. 2.

[435] So auch *Spindler*, GRUR 2021, 545 (546).

[436] Europäische Kommission, KOM (1998) 586 endg., S. 36.

nächst das Urheberrecht und verwandte Schutzrechte, wie z.B. der Schutz bestimmter Ausgaben (§§ 70 f. UrhG), Lichtbilder (§ 72 UrhG) des ausübenden Künstlers (§§ 73 ff. UrhG) und die Herstellung von Tonträgern (§§ 85 f. UrhG) sowie gewerbliche Schutzrechte wie etwa das Patent-, Gebrauchsmuster-, Geschmacksmuster- sowie Markenrecht. Hinzu kommen die Ausgabe elektronischen Geldes durch Institute, die gem. Art. 8 Abs. 1 der RL 2000/46/EG[437] über die Aufnahmen, Ausübung und Beaufsichtigung der Tätigkeit von E-Geld-Instituten freigestellt sind sowie Art. 44 Abs. 2 RL 85/611/EWG[438] zur Koordinierung der Rechts- und Verwaltungsvorschriften bzgl. bestimmter Organismen für gemeinsame Anlagen in Wertpapiere. Gem. Spiegelstrich 4 Anhang I zur ECRL unterliegen dem Herkunftslandprinzip des Art. 3 Abs. 1 ECRL auch keine Bedingungen für grenzüberschreitende Tätigkeiten von Versicherungsunternehmen und Verbraucherverträgen über Versicherungsleistungen. Dies gilt auch für die Freiheit der Rechtswahl, vertragliche Schuldverhältnisse in Bezug auf Verbraucherverträge und die formale Gültigkeit von Immobilienverträgen, soweit diese im Belegenheitsstaat der Immobilie zwingenden Formvorschriften unterliegen (z.B. § 311b BGB). Schließlich ist auch die Zulässigkeit nicht angeforderter kommerzieller Kommunikation mittels elektronischer Post von der Geltung des Art. 3 Abs. 1 ECRL ausgenommen.[439]

IV. Einzelfallmaßnahmen, Art. 3 Abs. 4–6 ECRL

Daneben ermöglicht Art. 3 Abs. 4 ECRL den Mitgliedstaaten in konkreten Einzelfällen den freien Dienstleistungsverkehr im Zusammenhang mit Dienstleistungen der Informationsgesellschaft durch Maßnahmen einzuschränken, die normalerweise mit Art. 3 Abs. 1, 2 ECRL unvereinbar wären (etwa durch Gerichtsentscheidungen oder behördliche Verfahren).[440] Solche Maßnahmen unterliegen jedoch strengen formellen und materiellen Anforderungen, die kumulativ erfüllt sein müssen.[441] Neben der Betroffenheit benannter Schutzgüter im Hinblick auf einen bestimmten Dienst der Informationsgesellschaft (Art. 3 Abs. 4 lit. a) ECRL) ist auch das in den Art. 3 Abs. 4 lit. b), Abs. 5 und 6 ECRL vorgesehene Konsultations-

---

[437] Richtlinie 2000/46/EG des Europäischen Parlaments und des Rates vom 18. September 2000 über die Aufnahme, Ausübung und Beaufsichtigung der Tätigkeit von E-Geld-Instituten.

[438] Richtlinie 85/611/EGW des Europäischen Rates vom 20. Dezember 1985 zur Koordinierung der Rechts- und Verwaltungsvorschriften betreffend bestimmte Organismen für gemeinsame Anlagen in Wertpapieren (OGAW); zuletzt geändert durch die Richtlinie 95/26/EG).

[439] *Marly*, in: GHN/Recht der EU, Art. 3 ECRL, Rn. 22–32.

[440] Europäische Kommission, KOM (1998) 586 endg., S. 36; *Marly*, in: GHN/Recht der EU, Art. 3 ECRL, Rn. 33.

[441] EuGH, Urt. v. 19.12.2019 – C-390/18 = MMR 2020, 171 Rn. 83 ff.; OVG Münster, Beschl. 21.3.2023–13 B 381/22 = GRUR-RS 2023, 4784, Rn. 67.

und Notifizierungsverfahren einzuhalten.[442] Im Gegensatz zu Art. 1 Abs. 5 ECRL bzw. den absoluten Bereichsausnahmen zum Herkunftslandprinzip nach Art. 3 Abs. 3 ECRL findet das Herkunftslandprinzip auch bei Betroffenheit einzelner Schutzgüter Anwendung, sofern nicht die Voraussetzungen für eine Einzelfallausnahme nach den Abs. 4–6 vorliegen.[443]

1. Formelle Voraussetzungen

Zunächst muss der Mitgliedstaat gem. Art. 3 Abs. 4 lit. b) ECRL vor Ergreifen etwaiger Maßnahmen ggü. dem Diensteanbieter den Herkunftsmitgliedstaat erfolglos aufgefordert haben, entsprechende Maßnahmen zu ergreifen (Scheitern des Konsultationsverfahrens zwischen den Mitgliedstaaten).[444] Zudem ist die KOM sowie der Herkunftsmitgliedstaat über die Absicht, derartige Maßnahmen zu ergreifen, entsprechend zu unterrichten.[445] Zwar ist für diese Mitteilungspflicht keine Frist vorgesehen, innerhalb der das Herkunftsland auf die Unterrichtung des Bestimmungslandes reagieren muss – gem. Art. 19 Abs. 3 ECRL ist dem Amtshilfe- und Auskunftsbegehren anderer Mitgliedstaaten bzw. der KOM jedoch „so rasch wie möglich" nachzukommen.[446] In dringenden Fällen können jedoch die Mitgliedstaaten von diesem Konsultations- und Notifizierungsverfahren absehen, Art. 3 Abs. 5 ECRL. Sodann müssen die Maßnahmen so bald wie möglich und unter Angabe der Gründe, die aus Sicht des Mitgliedstaates eine Dringlichkeit erfordern, dem Herkunftsmitgliedstaat und der KOM mitgeteilt werden. Eine solche Dringlichkeit wird jedoch nur bei einer unvorhersehbaren Situation angenommen, die ein sofortiges Handeln erfordert und wenn die Einhaltung der Verfahrensvorschriften des Art. 3 Abs. 4 lit. b) ECRL den Zweck der Maßnahme gefährden würde.[447] Schließlich prüft die KOM die betreffende Maßnahme schnellstmöglich auf deren Vereinbarkeit mit dem Unionsrecht, Art. 3 Abs. 6 ECRL. Im Falle der Nichteinhaltung der Konsultations- und Notifizierungspflichten hat zudem der EuGH im Einklang mit seiner Rspr. zur Einhaltung des Notifizierungsverfahren nach der Info-RL klargestellt, dass die durch die Maßnahme auferlegten Pflichten den Diensteanbietern nicht entgegengehalten werden dürfen.[448]

---

[442] EuGH, Urt. v. 9. 11. 2023 – C-376/22 = GRUR-RS 2023, 30964 Rn. 33.

[443] *Marly*, in: GHN/Recht der EU, Art. 3 ECRL, Rn. 33.

[444] *Marly*, in: GHN/Recht der EU, Art. 3 ECRL, Rn. 41 ff.

[445] EuGH, Urt. v. 19. 12. 2019 – C-390/18 = MMR 2020, 171 Rn. 85.

[446] Europäische Kommission, KOM (2003) 259 endg., S. 7.

[447] *Heckmann/Wimmers*, CR 2017, 310 (313); *Nordmeier*, in: Spindler/Schuster, Recht der elektronischen Medien, § 3 TMG, Rn. 29; a. A. *Holznagel*, der für eine maßnahmenbezogene Bestimmung der Dringlichkeit plädiert, CR 2022, 250 (258).

[448] EuGH, Urt. v. 30. 4. 1996 – C-194/94, Rn. 49, 54; EuGH, Urt. v. 19. 12. 2019 – C-390/18 = MMR 2020, 171 Rn. 94 ff.

2. Materielle Voraussetzungen

In materieller Hinsicht müssen sich die Maßnahmen auf einen „bestimmten" Dienst der Informationsgesellschaft beziehen, der eines der in Art. 3 Abs. 4 lit. a) ECRL genannten Schutzgüter beeinträchtigt oder eine schwerwiegende Gefahr der Beeinträchtigung dieses Ziels darstellt. Überdies müssen die Maßnahmen in einem angemessenen Verhältnis zum verfolgten Ziel stehen und damit insgesamt verhältnismäßig sein. Denkbar sind hier sowohl repressive als auch präventive Maßnahmen der Mitgliedstaaten.[449]

a) Beeinträchtigung oder Gefährdung relevanter Schutzgüter

In Art. 3 Abs. 4 lit. a) ECRL findet sich ein grds. abschließender und erschöpfender Katalog an relevanten Schutzgütern. Erfasst sind hier der Schutz der öffentlichen Ordnung, öffentlichen Gesundheit und Sicherheit, einschließlich der Wahrung nationaler Sicherheits- und Verteidigungsinteressen sowie der Schutz von Verbrauchern. Darüber hinaus hat die KOM klargestellt, dass die Beeinträchtigung oder Gefährdung anderweitiger Ziele des Allgemeininteresses keine Ausnahme vom Herkunftslandprinzip nach Art. 3 Abs. 4 ECRL rechtfertigen können.[450] Der EuGH hat dahingehend auch betont, dass ein indirekter Zusammenhang der Maßnahme mit den genannten Schutzzielen nicht genügt, weshalb etwa Durchsetzungsmaßnahmen zur P2B-VO[451] nicht von Art. 3 Abs. 4 ECRL erfasst sind.[452]

Zum Schutz der öffentlichen Ordnung zählen gem. Art. 3 Abs. 4 lit. a) i) 1. Spiegelstrich ECRL die Verhütung, Ermittlung, Aufklärung und Verfolgung von Straftaten, der Jugendschutz und die Bekämpfung der Hetze aus Gründen der Rasse, des Geschlechts, des Glaubens oder der Nationalität sowie Verletzungen der Menschenwürde einzelner Personen. Exemplarisch kommen hier das Angebot von rechts- oder linksextremen Webseiten, Kinderpornographie, Tauschbörsen von Raubkopierern oder ehrverletzende Angebote i. S. d. allgemeinen Persönlichkeitsrechts in Betracht.[453] Der EuGH hat zudem in seiner Rspr. eine restriktive Ausle-

---

[449] Europäische Kommission, KOM (2003) 259 endg., S. 7.

[450] Europäische Kommission, KOM (2003) 259 endg., S. 5: Beispielhaft hat die KOM hier den guten Ruf des Finanzsektors genannt, der nur dann eine Ausnahme nach Art. 3 Abs. 4 ECRL begründen kann, soweit die Maßnahme tatsächlich auf den Verbraucherschutz abzielen.

[451] Verordnung (EU) 2019/1150 des Europäischen Parlaments und des Rates vom 20. Juni 2019 zur Förderung von Fairness und Transparenz für gewerbliche Nutzer von Online-Vermittlungsdiensten.

[452] EuGH, Urt. v. 30. 5. 2024 – verb. Rs. C-664/22 u. C-666/22 = NJW 2024, 2165 Rn. 86; eingehend hierzu *Kraul*, NJW 2024, 2147 (2148 f.) wonach die P2B-VO grds. auch keinen Vorrang vor dem Herkunftslandprinzip des Art. 3 ECRL genieße.

[453] *Marly*, in: GHN/Recht der EU, Art. 3 ECRL, Rn. 35.

gung des Begriffs der öffentlichen Ordnung betont, sodass nur eine Betroffenheit wesentlicher Grundregeln des Gemeinwesens genügt.[454]

Im Hinblick auf den Schutz der öffentlichen Gesundheit sind etwa Beeinträchtigungen oder Gefahren der Beeinträchtigung von Vorschriften des Arzneimittel- und Lebensmittelrechts denkbar. Ausgenommen hiervon ist jedoch die Lieferung von Humanarzneimitteln (insb. der Versandhandel), vgl. ErwG 21 ECRL.[455] Entsprechend dem deutschen Verwaltungsrecht ließe sich der Schutz der öffentlichen Sicherheit i. S. d. Art. 3 Abs. 4 lit. a) i) 3. Spiegelstrich ECRL als „Unverletzlichkeit der objektiven Rechtsordnung, der subjektiven Rechte und Rechtsgüter des einzelnen sowie der Einrichtungen des Staates und der sonstigen Träger der Hoheitsgewalt" interpretieren. Wird dem ein europäisch autonomes Verständnis zugrunde gelegt, würde dies dem Schutzsystem des Staates zur Erhaltung des Gewaltmonopols entsprechen. Beispielhaft könnten etwa Angriffe auf militärische Computersysteme und Datennetze oder die Gefährdung von Erdöl-, Erdgas- oder Stromversorgungssystemen eine Ausnahme nach Art. 3 Abs. 4 ECRL rechtfertigen.[456] Der schließlich erfasste Schutz der Verbraucher und Anleger ist dabei zum Zwecke der Vertrauensbildung ggü. Verbrauchern im Binnenmarkt weit zu verstehen.[457]

Diese Schutzgüter müssen jedoch durch den Diensteanbieter bereits gegenwärtig beeinträchtigt werden; alternativ muss eine ernsthafte und schwerwiegende Gefahr der Beeinträchtigung vorliegen. Die Gefahr muss demnach konkret und eine Beeinträchtigung des Schutzguts, also hinreichend wahrscheinlich sein. Eine latente Gefahr genügt mithin nicht. Die Beeinträchtigung darf zudem nicht nur unerheblich sein, da sie dann nicht ernsthaft und schwerwiegend wäre.[458]

b) „Bestimmter" Dienst der Informationsgesellschaft

Darüber hinaus ist erforderlich, dass sich die Maßnahme gegen einen „bestimmten" Dienst der Informationsgesellschaft richtet. In diesem Zusammenhang war lange umstritten, ob Art. 3 Abs. 4 ECRL lediglich Einzelfallmaßnahmen ggü. einem konkreten Diensteanbieter ermöglicht oder auch abstrakt-generelle Maßnahmen, die sich gegen eine allgemein umschriebene Kategorie bestimmter Dienste der Informationsgesellschaft (etwa Kommunikationsplattformen) richten.[459] Zuletzt

---

[454] EuGH, Urt. v. 19. 1. 1999 – C-348/96, Rn. 21; *Marly*, in: GHN/Recht der EU, Art. 3 ECRL, Rn. 35.

[455] *Marly*, in: GHN/Recht der EU, Art. 3 ECRL, Rn. 36; im Einzelnen hierzu *Ahrens*, CR 2000, 835 (840).

[456] *Marly*, in: GHN/Recht der EU, Art. 3 ECRL, Rn. 37.

[457] *Marly*, in: GHN/Recht der EU, Art. 3 ECRL, Rn. 38.

[458] *Marly*, in: GHN/Recht der EU, Art. 3 ECRL, Rn. 39.

[459] Ablehnend u. a.: *GA Szpunar*, SchlA v. 30. 4. 2019 – C-390/18, Rn. 130 ff.; Europäische Kommission, KOM (2003) 259 endg., S. 5; OLG Köln, Beschl. v. 14. 2. 2022 – 15 W 3/22 = GRUR-RS 2022, 38877, Rn. 19; *Liesching*, in: Spindler/Schmitz, TMG, § 1 NetzDG, Rn. 16 m. w. N.; *Weller*, in: Gersdorf/Paal, InfoMedienR, § 3 TMG, Rn. 32.

relevant war diese Frage insb. hinsichtlich § 3a und §3b NetzDG a.F., wonach ausländische Anbieter sozialer Netzwerke zur Einrichtung eines wirksamen Verfahrens für Meldungen bestimmter rechtswidriger Inhalte an das BKA (§ 3a) und eines wirksamen, transparenten Gegenvorstellungsverfahrens zur Überprüfung der Entscheidung über die Entfernung eines beanstandeten Inhalts oder die Sperrung eines Zugangs zu einem solchen (§ 3b) verpflichtet wurden.[460] Sowohl das VG Köln als auch das OVG Münster ließen diese Frage unbeantwortet, da die §§ 3a und 3b NetzDG a.F. bereits die formellen Voraussetzungen des § 3 Abs. 5 TMG i.V.m. Art. 3 Abs. 4 ECRL nicht erfüllten.[461]

Der EuGH hat diese Frage nunmehr mit seinem Urteil vom 9.11.2023[462] in einem Vorabentscheidungsverfahren zum österreichischen KoPl-G[463] (einer Parallelgesetzgebung zum dt. NetzDG) eingehend beantwortet. Danach sei der Ausnahmetatbestand des Art. 3 Abs. 4 ECRL dahingehend zu verstehen, „dass generell-abstrakte Maßnahmen, die sich auf eine allgemein umschriebene Kategorie bestimmter Dienste der Informationsgesellschaft beziehen und unterschiedslos für alle Anbieter dieser Kategorie von Diensten gelten, nicht unter den Begriff ‚Maßnahmen betreffend einen bestimmten Dienst der Informationsgesellschaft‘ i.S.d. Art. 3 Abs. 4 Richtlinie 2000/31 fallen“[464].

Zur Begründung führt der EuGH aus, dass die Verwendung des Singulars und Adjektivs „bestimmt“ darauf hindeute, „dass der so erfasste Dienst als ein individualisierter Dienst zu verstehen ist, der von einem oder mehreren Diensteanbietern erbracht wird“[465]. Daran ändere auch der weite und allgemeine Begriff der „Maßnahme“ nichts, der seinerseits grds. ein breites Spektrum von Maßnahmen erfasst. Damit wollte der Unionsgesetzgeber lediglich klarstellen, dass Art und Form der Maßnahmen, die nach Art. 3 Abs. 4 ECRL ergriffen werden können, im Ermessen

---

[460] OVG Münster, Beschl. v. 21.3.2023–13 B 381/22 = GRUR-RS 2023, 4784; VG Köln, Beschl. v. 1.3.2022–6 L 1277/21 = MMR 2022, 330; VG Köln, Beschl. v. 1.3.2022–6 L 1354/21 = CR 2022, 259.

[461] OVG Münster, Beschl. v. 21.3.2023–13 B 381/22 = GRUR-RS 2023, 4784, Rn. 70; VG Köln, Beschl. v. 1.3.2022–6 L 1277/21 = MMR 2022, 330, Ls. 1.

[462] EuGH, Urt. v. 9.11.2023 – C-376/22 = GRUR-RS 2023, 30964.

[463] Der ÖVwGH hatte dem EuGH mit Beschl. v. 24.5.2022 – Ro 2021/03/0032–0034 = MMR 2022, 653, Ls.1 u.a. die Frage vorgelegt, ob unter einer ausnahmsweise nach Art. 3 Abs. 4 ECRL möglichen Maßnahme, die einen „bestimmten Dienst der Informationsgesellschaft“ betrifft, überhaupt „eine gesetzliche Maßnahme verstanden werden kann, die sich auf eine allgemein umschriebene Kategorie bestimmter Dienste der Informationsgesellschaft (wie etwa Kommunikationsplattformen) bezieht“ oder ob vielmehr stets „eine Entscheidung bezogen auf einen konkreten Einzelfall (etwa betreffend eine namentlich bestimmte Kommunikationsplattform)“ erforderlich sei.

[464] EuGH, Urt. v. 9.11.2023 – C-376/22 = GRUR-RS 2023, 30964 Ls.; daran anschließend EuGH, Urt. v. 30.5.2024 – verb. Rs. C-664/22 u. C-666/22 = NJW 2024, 2165 Rn. 73.

[465] EuGH, Urt. v. 9.11.2023 – C-376/22 = GRUR-RS 2023, 30964 Rn. 27.

der Mitgliedstaaten stehen.[466] Eine solche Auslegung bestätigen auch die strengen Verfahrensvoraussetzungen des Art. 3 Abs. 4 ECRL, insb. das Scheitern der Konsultation des Herkunftsmitgliedstaates. „Wären die Mitgliedstaaten ermächtigt, den freien Verkehr von Diensten der Informationsgesellschaft durch abstrakt-generelle Maßnahmen einzuschränken, die unterschiedslos für alle Anbieter einer Kategorie dieser Dienste gelten, wäre eine solche Ermittlung [der betreffenden Herkunftsmitgliedstaaten], wenn nicht schon unmöglich, so doch zumindest übermäßig schwierig, sodass die Mitgliedstaaten nicht in der Lage wären, eine solche Verfahrensvoraussetzung zu erfüllen“.[467]

Überdies beruht die ECRL, insb. deren Art. 3 ECRL, auf den Grundsätzen der Aufsicht im Herkunftsmitgliedstaat und der gegenseitigen Anerkennung, sodass die Dienste der Informationsgesellschaft i. R. d. koordinierten Bereichs nur durch Vorschriften geregelt werden, in dessen Hoheitsgebiet die Anbieter dieser Dienste niedergelassen sind.[468] „Folglich obliegt es […] jedem Mitgliedstaat als Herkunftsmitgliedstaat von Diensten der Informationsgesellschaft, diese Dienste durch Vorschriften zu regeln und damit die in Art. 3 Abs. 4 Buchst. A Ziff. i der Richtlinie 2000/31 genannten Ziele des Allgemeininteresses zu schützen.“[469] In diese Regelungszuständigkeit des Herkunftslandes würde nun eingegriffen, sofern die Bestimmungsmitgliedstaaten nach Art. 3 Abs. 4 ECRL dazu ermächtigt wären, generell-abstrakte Maßnahmen für alle Anbieter einer Kategorie dieser Dienste zu erlassen. Zudem würde dies bewirken, „dass solche Anbieter sowohl den Rechtsvorschriften des Herkunftsmitgliedstaates als auch jenen des Bestimmungsmitgliedstaates oder Bestimmungsmitgliedstaaten unterworfen würden“[470]. Ferner würde dies das gegenseitige Vertrauen der Mitgliedstaaten untergraben und dem Grundsatz der gegenseitigen Anerkennung zuwiderlaufen.[471] Schließlich würde dies auch dem Ziel der ECRL widersprechen „die rechtlichen Hemmnisse für das reibungslose Funktionieren [zu] beseitigen, d. h. die Hemmnisse, die in Unterschieden der innerstaatlichen Rechts-

---

[466] EuGH, Urt. v. 9. 11. 2023 – C-376/22 = GRUR-RS 2023, 30964, Rn. 28; die KOM habe unter Verweis auf den Wortlaut des Art. 2 lit. h) ECRL ausgeführt, dass es grds. Sache des Zielmitgliedstaates sei, festzulegen, „wie und wo“ er eine von Art. 3 Abs. 2 ECRL abweichende Maßnahme vorsehe. Dies könne sowohl eine Einzelmaßnahme als auch durch eine Maßnahme mit allgemeiner Geltung geschehen, „sofern diese […] insofern ausreichend gezielt ist, als sie von Anfang an eindeutig für einen bestimmten Dienst der Informationsgesellschaft gilt, der von einem oder mehreren Diensteanbietern mit Sitz in einem oder mehreren anderen Mitgliedstaaten erbracht wird“, vgl. *GA Szpunar*, SchlA v. 8. 6. 2023 – C-376/22, Rn. 39; insgesamt für ein enges Verständnis der „Maßnahme“ *Hain/Ferreau/Brings-Wiesen*, K&R 2017, 433 (434).

[467] EuGH, Urt. v. 9. 11. 2023 – C-376/22 = GRUR-RS 2023, 30964, Rn. 36; *Spindler*, ZUM 2017, 473 (476).

[468] EuGH, Urt. v. 9. 11. 2023 – C-376/22 = GRUR-RS 2023, 30964, Rn. 42; in diesem Sinne bereits EuGH Urt. v. 25. 10. 2011 – verb. Rs. C-509/09 u. C-161/10, Rn. 56–59.

[469] EuGH, Urt. v. 9. 11. 2023 – C-376/22 = GRUR-RS 2023, 30964, Rn. 43.

[470] EuGH, Urt. v. 9. 11. 2023 – C-376/22 = GRUR-RS 2023, 30964, Rn. 49.

[471] EuGH, Urt. v. 9. 11. 2023 – C-376/22 = GRUR-RS 2023, 30964, Rn. 53.

vorschriften sowie in der Rechtsunsicherheit hinsichtlich der auf Dienste der Informationsgesellschaft jeweils anzuwendenden nationalen Regelungen bestehen“[472].

Mithin bestätigt der EuGH eine binnenmarktfreundliche restriktive Auslegung des Art. 3 Abs. 4 ECRL, die auch bei zukünftigen Gesetzgebungsvorhaben zu beachten ist.[473] Zulässig sind demnach lediglich Einzelfallmaßnahmen gegen einen individualisierten Dienst, nicht jedoch abstrakt-generelle Verpflichtungen der Bestimmungsmitgliedstaaten gegenüber sämtlichen, ausländischen Plattformbetreibern.[474] Diverse nationale Bestimmungen des Medienordnungsrechts des NetzDG, die den Adressaten Pflichten im Zusammenhang mit dem Betrieb ihres Dienstes auferlegen (z.B. § 3a und § 3b NetzDG a.F.) sind insofern europarechtswidrig, obgleich diese Regelungen nun auch aufgrund der vollharmonisierenden Wirkung des DSA obsolet werden.[475]

V. Bisher keine Ausnahmen durch Marktortregelungen

I.R.d. Eilrechtsverfahren vor dem VG Köln[476] und OVG Münster[477] in zweiter Instanz wurde zudem die bisher ungeklärte Frage diskutiert, ob und inwiefern Marktortregelungen wie Art. 14 Abs. 3 ECRL (nunmehr Art. 6 Abs. 4 DSA) als „Spezialermächtigungen“ eine Ausnahme von der Anwendung des Herkunftslandprinzips des Art. 3 ECRL darstellen können. Das VG Köln vertritt hier die Auffassung, die Pflicht zur Einführung eines Gegenvorstellungsverfahrens nach § 3b NetzDG a.F. würde nicht gegen Art. 3 ECRL verstoßen, da Art. 14 Abs. 3 ECRL den Mitgliedstaaten als speziellere Vorschrift die Befugnis zur Regelung von Verfahren für die Entfernung von Informationen bzw. Sperrung des Zugangs einräume.[478] Soweit die Einrichtung eines Gegenvorstellungsverfahrens nach Art. 14 Abs. 3 ECRL zulässig sei, komme es daher nach Ansicht des VG Kölns auf die Einhaltung der Voraussetzungen des Art. 3 Abs. 4 ECRL nicht mehr an, sodass in diesem Fall auch der Marktort-Mitgliedstaat regulatorisch tätig werden könnte.[479] Insofern würde Art. 14 Abs. 3 ECRL als Spezialermächtigung der allgemeinen Bestimmung des Herkunftslandprinzips des Art. 3 Abs. 2 ECRL vorgehen.[480] Übergeordnet vertritt das VG Köln damit den Gedanken, dass das Herkunftslandprinzip nicht zur Anwendung gelangen soll, wo der Unionsgesetzgeber den Mit-

---

[472] EuGH, Urt. v. 9.11.2023 – C-376/22 = GRUR-RS 2023, 30964, Rn. 55.

[473] *Liesching*, ZUM 2024, 205 (207); *Wimmer/Teetzmann*, MMR 2023, 527 (536).

[474] EuGH, Urt. v. 9.11.2023 – C-376/22 = GRUR-RS 2023, 30964, Rn. 27, 60.

[475] Vgl. auch *Mantz*, GRUR 2024, 34 (36).

[476] VG Köln, Beschl. v. 1.3.2022–6 L 1277/21 = MMR 2022, 330.

[477] OVG Münster, Beschl. v. 21.3.2023–134 B 381/22 = GRUR-RS 2023, 4784.

[478] VG Köln, Beschl. v. 1.3.2022–6 L 1277/21 = MMR 2022, 330 Ls. 2.

[479] VG Köln, Beschl. v. 1.3.2022–6 L 1277/21 = MMR 2022, 330 Rn. 92.

[480] *Liesching*, MMR 2022, 338 (339).

gliedstaaten i. R. d. Art. 12–15 ECRL Befugnisse eingeräumt hat.[481] Dies war zwar bereits in den Gesetzesmaterialien zum NetzDGÄndG angedeutet, ist jedoch bisher nicht eingehend diskutiert worden.[482] Das OVG Münster hat sich jedoch dieser Rechtsauffassung nicht angeschlossen. Zunächst würde sich der Regelungsgehalt des Art. 14 Abs. 3 ECRL darin erschöpfen, die Grenzen der mit Art. 14 Abs. 1 und 2 ECRL bezweckten Harmonisierung des mitgliedstaatlichen Rechts zur Haftung von Host-Providern festzulegen.[483] Dabei würden gerade diese nationalen Anforderungen dem koordinierten Bereich unterliegen, in dem das Herkunftslandprinzip nach Art. 3 Abs. 2 ECRL Anwendung findet.[484] Gegen das Verständnis des VG Kölns werden nun vor allem systematische Erwägungen angeführt. Zunächst widerspricht die Auffassung den Grundsätzen der rechtsmethodischen Auslegung, da allgemeine Bestimmungen grds. die Auslegung von spezielleren bereichsspezifischen Regelungen determinieren (und nicht umgekehrt).[485] Das gilt insb., sofern in den allgemeinen Bestimmungen europäische Grundprinzipien für eine gesamte Richtlinie regulativ fundamentiert werden (wie das Herkunftslandprinzip in Art. 3 ECRL). Hier ist daher entsprechend der bisherigen EuGH-Rspr. eine restriktive Auslegung bei Abweichungen von diesen Grundprinzipien geboten.[486] Schließlich wird auch auf den Hinweis der KOM im Notifizierungsverfahren zum NetzDGÄndG (zur Einführung des § 3b NetzDG a. F.) nach Art. 5 Info-RL verwiesen, wonach die KOM äußerte, dass eine Abweichung vom Herkunftslandprinzip nur unter den Voraussetzungen des Art. 3 Abs. 4 ECRL möglich sei, der unabhängig vom erreichten Harmonisierungsniveau gelte, solange die Maßnahme in den koordinierten Bereich falle.[487] Hätte hingegen der Gesetzgeber eine solche Ausnahme vom Herkunftslandprinzip aufgrund mitgliedstaatlicher Befugnisse der Art. 12–15 ECRL regeln wollen, so hätte er nach Ansicht des OVG Münsters in der Binnenmarktklausel eine dem Art. 3 Abs. 3 ECRL ähnliche Regelung aufnehmen müssen (etwa „Die Absätze 1 und 2 finden keine Anwendung auf die in Kapitel II genannten Bereiche, soweit den Mitgliedstaaten darin Befugnisse eingeräumt werden.“).[488]

---

[481] VG Köln Beschl. v. 1.3.2022–6 L 1277/21 = MMR 2022, 330 Rn. 92; dagegen OVG Münster, Beschl. v. 21.3.2023–134 B 381/22 = GRUR-RS 2023, 4784 Rn. 30.

[482] *Holznagel*, CR 2022, 250 (258); vgl. BT-Drs. 19/18792, S. 20 f. und BT-Drs. 18/12356, S. 13 f. hier stütze sich der deutsche Gesetzgeber primär auf Art. 14 Abs. 3 ECRL und nur hilfsweise auf Art. 3 Abs. 4 ECRL.

[483] OVG Münster, Beschl. v. 21.3.2023–134 B 381/22 = GRUR-RS 2023, 4784, Ls. 2; so auch *Holznagel*, CR 2022, 250 (258); *Liesching*, MMR 2022, 338 (339 f.).

[484] OVG Münster, Beschl. v. 21.3.2023–134 B 381/22 = GRUR-RS 2023, 4784, Rn. 23.

[485] OVG Münster, Beschl. v. 21.3.2023–134 B 381/22 = GRUR-RS 2023, 4784, Rn. 25.

[486] EuGH, Urt. v. 19.1.1999 – C-348/96, Rn. 23; EuGH, Urt. v. 9.3.2000 – C-355/98, Rn. 28; OVG Münster, Beschl. v. 21.3.2023–134 B 381/22 = GRUR-RS 2023, 4784 Rn. 28; *Liesching*, MMR 2022, 338 (340).

[487] OVG Münster, Beschl. v. 21.3.2023–134 B 381/22 = GRUR-RS 2023, 4784, Rn. 49; *Liesching*, MMR 2022, 338 (339).

[488] OVG Münster, Beschl. v. 21.3.2023–134 B 381/22 = GRUR-RS 2023, 4784, Rn. 30.

Die Erwägungen des OVG Münster sind insoweit zutreffend, als sie das bisher herrschende Verständnis des „koordinierten" Bereichs der ECRL im Hinblick auf die Reichweite des Herkunftslandprinzips wiedergeben. Richtig ist auch, dass sich wohl Ausnahmen vom Herkunftslandprinzip allein aus Art. 3 ECRL (insb. Abs. 3 und 4) ergeben sollten und nicht etwa aus Öffnungsklauseln, die den Mitgliedstaaten im spezielleren Richtlinientext Gestaltungsbefugnisse einräumen. Vor dem Hintergrund des neuen ErwG 38 S. 3 DSA darf der bisherige Standpunkt aber zu Recht bezweifelt werden, da hiermit einzelfallbezogene Anordnungen nach Art. 9 und 10 DSA vom Herkunftslandprinzip nach Art. 3 ECRL ausgenommen werden sollen, die auf nationalen (nicht harmonisierten) Haftungskriterien für Vermittlungsdienste beruhen. Dies bestärkt in jedem Fall die Tendenz des VG Köln hinsichtlich dessen Auslegung des „koordinierten" Bereichs. In diesem Zusammenhang überzeugt somit auch die Ansicht des OVG Münster nicht, einen Verstoß gegen Art. 5 Abs. 4 EUV im Falle einer umfangreichen Geltung des Herkunftslandprinzips bei nur geringfügiger Harmonisierung des materiellen Rechts allein deswegen abzulehnen, weil dies nicht der bisherigen EuGH Rspr. entsprechen würde.[489]

VI. Zwischenergebnis

Im Bereich des Aufsichtsmechanismus des DSA sind Durchbrechungen der Anwendung des Herkunftslandprinzips (zur Zentralisierbarkeit der Zuständigkeit) bei der Durchsetzung von Pflichten ggü. VLOP-/VLOSE-Anbietern zugunsten der KOM vorgesehen (Art. 56 Abs. 2 DSA bzw. Art. 56 Abs. 3, 4 DSA). Gleiches gilt im Übrigen für die Möglichkeit gemeinsamer Untersuchungen eines Bestimmungs- und Herkunftsstaates in den Fällen des Art. 60 Abs. 4 S. 2 DSA.

Im koordinierten Bereich der ECRL sowie deren nationalen Umsetzungsvorschriften bleibt es hingegen bei den absoluten Bereichsausnahmen von der Geltung des Herkunftslandprinzips nach Art. 3 Abs. 3 ECRL (i. V. m. Anh. I der ECRL). Der EuGH hat zudem bestätigt, dass Einzelfallausnahmen unter den restriktiven Voraussetzungen der Art. 3 Abs. 4 bis 6 ECRL ggü. einem bestimmten (individualisierten) Dienst möglich sind. Hingegen sind abstrakt-generelle Maßnahmen von Bestimmungsländern ggü. einer Kategorie von Diensteanbietern mit Sitz in einem anderen Mitgliedstaat unzulässig. Nach dem bisherigen Verständnis der Ausnahmetatbestände vom Herkunftslandprinzip in der ECRL können auch Marktortregelungen (bspw. ehem. Art. 12–15 ECRL) keine zusätzlichen Befugnisse für binnenmarktverträgliche Maßnahmen schaffen, sodass darüber auch unabhängig von den Art. 3 Abs. 3 und Art. 3 Abs. 4 bis 6 ECRL keine abstrakt-generellen Maß-

[489] So OVG Münster, Beschl. v. 21.3.2023 – 134 B 381/22 = GRUR-RS 2023, 4784, Rn. 35 unter Verweis auf EuGH, Urt. v. 25.10.2011 – verb. Rs. C-509/09 u. C-161/10 – juris, Rn. 57 ff.

nahmen ggü. ausländischen Diensteanbietern legitimiert werden können. ErwG 38 DSA legt für den Geltungsbereich des Herkunftslandprinzips nahe, dass dieses nur für mitgliedstaatliche Maßnahmen gelten solle, die die Erbringung von Vermittlungsdiensten als solche betreffen – während Maßnahmen betreffend der Verbreitung von rechtswidrigen Inhalten dem Bestimmungslandprinzip unterliegen. Diese differenzierende Anwendbarkeit des Herkunftslandprinzips im Geltungsbereich des DSA bildet der mehrdeutige Wortlaut des ErwG 38 DSA jedoch nicht hinreichend (begründend) ab, sodass jedenfalls Bedenken hinsichtlich der Wahrung des Art. 296 AEUV bestehen. Entsprechend des ErwG 38 S. 3 DSA sollen grenzüberschreitende Anordnungen nach Art. 9 und 10 DSA ggü. bestimmten Vermittlungsdiensten der Geltung des Herkunftslandprinzips nicht (mehr) unterliegen, was zum bisherigen Verständnis der Art. 3 Abs. 3 bzw. Abs. 4 bis 6 ECRL sowie zu ErwG 38 S. 1 DSA in einem gewissen Widerspruch steht. Soweit daher ErwG 38 DSA einzelne Sperr- und Löschanordnungen nach Art. 9 DSA bzw. Auskunftsanordnungen nach Art. 10 DSA von der Anwendung des Herkunftslandprinzips ausnimmt, müsste dies gleichermaßen für zugrunde liegende zivilrechtliche Ansprüche gelten. Sofern mit ErwG 38 DSA tatsächlich eine solche materiell-rechtliche Änderung/Ergänzung der Ausnahmetatbestände des Art. 3 Abs. 3 bzw. Abs. 4 bis 6 ECRL beabsichtigt ist, hätte der Verordnungsgeber dies im verfügenden Teil des DSA und nicht den (unverbindlichen) Erwägungsgründen aufnehmen müssen. Bisher besteht demnach keine Pflicht zur Umsetzung des Gehalts des ErwG 38 DSA in die nationale Umsetzungsvorschrift zum Herkunftslandprinzip (obgleich der dt. Gesetzgeber dessen Wertung bereits im neuen § 3 Abs. 7 DDG berücksichtigt hat).

I. Ergebnis

Bisher wurde vertreten, dass das Herkunftslandprinzip des Art. 3 ECRL unabhängig vom erreichten Harmonisierungsniveau der betreffenden Rechtsbereiche gelten solle, solange die Maßnahme in den „koordinierten“ Bereich des Art. 2 lit. h) ECRL falle und nicht gem. Art. 3 Abs. 3 bzw. Abs. 4 bis 6 ECRL von der Geltung des Herkunftslandprinzips ausgenommen sei.

Vorausgesetzt der DSA (insb. ErwG 38, Art. 9 DSA) stützt den übergeordneten Gedanken, dass das Herkunftslandprinzip nur in durch den DSA bzw. durch anderes Unionsrecht (bspw. sektorspezifisches Richtlinienrecht wie ECRL, AVMD-RL) harmonisierten Bereichen gelten solle, hätte dies zur Folge, dass die Mitgliedstaaten innerhalb der Öffnungsklauseln des DSA bzw. des Unionsrechts (abstrakt-generelle) nationale Regelungen für Vermittlungsdienste erlassen könnten und die Geltung des Herkunftslandprinzips nach Art. 3 ECRL nicht zu beachten bzw. diese i. S. d. Art. 3 Abs. 3 ECRL durchbrochen wäre. Im Bereich der durch den DSA vollharmonisierten Vorschriften für Vermittlungsdienste regeln die Art. 56, 58 DSA abschließend die Aufsichtszuständigkeiten und einhergehende Durchsetzungsbefugnisse zugunsten der Herkunftsländer. Hier gilt das Herkunftslandprinzip weitestgehend ohne Ausnahmemöglichkeiten für die Bestimmungsländer nach Art. 3 Abs. 4 bis 6 ECRL. Im harmonisierten Bereich der ECRL bzw. AVMD-RL würde das Herkunftslandprinzip eine Zweitregulierung bzw. Aufsicht der Bestimmungsländer als Rückausnahme nur in Einzelfällen unter den Voraussetzungen des Art. 3 Abs. 4 bis 6 ECRL bzw. Art. 3 Abs. 2 bis 5 und Art. 4 Abs. 2 bis 5 AVMD-RL ermöglichen. Ob grenzüberschreitende abstrakt-generelle Maßnahmen ggü. Vermittlungsdiensten bzw. Diensten der Informationsgesellschaft zulässig wären, würde insofern davon abhängen, ob die betreffenden Vorschriften in den unmittelbaren Anwendungsbereich des DSA fallen oder es sich um eine Regelung zur Umsetzung von Richtlinienrecht handelt. Eine Vereinbarkeit nationaler Vorschriften mit dem Herkunftslandprinzip lässt sich daher nur im Einzelfall und nicht pauschal feststellen.

Kapitel 3

Reichweite des Sendestaatprinzips nach der AVMD-RL

Neben dem Herkunftslandprinzip des Art. 3 ECRL hat der EU-Gesetzgeber in Art. 3 AVMD-RL ein rundfunkrechtliches Äquivalent für den Bereich der audiovisuellen Mediendienste etabliert (sog. Sendestaatprinzip), das die Anwendbarkeit nationaler Vorschriften in dem durch die Richtlinie harmonisierten Bereich betrifft.[490] Gem. Art. 3 Abs. 1 AVMD-RL sind die Mitgliedstaaten verpflichtet, den freien Empfang von audiovisuellen Mediendiensten aus anderen Mitgliedstaaten in ihrem Hoheitsgebiet zu gewährleisten und die Weiterverbreitung dieser Dienste in ihrem Hoheitsgebiet nicht aus Gründen zu behindern, die durch die AVMD-RL koordiniert sind.[491] Mithin gilt auch für die AVMD-RL der Grundsatz, dass die rechtliche Kontrolle innerhalb der durch die Richtlinie koordinierten Bereiche vorrangig dem Herkunftsmitgliedstaat (nach dessen Umsetzungsvorschriften) obliegt und die Empfangsmitgliedstaaten diese Kontrollfunktion anzuerkennen haben ohne eine Zweitkontrolle vorzunehmen.[492]

Als sektorspezifisches Richtlinienrecht soll die AVMD-RL gem. Art. 2 Abs. 3, 4 DSA i. V. m. ErwG 10 vom DSA unberührt bleiben und damit fortgelten, sofern sie „andere Aspekte der Erbringung von Vermittlungsdiensten im Binnenmarkt [regelt]" bzw. „den DSA präzisiert oder ergänzt".[493] Insofern bedürfen diese Regelungen der AVMD-RL weiterhin nationaler Umsetzungsvorschriften. Dies dürfte grds. auch für das in Art. 3 AVMD-RL normierte Sendestaatprinzip gelten, obgleich sich der DSA – anders als hinsichtlich Art. 3 ECRL – zu dessen Fortgeltung nicht ausdrücklich verhält. Neben etwaigen Schnittstellen mit den Vorschriften des DSA hat sich mit der Reform der AVMD-RL in 2018 auch der Überschneidungsbereich mit der ECRL vergrößert, da die nunmehr erfassten Video-Sharing-Dienste gleichzeitig Dienste der Informationsgesellschaft darstellen.[494]

---

[490] *Brings-Wiesen*, in: Spindler/Schuster, Recht der elektronischen Medien, Allg. B., Rn. 100.

[491] *Brings-Wiesen*, in: Spindler/Schuster, Recht der elektronischen Medien, Allg. B., Rn. 102.

[492] *Brings-Wiesen*, in: Spindler/Schuster, Recht der elektronischen Medien, Allg. B., Rn. 102.

[493] *Kuhlmann*, ZUM 2023, 170 (173).

[494] *Holznagel/Hartmann*, in: HSH/MultimediaR-HdB, Teil 3, Rn. 54.

Im Hinblick auf die Anwendbarkeit des Herkunftslandprinzips des Art. 3 ECRL bzw. des Sendestaatprinzips nach Art. 3 AVMD-RL sieht Art. 4 Abs. 7 AVMD-RL daher eine explizite Konkurrenzregelung vor. Danach ist die ECRL anwendbar, sofern in der AVMD-RL nichts anderes vorgesehen ist (S. 1). Im Falle einer Kollision zwischen der ECRL und der AVMD-RL gilt letztere, soweit die AVMD-RL nichts Gegenteiliges regelt. Mithin gelten etwa für audiovisuelle Mediendienste auf Abruf die Regelungen zum Sendestaatprinzip nach Art. 2 und 3 AVMD-RL, während für Video-Sharing-Plattform-Dienste aufgrund der Rechtshoheitszuweisung des Art. 28a Abs. 5 AVMD-RL das Herkunftslandprinzip des Art. 3 ECRL wirksam ist. Daraus folgt im Ergebnis, dass einerseits für Dienste der Informationsgesellschaft und Video-Sharing-Dienste das Herkunftslandprinzip nach der ECRL nebst den dortigen Ausnahmen gilt, während für lineare Fernsehdienste und Mediendienste auf Abruf das Sendestaatprinzip der AVMD-RL und deren Rückausnahmen (hierzu sogleich) Anwendung finden. Nachfolgend sollen nun die Unterschiede in den jeweiligen Anwendungsbereichen sowie Ausnahmetatbeständen des Herkunftslandprinzips bzw. Sendestaatprinzips herausgearbeitet werden. Zudem stellt sich die Frage, ob und inwieweit sich etwa die Wertung des ErwG 38 DSA auch auf das Sendestaatprinzip übertragen lässt.

A. Territorialer Anwendungsbereich

Für audiovisuelle Mediendienste (linear und nicht linear) ergibt sich der räumliche Anwendungsbereich der AVMD-RL aus deren Art. 2. Danach sind die Mitgliedstaaten verpflichtet, dafür zu sorgen, dass alle ihrer Rechtshoheit unterstehenden audiovisuellen Mediendiensteden nationalen Vorschriften entsprechen, die auf für die Allgemeinheit bestimmte audiovisuelle Mediendienste in diesem Mitgliedstaat anwendbar sind (Art. 2 Abs. 1 AVMD-RL). Ob ein Diensteanbieter der Rechtshoheit eines Mitgliedstaates unterliegt, richtet sich dabei nach den Abs. 2–6.[495] Im Wesentlichen bemisst sich dies nach der Niederlassung eines Mediendiensteanbieters (Abs. 3) oder danach, ob der Diensteanbieter Übertragungskapazitäten eines Mitgliedstaates nutzt (Abs. 4).

Der Begriff der Niederlassung wird in Art. 2 Abs. 3 lit. a)–c) AVMD-RL legaldefiniert. Danach gilt der Diensteanbieter als in einem Mitgliedstaat niedergelassen, wenn er dort seine Hauptverwaltung hat, von der aus die redaktionellen Entscheidungen über den audiovisuellen Mediendienst getroffen werden (lit. a)). Sofern die Hauptverwaltung in einem Mitgliedstaat liegt, jedoch die redaktionellen Entscheidungen aus einem anderen Mitgliedstaat getroffen werden, bestimmt sich die Niederlassung danach, wo ein erheblicher Teil des Personals tätig ist, das für die Durchführung der programmbezogenen Tätigkeiten zuständig ist (lit. b)). Denkbar

[495] *Brings-Wiesen*, in: Spindler/Schuster, Recht der elektronischen Medien, Allg. B., Rn. 101.

sind sodann mehrere Konstellationen. Sofern ein wesentlicher Teil des Personals in jedem der Mitgliedstaaten tätig ist, richtet sich die Niederlassung des Dienstes nach dessen Hauptverwaltung. Ist hingegen ein wesentlicher Teil des Personals in keinem dieser Mitgliedstaaten tätig, gilt der Diensteanbieter als in dem Mitgliedstaat niedergelassen, in dem zuerst dessen Tätigkeit aufgenommen wurde. In diesem Fall muss eine dauerhafte und tatsächliche Verbindung mit der Wirtschaft dieses Mitgliedstaates bestehen. Schließlich regelt Art. 3 lit. c) AVMD-RL die Konstellation, in der ein Diensteanbieter seine Hauptverwaltung in einem Mitgliedstaat hat, wobei die wesentlichen Entscheidungen aus einem Drittland getroffen werden (oder umgekehrt). Demnach gilt der Diensteanbieter in dem Mitgliedstaat als niedergelassen, wenn ein wesentlicher Teil des mit der Bereitstellung des audiovisuellen Mediendiensten betrauten Personals in diesem Mitgliedstaat tätig ist.

Unabhängig von einer Niederlassung in einem Mitgliedstaat der EU, findet die AVMD-RL auch in den Fällen des Art. 2 Abs. 4 AVMD-RL auf audiovisuelle Mediendienste Anwendung. Erforderlich ist jedoch in diesen Fällen, dass der Diensteanbieter eine in einem Mitgliedstaat gelegene Satelliten-Bodenstation für die Aufwärtsstrecke (lit. a)) oder eine diesem Mitgliedstaat gehörende Übertragungskapazität eines Satelliten nutzt (lit. b)). Sofern sich nach den Abs. 3 und 4 nicht bestimmen lässt, welcher Mitgliedstaat die Rechtshoheit über einen audiovisuellen Mediendienst ausüben soll, ist jener Mitgliedstaat zuständig, in dem der Diensteanbieter gem. der Art. 49 ff. AEUV niedergelassen ist (Art. 2 Abs. 5 AVMD-RL).[496]

Der territoriale Anwendungsbereich der AVMD-RL ist für Video-Sharing-Dienste abweichend von dem für audiovisuelle Mediendienste in Art. 28a Abs. 1–4 AVMD-RL geregelt. Erforderlich ist jedoch, dass der Diensteanbieter entweder im Hoheitsgebiet eines Mitgliedstaates niedergelassen ist (Abs. 1) oder eines seiner Mutter- oder Tochterunternehmen bzw. ein anderes Unternehmen derselben Unternehmensgruppe in einem Mitgliedstaat eine solche Niederlassung besitzt (Abs. 2).[497] Mithin können auch Anbieter, die selbst über keine Niederlassung in der EU verfügen über eine etwaige Konzernzugehörigkeit in den Anwendungsbereich der AVMD-RL einbezogen werden.[498]

---

[496] *Brings-Wiesen*, in: Spindler/Schuster, Recht der elektronischen Medien, Allg. B., Rn. 101 m. w. N.

[497] *Holznagel/Hartmann*, in: HSH/MultimediaR-HdB, Teil 3, Rn. 51.

[498] So etwa YouTube, das selbst keine Niederlassung in der EU besitzt aber aufgrund seiner Zugehörigkeit zum Google-Konzern in den Anwendungsbereich des Art. 28a Abs. 2 AVMD-RL fällt, *Holznagel/Hartmann*, in: HSH/MultimediaR-HdB, Teil 3, Rn. 51.

B. Sachlicher Anwendungsbereich

Vom sachlichen Anwendungsbereich der AVMD-RL sind alle „audiovisuellen Mediendienste“ i. S. d. Art. 1 Abs. 1 lit. a) AVMD-RL erfasst. Unterschieden wird hier zwischen linearen Diensten („Fernsehprogramme“) und nicht linearen Diensten („audiovisuellen Mediendiensten auf Abruf“). Ferner betrifft die Richtlinie seit 2018 auch „Video-Sharing-Plattform-Dienste“. Nicht erfasst vom Anwendungsbereich der AVMD-RL sind hingegen solche Dienste, die die Kriterien des Art. 2 Abs. 6 AVMD-RL nicht erfüllen.[499]

I. Audiovisuelle Mediendienste

Art. 1 Abs. 1 lit. a) AVMD-RL definiert „audiovisuelle Mediendienste“ zunächst als „eine Dienstleistung im Sinne der Art. 56 und 57 AEUV, für die ein Mediendiensteanbieter die redaktionelle Verantwortung trägt und deren Hauptzweck die Bereitstellung von Sendungen zur Information, Unterhaltung oder Bildung der allgemeinen Öffentlichkeit über elektronische Kommunikationsnetze i. S. d. Art. 2 lit. a) RL 2002/21/EG[500] ist“. Gem. Art. 57 Abs. 1 AEUV sind „Dienstleistungen“ nur solche Leistungen, die in der Regel gegen Entgelt erbracht werden. Erfasst sind somit lediglich kommerzielle Dienste, wohingegen rein private bzw. nicht wirtschaftliche Angebote ausgenommen werden sollen.[501] Als Beispiele nennt ErwG 21 AVMD-RL private Internetseiten und Dienste zur Bereitstellung oder Verbreitung audiovisueller Inhalte, die von privaten Nutzern für Zwecke der gemeinsamen Nutzung und des Austauschs innerhalb von Interessengemeinschaften erstellt werden. Im Hinblick auf das Kriterium der redaktionellen Verantwortung eines Mediendiensteanbieters erfordert Art. 1 lit. c) AVMD-RL die Ausübung einer wirksamen Kontrolle sowohl hinsichtlich der Zusammenstellung der Sendungen als auch hinsichtlich ihrer Bereitstellung und zwar entweder anhand eines chronologischen Sendeplans (bei Fernsehsendungen) oder mittels eines Katalogs (bei audiovisuellen Mediendiensten auf Abruf). Bezugspunkt ist damit eine wirksame Kontrolle über Inhalt und Form des Dienstes, weshalb reine Vermittlungsdienste, bei denen der Anbieter keinen oder nur einen punktuell nachträglichen Einfluss auf die Zusammenstellung ausübt, nicht erfasst sein sollen (vgl. ErwG 26

---

[499] *Brings-Wiesen*, in: Spindler/Schuster, Recht der elektronischen Medien, Allg. B., Rn. 92.

[500] Richtlinie 2002/21/EG des Europäischen Parlaments und des Rates vom 7. März 2002 über einen gemeinsamen Rechtsrahmen für elektronische Kommunikationsnetze und -dienste (Rahmen-RL).

[501] *Brings-Wiesen*, in: Spindler/Schuster, Recht der elektronischen Medien, Allg. B., Rn. 93; *Holznagel/Hartmann*, in: HSH/MultimediaR-HdB, Teil 3, Rn. 35.

AVMD-RL a. F.).[502] Ferner muss der Hauptzweck oder trennbarer Teil des Dienstes in der Bereitstellung von Sendungen zum Zweck der Information, Unterhaltung oder Bildung der allgemeinen Öffentlichkeit bestehen. Ausgeschlossen werden damit solche Dienste, bei denen audiovisuelle Inhalte lediglich eine Nebenerscheinung darstellen. Exemplarisch sind hier in ErwG 22 AVMD-RL a. F. Internetseiten, die lediglich zu Ergänzungszwecken audiovisuelle Elemente enthalten genannt (z. B. animierte grafische Elemente, kurze Werbespots oder Informationen über ein Produkt oder nicht audiovisuelle Dienste). Ausgenommen sind überdies Glückspiele mit einem einen Geldwert darstellenden Einsatz, einschließlich Lotterien, Wetten und andere Gewinnspiele, sowie Online-Spiele und Suchmaschinen (während Sendungen mit Gewinnspielen oder Glückspielen wiederum erfasst sind). Bei der Ermittlung des „Hauptzwecks" eines Dienstes steht jedoch nicht der Schwerpunkt des Angebots, sondern die Abgrenzung verschiedener Dienstleistungsteile als eigenständige Angebote im Vordergrund.[503] Unter der Bereitstellung von Sendungen wird gem. Art. 1 lit. b) AVMD-RL die Bereitstellung bewegter Bilder, etwa Spielfilme, Videoclips, Sportberichte, Sitcoms, Dokumentationen, Kindersendungen und Originalproduktionen verstanden. Durch das Kriterium des Zwecks der Information, Unterhaltung oder Bildung einer Sendung werden Dienste ausgeschlossen, die keinerlei redaktionelle Elemente haben, z. B. Verkehrs-Webcams. Schließlich muss sich der Dienst an die allgemeine Öffentlichkeit richten, also „eine unbestimmte Zahl von möglichen Fernsehzuschauern, an die dieselben Bilder gleichzeitig übertragen werden"[504]. Dies ist auch dann der Fall, soweit es sich bei dem Angebot um geschlossene Benutzergruppen handelt, die aber grundsätzlich für alle zugänglich sind (paid content, Verschlüsselung).[505] Schließlich müssen die audiovisuellen Dienste über elektronische Kommunikationsnetzwerke i. S. v. Art. 2 lit. a) Rahmen-RL übertragen werden. Erfasst sind danach neben den klassischen Übertragungsarten (Breitbandkabel, Satellit, Terrestrik) auch neuere Techniken wie DSL, LTE, UMTS.[506]

1. Lineare Dienste

Gem. Art. 1 lit. e) AVMD-RL meint ein „Fernsehprogramm" einen audiovisuellen Mediendienst, der von einem Mediendiensteanbieter für den zeitgleichen Empfang von Sendungen auf der Grundlage eines Sendeplans bereitgestellt wird. Maßgeblich ist hier, dass der Zuschauer den Dienst ausschließlich zu einem vom Veranstalter festgelegten Zeitpunkt empfangen kann (sog. „Punkt-zu-Mehrpunkt-

[502] *GA Szpunar*, SchlA v. 1.7.2015 – C-347/14, Rn. 41; *Brings-Wiesen*, in: Spindler/Schuster, Recht der elektronischen Medien, Allg. B., Rn. 94.

[503] *Holznagel/Hartmann*, in: HSH/MultimediaR-HdB, Teil 3, Rn. 38.

[504] EuGH, Urt. v. 2.6.2005 – C-89/04, Rn. 30; *Holznagel/Hartmann*, in: HSH/MultimediaR-HdB, Teil 3, Rn. 43.

[505] *Holznagel/Hartmann*, in: HSH/MultimediaR-HdB, Teil 3, Rn. 43 m. w. N.

[506] *Holznagel/Hartmann*, in: HSH/MultimediaR-HdB, Teil 3, Rn. 44.

Übertragung").[507] ErwG 27 AVMD-RL nennt hier insb. analoges und digitales Fernsehen, Live Streaming, Webcasting und den zeitversetzten Videoabruf (Near-Video-on-Demand). Zudem soll der quasi-zeitgleiche Empfang, in dem aufgrund technischer Bedingungen des Übertagungsvorgangs zeitliche Schwankungen zwischen Übertragung und Empfang auftreten, dem zeitgleichen Empfang gleichstehen (ErwG 30 AVMD-RL). Erfasst sind zudem auch „Pay-per-view"-Dienste, bei denen zwar der Zugang, nicht jedoch die Bereitstellung auf individuellen Abruf erfolgt.[508]Abzugrenzen sind hier allerdings lineare Dienste von Diensten, die auf individuellen Abruf zu einem vom Empfänger gewünschten Zeitpunkt bereitgestellt werden.[509]

2. Nichtlineare Dienste

Hingegen sind unter nichtlinearen Diensten solche audiovisuellen Mediendienste auf Abruf gemeint, „die von einem Mediendiensteanbieter für den Empfang zu dem vom Nutzer gewählten Zeitpunkt auf dessen individuellen Abruf hin aus von einem vom Mediendiensteanbieter festgelegten Programmpunkt bereitgestellt" werden (Art. 1 Abs. 1 lit. g) AVMD-RL). Dabei besteht der wesentliche Unterschied zu den linearen Diensten neben den jeweiligen Auswahl- und Steuerungsmöglichkeiten des Nutzers auch in den Auswirkungen der Dienste auf die Gesellschaft.[510]

II. Video-Sharing-Plattform-Dienste

Abzugrenzen von den linearen und nichtlinearen Diensten sind die mit der Reform der AVMD-RL hinzugefügten Videoplattformdienste. Gem. Art. 1 Abs. 1 lit. aa) AVMD-RL handelt es sich dabei um „eine Dienstleistung i. S. d. Art. 56 und 57 AEUV, bei der der Hauptzweck der Dienstleistung oder eines trennbaren Teils der Dienstleistung oder eine wesentliche Funktion der Dienstleistung darin besteht, Sendungen oder nutzergenerierte Videos, für die der Video-Sharing-Dienste-Anbieter keine redaktionelle Verantwortung trägt, der Allgemeinheit über elektronische Kommunikationsnetze i. S. d. Art. 2 lit. a) der Richtlinie 2002/21/EG zur Information, Unterhaltung oder Bildung bereitzustellen, und deren Organisation vom Video-Sharing-Plattform-Anbieter bestimmt wird, auch mit automatischen Mitteln

---

[507] *Brings-Wiesen*, in: Spindler/Schuster, Recht der elektronischen Medien, Allg. B., Rn. 98.

[508] *Brings-Wiesen*, in: Spindler/Schuster, Recht der elektronischen Medien, Allg. B., Rn. 98.

[509] *Brings-Wiesen*, in: Spindler/Schuster, Recht der elektronischen Medien, Allg. B., Rn. 98.

[510] ErwG 58 AVMD-RL a. F.; *Holznagel/Hartmann*, in: HSH/MultimediaR-HdB, Teil 3, Rn. 32.

oder Algorithmen, insbesondere durch Anzeigen, Tagging und Festlegung der Abfolge".

Ähnlich wie bei der Begriffsbestimmung zu den audiovisuellen Mediendiensten in Art. 1 Abs. 1 lit. a) AVMD-RL ergeben sich auch aus dieser Definition eine Reihe kumulativer Anforderungen an einen Videoplattformdienst. Im Hinblick auf die mit der Definition audiovisueller Mediendienste identischen Kriterien gelten die Ausführungen in Punkt I. entsprechend. Ein wesentlicher Unterschied zu den audiovisuellen Mediendiensten besteht jedoch darin, dass Video-Sharing-Plattformen nicht der redaktionellen Verantwortung eines Mediendiensteanbieters unterliegen.[511] Mithin knüpft die Definition an die Organisation der Inhalte durch die Anbieter an, wobei hier das nachträgliche und lediglich automatisierte Hinzufügen von Metadaten (Tagging) oder die Einbindung in (automatisch erstellte) Playlists genügt.[512] Zudem kann der Hauptzweck eines Videoplattformdienstes anders als bei audiovisuellen Mediendiensten auch in der Bereitstellung von nutzergenerierten Videos i.S.d. Art. 1 Abs. 1 lit. ba) AVMD-RL n.F. bestehen. Dabei muss es sich zudem nicht um den Hauptzweck oder ein Teilangebot handeln, sondern um eine wesentliche Funktion der Dienstleistung.[513]

C. Koordinierter Bereich

Aus dem Wortlaut des Art. 3 Abs. 1 AVMD-RL ergibt sich, dass Mitgliedstaaten die Weiterverbreitung von audiovisuellen Mediendiensten aus anderen Mitgliedstaaten in ihrem Hoheitsbereich nicht in den Bereichen behindern dürfen, die durch die AVMD-RL koordiniert sind. Anders als in der ECRL wird der Begriff „koordiniert" in der AVMD-RL weder legaldefiniert noch in den ErwG konkretisiert. Zum koordinierten Bereich i.S.d. AVMD-RL gehören daher nur solche medienspezifischen Vorschriften, die durch die AVMD-RL harmoniert sind und damit nicht darüber hinausgehende, einzelne medienspezifische Regelungen eines EU- oder EWR-Staates.[514] Mithin beschränkt sich der „koordinierte Bereich" der AVMD-RL auf die durch die RL-harmonisierten Rechtsbereiche.[515] Unerheblich ist hier, ob die jeweiligen Regelungen durch die Mitgliedstaaten in nationalen me-

---

[511] *Holznagel/Hartmann*, in: HSH/MultimediaR-HdB, Teil 3, Rn. 45.

[512] *Holznagel/Hartmann*, in: HSH/MultimediaR-HdB, Teil 3, Rn. 49.

[513] *Holznagel/Hartmann*, in: HSH/MultimediaR-HdB, Teil 3, Rn. 48.

[514] Hingegen hat der EuGH im Zusammenhang mit dem früheren Art. 2 Abs. 2 Fernseh-RL (heute erweitert in Art. 3 AVMD-RL) dem koordinierten Bereich der AVMD-RL auch nationale nicht durch die Fernseh-RL harmonisierte Regelungen zugerechnet (z. B. die nationale Genehmigungspflicht für die Kabelverbreitung von Fernsehsendungen), vgl. *Sack*, WRP 2015, 1281 (1283).

[515] *Sack*, WRP 2015, 1281 (1283) m.w.N.

dienspezifischen oder allgemeinen Vorschriften umgesetzt wurden.[516] Hingegen zählen solche allgemeinen Regelungen nicht zum koordinierten Bereich, die zwar audiovisuelle Mediendienste beschränken, aber keine medienspezifischen Umsetzungsvorschriften zur AVMD-RL sind bzw. autonome medienspezifische Regelungen der Mitgliedstaaten darstellen.[517]

D. Regelungen der AVMD-RL

Auch die AVMD-RL folgt einem abgestuften Regulierungskonzept und damit einer unterschiedlich strengen regulatorischen Behandlung von linearen und nichtlinearen Diensten. Im Wesentlichen wird dies damit begründet, dass die Dienste jeweils unterschiedliche Auswirkungen auf die Gesellschaft und Meinungsbildung haben sowie verschiedene Auswahl- und Steuerungsmöglichkeiten für Nutzer bestehen (ErwG 42 AVMD-RL a.F.). Mit der letzten Reform der AVMD-RL wurde das Regulierungsniveau für lineare Dienste und Mediendienste auf Abruf angenähert, jedoch die Differenzierung anhand der Linearität der Dienste im Grundsatz beibehalten.[518] In materieller Hinsicht enthalten die Art. 6, 6a und 9 AVMD-RL n.F. allgemeine Werbe- und Jugendschutzvorschriften, die sowohl für audiovisuelle Mediendienste als auch Video-Sharing-Dienste (über den Verweis in Art. 28b Abs. 1, 2 AVMD-RL) gelten. Speziell für audiovisuelle Mediendienste erweitern die Art. 10ff. AVMD-RL den koordinierten Bereich um Vorgaben u.a. zum Sponsoring, Produktplatzierung, Fernsehwerbung und Teleshopping. Für Video-Sharing-Dienste ergeben sich die materiellen Vorschriften ausschließlich aus Art. 28b AVMD-RL.[519] Im Folgenden sollen nun die medienspezifischen Regelungen für audiovisuelle Mediendienste sowie für Videoplattformdienste überblicksartig dargestellt werden, die insofern den durch die AVMD-RL „koordinierten" Bereich bilden.

---

[516] So hat der EuGH etwa in der Entscheidung v. 22.9.2011 – verb. Rs. C-244/10 u. C-245/10 = GRUR Int. 2012, 53 angenommen, dass die §§ 3, 18 VereinsG u.a. Art. 22a Fernseh-RL (heute Art. 6 AVMD-RL) in deutsches Recht umsetzen, *Sack*, WRP 2015, 1281 (1283).

[517] *Sack*, WRP 2015, 1281 (1283).

[518] *Holznagel/Hartmann*, in: HSH/MultimediaR-HdB, Teil 3, Rn. 30 m.w.N.

[519] *Holznagel/Hartmann*, in: HSH/MultimediaR-HdB, Teil 3, Rn. 62.

I. Allgemeine Regelungen für audiovisuelle Mediendienste und Videosharingplattformen

1. Anforderungen an kommerzielle Kommunikation, Art. 9 AVMD-RL

Einen regulatorischen Schwerpunkt der AVMD-RL bilden die Anforderungen an die Veröffentlichung von audiovisueller Kommunikation der Art. 9–11 AVMD-RL, welche für audiovisuelle Mediendienste und Videosharingplattformen (i. V. m. Art. 28b Abs. 2 AVMD-RL) anwendbar sind. „Audiovisuelle Kommunikation" i. S. d. Art. 1 lit. h) AVMD-RL meint alle „Bilder mit oder ohne Ton, die mit der unmittelbaren oder mittelbaren Förderung des Absatzes von Waren und Dienstleistungen oder des Erscheinungsbildes natürlicher oder juristischer Personen, die einer wirtschaftlichen Tätigkeit nachgehen, dienen". Als Unterfälle der kommerziellen Kommunikation gelten dabei Fernsehwerbung[520], Produktplatzierung[521], Sponsoring[522], Teleshopping[523] und nutzergenerierte Videos[524]. Art. 9 Abs. 1 AVMD-RL betrifft zunächst die Anforderungen im Hinblick auf Inhalt und Darstellungsform der audiovisuellen kommerziellen Kommunikation. Demnach ist etwa die Absatzförderung von Waren und Dienstleistungen im Hinblick auf Zigaretten und Tabakerzeugnisse untersagt[525] und im Zusammenhang mit Alkoholika, Arzneimitteln sowie medizinischen Behandlungen nur eingeschränkt zulässig[526]. Inhaltlich darf die kommerzielle Kommunikation zudem nicht die Menschenwürde verletzten, Diskriminierungen enthalten oder gesundheits-, sicherheits-, oder umweltgefährdendes Verhalten fördern. Schließlich ist auch jene Werbung untersagt, die körperliche oder seelische Beeinträchtigungen Minderjähriger hervorrufen kann.[527] Bzgl. der Darstellungsform muss die kommerzielle Kommunikation als solche leicht erkennbar sein. Unzulässig sind in diesem Zusammenhang auch Schleichwerbung[528] sowie der Einsatz von Techniken zur unterschwelligen Beeinflussung.[529]

2. Schutz vor problematischen Inhalten, Jugendschutz, Art. 6, 6a AVMD-RL

Gem. Art. 6 AVMD-RL dürfen audiovisuelle Mediendienste keine Inhalte bereitstellen, die zu Hass und Gewalt gegen Menschengruppen anhand der Diskrimi-

---

[520] Zur Begriffsbestimmung vgl. Art. 1 Abs. 1 lit. i) AVMD-RL.

[521] Zur Begriffsbestimmung vgl. Art. 1 Abs. 1 lit. m) AVMD-RL.

[522] Zur Begriffsbestimmung vgl. Art. 1 Abs. 1 lit. k) AVMD-RL.

[523] Zur Begriffsbestimmung vgl. Art. 1 Abs. 1 lit. l) AVMD-RL.

[524] Zur Begriffsbestimmung vgl. Art. 1 Abs. 1 lit. ba) AVMD-RL n. F.

[525] Vgl. ErwG 88; Art. 9 lit. d) AVMD-RL.

[526] Vgl. Art. 9 Abs. 1 lit. e), f) AVMD-RL.

[527] Vgl. Art. 9 Abs. 1 lit. g) AVMD-RL.

[528] Zur Begriffsbestimmung vgl. Art. 1 Abs. 1 lit. j) AVMD-RL.

[529] Vgl. Art. 9 Abs. 1 lit. a), b) AVMD-RL.

nierungskriterien des Art. 21 GRCh aufstacheln oder die Aufforderungen zur Begehung von terroristischen Straftaten (i. S. d. Art. 5 Terrorismusbekämpfungs-RL) enthalten. Aus jugendschutzrechtlicher Sicht haben die Mitgliedstaaten überdies gem. Art. 6a AVMD-RL n. F. zu gewährleisten, dass ihrer Rechtshoheit unterworfene audiovisuelle Mediendienste, die die körperliche, geistige oder sittliche Entwicklung von Minderjährigen beeinträchtigen können, nur so bereitgestellt werden, dass Minderjährige diese üblicherweise nicht sehen oder hören (bspw. durch Wahl der Sendezeit, Mittel zur Altersverifikation). Die gewählten Maßnahmen müssen jedoch in einem angemessenen Verhältnis zur potenziellen Schädigung durch die Sendung stehen. Dabei stellt Art. 6a Abs. 1 UAbs. 2 AVMD-RL n. F. klar, dass unter den schädlichsten Inhalten beispielsweise grundlose Gewalttätigkeiten oder Pornografie zu verstehen sind, die den strengsten Maßnahmen unterliegen sollen. Schließlich sollen die Mitgliedstaaten die Mediendienste verpflichten, Zuschauer ausreichend über Inhalte zu informieren, die die körperliche, geistige oder sittliche Entwicklung von Minderjährigen beeinträchtigen können.

II. Spezifische Regelungen für audiovisuelle Mediendienste

1. Anforderungen an Sponsoring und Produktplatzierung, Art. 10, 11 AVMD-RL

Konkret für kommerzielle Kommunikation in Form von Sponsoring sieht Art. 10 Abs. 1 lit. a)–c) AVMD-RL bestimmte Zulässigkeitsvoraussetzungen vor. So dürfen etwa gesponserte audiovisuelle Mediendienste oder Sendungen weder die redaktionelle Verantwortung und Unabhängigkeit des Mediendiensteanbieters beeinträchtigen noch unmittelbar zum Kauf bzw. zur Miete oder Pacht von Waren und Dienstleistungen anregen (z. B. durch verkaufsfördernde Hinweise auf jene Waren/Dienstleistungen). Zudem muss für den Zuschauer das Bestehen einer Sponsoring-Vereinbarung eindeutig erkennbar sein, weshalb eine Kennzeichnungspflicht der Inhalte (bspw. durch Abbildung des Namens, Firmenemblems oder sonstigen Sponsorensymbolen) besteht. Ferner sind in Art. 10 Abs. 2–4 AVMD-RL einzelne Beschränkungen betreffend bestimmte Arten von Sendungen und Sponsoren festgelegt. Ein Sponsoring ist etwa bei Nachrichtensendungen und Sendungen zur politischen Information unzulässig. Die Mitgliedstaaten sind zudem nach Art. 10 Abs. 4 AVMD-RL ermächtigt, Sponsoring von Kindersendungen oder Dokumentarfilmen und Sendungen religiösen Inhalts zu untersagen. Als unzulässige Sponsoren nennt Art. 10 Abs. 2 AVMD-RL Unternehmen, deren Haupttätigkeit die Herstellung oder der Verkauf von Zigaretten und anderen Tabakerzeugnissen sowie von elektronischen Zigaretten und Nachfüllbehältern ist. Hingegen dürfen Unternehmen aus der Medizin- und Pharmabranche zwar für den Namen und das Erscheinungsbild werben, nicht jedoch für einzelne Arzneimittel oder medizinische Behandlungen.[530]

Seit der Reform der AVMD-RL ist auch Produktplatzierung grds. in allen audiovisuellen Mediendiensten zulässig.[531] Davon ausgenommen und untersagt sind Produktplatzierung in Nachrichtensendungen, Sendungen zur politischen Information, Verbrauchersendungen, Sendungen religiösen Inhalts und Kindersendungen.[532] Sendungen, die Produktplatzierungen enthalten, müssen jedoch dieselben inhaltlichen Anforderungen erfüllen wie gesponserte Mediendienste (Art. 11 Abs. 3 AVMD-RL). Inhaltlich dürfen Produktplatzierungen zudem keine (elektronischen) Zigaretten und Tabakerzeugnisse oder verschreibungspflichtige Arzneimittel und medizinische Behandlungen bewerben, vgl. Art. 11 Abs. 4 AVMD-RL.

2. Quantitative Beschränkungen für Fernsehwerbung und Teleshopping, Art. 19–26 AVMD-RL

Ferner sind in den Art. 19–26 AVMD-RL weitere Anforderungen im Hinblick auf Fernsehwerbung und Teleshopping, welche die allgemeinen Anforderungen an audiovisuelle, kommerzielle Kommunikation ergänzen. Gem. Art. 25 AVMD-RL gelten diese Vorgaben mit Ausnahme der Art. 20 und 23 AVMD-RL auch für Fernsehkanäle, die ausschließlich der Eigenwerbung dienen. Zunächst enthält Art. 19 Abs. 1 eine Kennzeichnungspflicht für gesendete Fernsehwerbung und Teleshopping. Zudem dürfen Fernsehwerbung und Teleshopping den Zusammenhang einer Sendung nicht beeinträchtigen oder die Rechte Dritter verletzten (Art. 20 Abs. 1 AVMD-RL). Ergänzend stellt Art. 20 Abs. 2 AVMD-RL klar, dass bei Fernsehfilmen (mit Ausnahme von Serien, Reihen und Dokumentationen), Kinospielfilme und Nachrichtensendungen für jeden programmierten Zeitraum von mind. 30 Minuten einmal für Fernsehwerbung oder Teleshopping unterbrochen werden dürfen. Bei Kindersendungen ist höchstens eine Unterbrechung für Fernsehwerbung gestattet, wenn die Gesamtdauer der Sendung mehr als 30 Minuten beträgt. Während gem. Art. 20 Abs. 2 AVMD-RL Teleshopping innerhalb von Kindersendungen vollständig untersagt ist, dürfen Gottesdienste auch nicht für Fernsehwerbung unterbrochen werden. Einzeln gesendete Fernsehwerbung oder Teleshopping-Spots sind zudem nur i. R. v. Sportsendungen erlaubt und müssen im Übrigen die Ausnahme bilden, vgl. Art. 19 Abs. 2 AVMD-RL. In Art. 23 Abs. 1 AVMD-RL wird überdies der Sendezeitanteil für Fernsehwerbung und Teleshopping festgelegt. Dieser darf zwischen 6.00 und 18.00 Uhr sowie 18.00 und 24.00 Uhr 20 % dieses Zeitraums nicht überschreiten. Dies gilt jedoch z. B. nicht für Sponsorenhinweise oder Produktplatzierungen, vgl. Abs. 2. Hinsichtlich Art. 20

---

[530] Vgl. Art. 10 Abs. 3 AVMD-RL.

[531] Art. 11 Abs. 2 AVMD-RL n. F.; *Oster/Wagner*, in: Dauses/Ludwigs, EU-WirtschaftsR-HdB, E.V., Rn. 63.

[532] Vgl. Art. 11 Abs. 2 AVMD-RL n. F.

Abs. 2 und Art. 23 AVMD-RL können die Mitgliedstaaten jedoch im Einklang mit dem Unionsrecht abweichende Regelungen treffen, wenn die Fernsehprogramme ausschließlich für ihr eigenes Hoheitsgebiet bestimmt sind und weder unmittelbar noch mittelbar in einem oder mehreren anderen Mitgliedstaaten öffentlich empfangen werden können (Art. 26 AVMD-RL). Schließlich enthält Art. 21 AVMD-RL ein Verbot von Teleshopping für genehmigungspflichtige Arzneimittel i. S. d. RL 2001/83/EG[533] und ärztliche Behandlungen. Art. 22 AVMD-RL sieht zudem gesonderte Anforderungen als Fernsehwerbung und Teleshopping betreffend alkoholischer Getränke vor.

3. Regulierung zugunsten des allgemeinen Informationsinteresses

In den Art. 13 und 16 ff. AVMD-RL finden sich zudem Quotenregelungen zur Förderung europäischer Werke[534] in allen audiovisuellen Mediendiensten.[535] Gem. Art. 16 Abs. 1 AVMD-RL sollen Fernsehveranstalter die Hauptzeit der Sendezeit, die nicht auf Nachrichten, Sportberichten, Spielshows oder Werbeleistungen, Videotextleistungen und Teleshopping entfällt, europäischen Werken vorbehalten (sog. „Programmquote"[536]). Demgegenüber ist nach Art. 17 AVMD-RL auch eine „Produktionsquote" geregelt, wonach Fernsehveranstalter mind. 10 % der Sendezeit europäischen Werken vorbehalten müssen bzw. alternativ 10 % ihrer Haushaltsmittel für die Programmgestaltung der Sendung europäischer Werke von Herstellern vorbehalten, die von den Fernsehveranstaltern unabhängig sind.[537] Schließlich sieht Art. 13 Abs. 1 AVMD-RL hinsichtlich der Anbieter von audiovisuellen Mediendiensten auf Abruf vor, dass deren Kataloge einen Mindestanteil europäischer Werke von 30 % enthalten und solche Werke herausgestellt werden.

Teil der europäischen Regulierung audiovisueller Mediendienste sind zudem Regelungen im Zusammenhang mit dem Bestehen von Exklusivübertragungsrechten. Zur Verhinderung der Übertragung von gesellschaftlich relevanten Ereignissen ausschließlich im Pay-TV können Mitgliedstaaten den ihrer Rechtshoheit unterworfenen Fernsehveranstaltern rechtliche Vorgaben zur Ausübung von bestehenden Exklusivübertragungsrechten an solchen Ereignissen machen, vgl. Art. 14 Abs. 1 AVMD-RL. Hierzu kann der Mitgliedstaat festlegen, dass im Falle von Exklusivsenderechten an einem Ereignis „von erheblicher gesellschaftlicher Bedeutung" deren zusätzliche Übertragung in mindestens einem frei empfangbaren Medium

---

[533] Richtlinie 2001/83/EG des Europäischen Parlaments und des Rates vom 6. November 2001 zur Schaffung eines Gemeinschaftskodexes für Humanarzneimittel.

[534] Zur Begriffsbestimmung vgl. Art. 1 Abs. 1 lit. n), Abs. 2–4 AVMD-RL.

[535] *Oster/Wagner*, in: Dauses/Ludwigs, EU-WirtschaftsR-HdB, E.V., Rn. 68.

[536] *Brings-Wiesen*, in: Spindler/Schuster, Recht der elektronischen Medien, Allg. B., Rn. 134.

[537] *Oster/Wagner*, in: Dauses/Ludwigs, EU-WirtschaftsR-HdB, E.V., Rn. 68.

sichergestellt ist und entsprechende Listen solcher Ereignisse erstellen.[538] Bestehen hingegen an einem Ereignis „von größerem öffentlichem Interesse“ Exklusivübertragungsrechte, muss allen in der EU niedergelassenen Fernsehveranstaltern zum Zwecke der Kurzberichterstattung ein fairer, angemessener und diskriminierungsfreier Zugang eingeräumt werden, vgl. Art. 15 AVMD-RL. Gem. Art. 15 Abs. 5 AVMD-RL darf diese Kurzberichterstattung nur innerhalb von allgemeinen Nachrichtensendungen erfolgen. Audiovisuelle Mediendiensten auf Abruf dürfen Kurzberichterstattungsausschnitte verwenden, wenn zeitversetzt dieselbe Sendung von demselben Mediendiensteanbieter angeboten wird.[539] Jedoch können die Mitgliedstaaten gem. Art. 15 Abs. 6 AVMD-RL die Modalitäten und Bedingungen für die Kurzberichterstattung, insb. etwaige Kostenerstattungsregelungen, Höchstlängen und Übertragungsfristen bestimmen.

III. Spezifische Regelungen für Video-Sharing-Plattform-Dienste

Die materiellen Vorgaben für Videoplattformdienste ergeben sich ausschließlich aus Art. 28b AVMD-RL. Gem. Art. 28b Abs. 3 lit. a) und b) AVMD-RL hat der Videoplattformdienst die in den Abs. 1 und 2 genannten Verpflichtungen[540] in den AGB aufzunehmen, sodass auch Nutzer der Plattform ggü. den Videoplattformdiensten verpflichtet werden. Zudem haben die Video-Sharing-Plattformdienste eine Funktion bereitzustellen, die es dem Nutzer ermöglicht, nutzergenerierte Videos mit audiovisueller, kommerzieller Kommunikation entsprechend als solche zu kennzeichnen (lit. c)). Ferner sollen Meldesysteme eingerichtet werden, mit denen die Nutzer entwicklungsbeeinträchtigende Inhalte und Hasskommunikation ggü. dem Anbieter melden oder anzeigen können (lit. d)) sowie über die Reaktion seitens des Anbieters auf die Meldungen informiert werden (lit. e)).[541] Hinzu können Systeme zur Altersverifikation (lit. f)) und Systeme zur elterlichen Sorge (lit. h)) kommen. Verpflichtend einzurichten sind daher letztlich außergerichtliche Beschwerde- und Streitbeilegungsmechanismen (lit. i), Abs.7) und die Möglichkeit, Rechtsbehelfe vor nationalen Gerichten bei Verstößen des Videoplattformdienstes nach Art. 28b Abs. 1 und 3 AVMD-RL einreichen zu können (Abs. 8).

---

[538] *Brings-Wiesen*, in: Spindler/Schuster, Recht der elektronischen Medien, Allg. B., Rn. 138.

[539] *Oster/Wagner*, in: Dauses/Ludwigs, EU-WirtschaftsR-HdB, E.V., Rn. 76.

[540] Hierzu bereits unter D. I., S. 108 f.

[541] *Holznagel/Hartmann*, in: HSH/MultimediaR-HdB, Teil 3, Rn. 65.

E. Ausnahmen von der Anwendung des Sendestaatprinzips der AVMD-RL

Zunächst ist festzustellen, dass sich auch die Ausnahmen von der Anwendung des Herkunftslandprinzips in der ECRL und AVMD-RL inhaltlich unterscheiden. So enthält die AVMD-RL keine zu Art. 3 Abs. 3 ECRL vergleichbare Regelung für Bereichsausnahmen, in denen das Herkunftslandprinzip von vornherein nicht zur Anwendung kommt. Vielmehr sind in Art. 3 Abs. 2–5 AVMD-RL lediglich Einzelfallausnahmen vorgesehen, soweit die dortigen materiellen Voraussetzungen erfüllt und das Konsultations- und Notifizierungsverfahren eingehalten ist. Ferner kann gem. Art. 4 Abs. 2–5 AVMD-RL ausnahmsweise das Herkunftslandprinzip durchbrochen werden, um Missbrauchsfällen durch gezielte Sitzverlagerungen eines Anbieters zu begegnen. Ein Äquivalent zu letzterer Missbrauchskonstellation findet sich in Art. 3 ECRL jedoch nicht. Gleichwohl erlaubt das Sendestaatprinzip wie das Herkunftslandprinzip der ECRL im koordinierten Bereich keine abstrakt-generellen Regelungen in Bezug auf Anbieter audiovisueller Mediendienste mit Niederlassung in einem anderen Mitgliedstaat, sofern diese Regelungen in ihrer Anwendbarkeit die Weiterverbreitung der Dienste behindert. Dies gilt im Übrigen entsprechend für abstrakt-generelle Maßnahmen ggü. Video-Sharing-Diensten, für die über die Verweisung des Art. 28a Abs. 5 AVMD-RL das in Kap. 2 VIII. 6. Gesagte zutrifft.[542]

I. Einzelfallausnahmen nach Art. 3 Abs. 2–5 AVMD-RL

Gem. Art. 3 Abs. 2 AVMD-RL kann der Mitgliedstaat vorübergehend vom Herkunftslandprinzip abweichen, wenn der Diensteanbieter wiederholt in offensichtlicher, ernster und schwerwiegender Weise zu Hass oder Gewalttaten anstachelt (Art. 6 Abs. 1 lit. a) AVMD-RL) oder gegen die Jugendschutzvorschriften des Art. 6a Abs. 1 AVMD-RL verstößt, bspw. wenn das Angebot grundlose Gewalttätigkeiten oder Pornografie enthält. Alternativ sind Einzelfallausnahmen im Falle einer Beeinträchtigung oder ernsthaften und schwerwiegenden Gefahr der Beeinträchtigung der öffentlichen Gesundheit durch den Mediendiensteanbieter möglich. Erforderlich ist hier, dass der Anbieter mind. zweimal einen oder mehrere Verstöße i. S. d. Art. 3 Abs. 2 UAbs. 1 AVMD-RL innerhalb der letzten 12 Monate begangen hat. Zudem ist das in Art. 3 Abs. 2 UAbs. 2 lit. b)–d) AVMD-RL geregelte Notifizierungs- und Konsultationsverfahren einzuhalten. So hat der Empfangsmitgliedstaat den Herkunftsmitgliedstaat des Anbieters und die KOM schriftlich über Verstöße sowie zu ergreifende Maßnahmen im Falle eines erneuten Verstoßes zu informieren, wobei die Konsultation zwischen den Mitgliedstaaten innerhalb eines

---

[542] *Liesching*, Herkunftslandprinzip der ECRL und die deutsche Medienregulierung, S. 24, 40; *ders.*, MMR-Beil. 2020, 3 (13).

Monats nach Mitteilung an die KOM erfolglos geblieben sein muss. Dem betreffenden Mediendiensteanbieter muss dabei die Möglichkeit zur Stellungnahme eingeräumt werden.

Ein beschleunigtes Notifizierungs- und Konsultationsverfahren ist für Einzelfallausnahmen i. S. d. Art. 3 Abs. 3 AVMD-RL vorgesehen, soweit der Diensteanbieter in offensichtlicher, ernster und schwerwiegender Weise zur Begehung einer terroristischen Straftat auffordert (Art. 6 Abs. 1 lit. b) AVMD-RL) oder eine Beeinträchtigung bzw. ernsthafte und schwerwiegende Gefahr der Beeinträchtigung für die öffentliche Sicherheit sowie die Wahrung nationaler Sicherheits- und Verteidigungsinteressen darstellt. Gem. Art. 3 UAbs. 3 lit. a) AVMD-RL muss der Verstoß mind. einmal begangen worden sein. Wie in Abs. 2 hat der handelnde Mitgliedstaat den Herkunftsmitgliedstaat und die KOM schriftlich über den Verstoß und geplante Maßnahmen zu informieren, unter Berücksichtigung des rechtlichen Gehörs des Anbieters. In dringenden Fällen können die Mitgliedstaaten von Abs. 3 lit. a) und b) abweichen. In diesem Fall werden die getroffenen Maßnahmen unter Angabe der Dringlichkeitsgründe schnellstmöglich der KOM und dem Herkunftsmitgliedstaat mitgeteilt.

Die Möglichkeit einer Ausnahme von der Anwendbarkeit des Sendestaatprinzips nach den Art. 3 Abs. 2 und 3 AVMD-RL ist restriktiv auszulegen und stets einzelfallbezogen zu prüfen. Dies ergibt sich bereits aus dem Wortlaut der Art. 3 Abs. 2, 3 und Art. 4 Abs. 2–5 AVMD-RL, welche jeweils an konkret vorliegende Verstöße gegen inhaltliche Bestimmungen der AVMD-RL anknüpfen bzw. im Missbrauchsfall den Nachweis einer gezielten Umgehung von Empfangsstaatvorschriften durch die Wahl des Niederlassungsortes voraussetzen.[543] Zudem sind Ausnahmen nur möglich, soweit das Konsultationsverfahren zwischen den Mitgliedstaaten gescheitert ist (vgl. Art. 3 Abs. 3 UAbs. 1 lit. a) AVMD-RL). Gegen nationale Regelungen innerhalb des koordinierten Bereichs der AVMD-RL, welche abstraktgenerell für sämtliche Anbieter audiovisueller Mediendienste mit Niederlassungen in anderen EU-Mitgliedstaaten gelten sollen, spricht auch der Telos der Ausnahmetatbestände. Immerhin könne dies die „Rechtssicherheit für die Informationstechnologien sowie die Unternehmen und Dienste im Bereich der Medien“ sowie „die Förderung einer starken, wettbewerbsfähigen und integrierten europäischen audiovisuellen Industrie“ gefährden, wenn audiovisuelle Mediendienste über die Bestimmungen ihres Sitzlandes hinaus einer Vielzahl weiterer und strengerer Regelungen ausgesetzt wären.[544] Soweit der intersystematische Gleichlauf des Herkunftslandprinzips und Sendestaatprinzips auch im Hinblick auf deren Ausnahmetatbestände befürwortet wird, dürfte sich die in Bezug auf die Einzelfallausnahmen der ECRL ergangene EuGH-Rspr. hier entsprechend auf die AVMD-RL übertragen lassen.

---

[543] So auch *Liesching*, MMR-Beil. 2020, 3 (13).

[544] So auch *Liesching*, MMR-Beil. 2020, 3 (14).

II. Missbräuchliche Empfangsstaatausrichtung, Art. 4 Abs. 2–5 AVMD-RL

Grds. sind die Mitgliedstaaten nach Art. 4 Abs. 1 AVMD-RL ermächtigt, Mediendiensteanbietern, die ihrer Rechtshoheit unterworfen sind, ausführlicheren oder strengeren Bestimmungen im koordinierten Bereich zu unterwerfen, sofern diese Vorschriften im Einklang mit sonstigem Unionsrecht, insb. Grundrechten und -freiheiten stehen.[545] Sofern ein Mitgliedstaat dieses Recht in Anspruch genommen hat, regelt Art. 4 Abs. 2–5 AVMD-RL unter welchen Bedingungen der Mitgliedstaat die Einhaltung der strengeren Bestimmungen im Einzelfall auch von Anbietern verlangen kann, die der Rechtshoheit anderer Mitgliedstaaten unterliegen.[546] Stellt daher ein Mitgliedstaat fest, dass ein der Rechtshoheit eines Mitgliedstaats unterworfener Mediendiensteanbieter einen audiovisuellen Mediendienst erbringt, der ganz oder vorwiegend auf sein Hoheitsgebiet ausgerichtet ist, sollen beide Mitgliedstaaten zunächst i.R.e. Konsultationsverfahrens eine gemeinsame Lösung finden. Die einzelnen Verfahrensschritte sind in Art. 4 Abs. 2 UAbs. 1 und 2 AVMD-RL geregelt.

Der ersuchende Empfangsmitgliedstaat kann unter den Voraussetzungen der Abs. 3–5 grenzüberschreitende Einzelfallmaßnahmen ggü. ausländischen Anbietern ergreifen, sofern er „zu dem Schluss gelangt, dass die durch Anwendung des Abs. 2 erzielten Ergebnisse nicht zufriedenstellend sind, und Belege dafür vorgelegt hat, dass der betreffende Mediendiensteanbieter sich in dem Mitgliedstaat, dessen Rechtshoheit er unterworfen ist, niedergelassen hat, um die in den von dieser Richtlinie koordinierten Bereichen geltenden strengeren Bestimmungen zu umgehen“. Anhand des Nachweises muss sich jedoch eine solche missbräuchliche Umgehung feststellen lassen, wohingegen die Absicht des Mediendiensteanbieters nicht belegt werden muss.[547] In formeller Hinsicht hat ein Mitgliedstaat die KOM und den Mitgliedstaat der Niederlassung über die zu ergreifenden Maßnahmen unter Darlegung jener Gründe zu informieren, auf die sich seine Beurteilung stützt. In diesem Zusammenhang ist der betroffenen Diensteanbieter ebenfalls anzuhören (Art. 4 Abs. 4 AVMD-RL).

Der Ausnahmetatbestand von der Anwendung des Sendestaatprinzips nach Art. 4 Abs. 2–5 AVMD-RL ist restriktiv auszulegen und soll nicht durch anderweitige EuGH-Rspr. unterlaufen werden können, die vor Erlass der Konkretisierungen der AVMD-RL ergangen ist.[548] So hat der EuGH das Vorliegen einer missbräuchlichen Empfangsstaatausrichtung durch einen audiovisuellen Medien-

---

[545] *Brings-Wiesen*, in: Spindler/Schuster, Recht der elektronischen Medien, Allg. B., Rn. 109.

[546] *Brings-Wiesen*, in: Spindler/Schuster, Recht der elektronischen Medien, Allg. B., Rn. 109.

[547] *Liesching*, MMR-Beil. 2020, 3 (10 f.).

[548] *Liesching*, MMR-Beil. 2020, 3 (12).

dienst i. S. d. Art. 4 Abs. 3 AVMD-RL bisher dann angenommen, wenn die Niederlassung eines Dienstes in einem bestimmten Mitgliedstaat nur erfolgt ist „um es dieser Anstalt zu ermöglichen, sich den Regelungen zu entziehen, die auf sie anwendbar wären, wenn sie im Gebiet des ersten Staates niedergelassen wäre".[549] Hierbei ist jedoch nicht ausreichend, dass sich die Angebotsinhalte auch auf das Empfangsland beziehen. Vielmehr müssen daher die Sendungen ganz oder größtenteils auf das Gebiet des anderen Mitgliedstaates ausgerichtet sein – die Niederlassung also „gerade zum Zwecke der Umgehung strengerer Bestimmungen im mitteilenden Mitgliedstaat erfolgt" sein.[550] ErwG 42 AVMD-RL a. F. verdeutlicht hier eine stets einzelfallbezogene Beurteilung. Indikatoren für das Vorliegen eines Missbrauchsfalls können bspw. die „Herkunft der Fernsehwerbe- und/oder Abonnementeinnahmen, die Hauptsprache des Dienstes oder das Vorhandensein von Sendungen und kommerzieller Kommunikation, die sich spezifisch an die Öffentlichkeit des Empfängerstaats richten"[551], sein.

F. Übertragbarkeit des ErwG 38 DSA auf das Sendestaatprinzip der AVMD-RL

Soweit sich aus ErwG 38 S. 3 DSA eine Ausnahme von der Anwendung des Herkunftslandprinzips für grenzüberschreitende Anordnungen ggü. Vermittlungsdiensten zum Vorgehen gegen rechtwidrige Inhalte i. S. d. Art. 9 DSA bzw. Auskunftsanordnungen nach Art. 10 DSA ergeben soll, wirft dies aufgrund des beabsichtigten Gleichlaufs der Ausnahmetatbestände in der ECRL und AVMD-RL die Frage nach einer Übertragbarkeit des ErwG 38 S. 3 DSA auf das Sendestaatprinzip des Art. 3 AVMD-RL für audiovisuelle Mediendienste auf. Hinsichtlich der Geltung des Ausnahmetatbestands des ErwG 38 S. 3 DSA im Anwendungsbereich des Sendestaatprinzips der AVMD-RL besteht insofern eine Regelungslücke. Infolge der Verweisung des Art. 4 Abs. 7 AVMD-RL würde jedoch die Möglichkeit der Einzelfallausnahme des ErwG 38 S. 3 DSA zumindest für Video-Sharing-Plattformdienste gelten, die als Vermittlungsdienste i. S. d. DSA dem Herkunftslandprinzip des Art. 3 ECRL unterliegen und damit unmittelbare Adressaten der Anordnungen nach Art. 9 und 10 DSA sein können.

Zunächst ist festzustellen, dass sich der Wortlaut des ErwG 38 DSA ausdrücklich nur auf Anordnungen zum Vorgehen gegen rechtswidrige Inhalte und Auskunftsanordnungen ggü. Vermittlungsdiensten sowie das Herkunftslandprinzip des Art. 3 ECRL bezieht. Dies dürfte zunächst vor allem in der Terminologie des DSA

[549] EuGH, Urt. v. 5. 10. 1994 – C-23/93, Rn. 26; *Liesching*, MMR-Beil. 2020, 3 (12).

[550] Europäische Kommission, Beschl. v. 31. 1. 2018, C (2018) 532 final, S. 5, Rn. 24, engl. Version abrufbar unter http://ec.europa.eu/newsroom/dae/document.cfm?doc_id=49644 (zuletzt abgerufen am 8. 5. 2025); *Liesching*, MMR-Beil. 2020, 3 (12).

[551] ErwG 42 AVMD-RL a. F.

begründet sein, da die formellen und prozeduralen Voraussetzungen für Anordnungen nach Art. 9 und 10 DSA spezifisch auf die Tätigkeit des Diensteanbieters der „Vermittlung“ und die damit verbundene Haftung für fremde (Nutzer-)Inhalte ausgerichtet sind. Deutlich wird dies insb. bei den formellen Verfahrensanforderungen der Art. 9 und 10 DSA, die speziell ggü. den betroffenen Nutzern zu wahren sind (bspw. die Mitteilungspflicht über die Anordnung sowie deren Ausführung, Begründungspflicht sowie Rechtsbehelfsbelehrung). Gegenständlich sind in den Anordnungen entweder rechtswidrige Inhalte, die von Nutzern des Vermittlungsdienstes veröffentlicht wurden oder Auskunftsverlangen über bestimmte Nutzerdaten. Lineare und nichtlineare audiovisuelle Mediendienste unterscheiden sich jedoch von Vermittlungsdiensten funktional/strukturell wesentlich dadurch, dass sie die redaktionelle Verantwortung hinsichtlich der Zusammenstellung von Sendungen und deren Bereitstellung anhand eines Sendeplans oder eines Kataloges innehaben. Mithin werden über audiovisuelle Mediendienste (mit Ausnahme von Video-Sharing-Diensten) keine Nutzerinhalte verbreitet, sondern solche Inhalte, die redaktionell vom Anbieter selektiert werden (sodass die redaktionelle Verantwortung nicht bei einem Dritten liegt).[552]

Inwiefern die Wertung des ErwG 38 DSA i.V.m. den Art. 9, 10 DSA auf die Ausnahmetatbestände des Sendestaatprinzips der AVMD-RL für audiovisuelle Mediendienste zu übertragen ist, richtet sich im Wesentlichen nach dem Sinn und Zweck der jeweiligen Vorschriften. Mit den Regelungen der Art. 9 und 10 DSA bezweckt der EU-Gesetzgeber die Harmonisierung eines rechtlichen Rahmens im Hinblick auf Verfahrensanforderungen zur Durchsetzung von (grenzüberschreitenden) Anordnungen ggü. ausländischen Vermittlungsdiensten. Wenn daher ein Intermediär für einen rechtswidrigen Drittinhalt nach dem nationalem Recht der Mitgliedstaaten haftet (Art. 9 DSA) oder eine nationale Anspruchsgrundlage zur Auskunft über bestimmte Informationen eines oder mehrerer Nutzer besteht (Art. 10 DSA), soll die Durchsetzung von Anordnungen zur Löschung bzw. Sperrung rechtswidriger Inhalte bzw. Auskunftsanordnungen nach ErwG 31 DSA jedenfalls nur unter Einhaltung der spezifischen Mindestbedingungen der Art. 9 und 10 DSA erfolgen können. Der Erlass sowie die Durchsetzung grenzüberschreitender Anordnungen ist jedoch problematisch, weil sich die nationalen Rechtsvorschiften, nach denen die Anordnungen erlassen werden, erheblich unterscheiden und gleichzeitig die wirksame und effiziente Befolgung der Anordnung im grenzüberschreitenden Kontext sicherzustellen ist.[553] Insofern sind daher gewisse formale Rahmenbedingungen unabdingbar.

Wie bereits in Kap. 2 H. II. dargestellt, dürfte sich der Sinn und Zweck des ErwG 38 DSA aber auch darin erschöpfen, dass grenzüberschreitende Anordnungen basierend auf nationalen Haftungsvorschriften von der Anwendung des Her-

---

[552] *Brings-Wiesen*, in: Spindler/Schuster, Recht der elektronischen Medien, Allg. B., Rn. 94.

[553] *Hofmann*, in: NK-DSA, Art. 9, Rn. 5 ff.

kunftslandprinzips ausgenommen sein sollen, um den Mitgliedstaaten die Regulierung und Rechtsdurchsetzung von nationalem Recht in nichtharmonisierten Rechtsbereichen der ECRL und dem DSA bzw. anderweitigem Unionsrecht zu ermöglichen. Da auch das Richtlinienrecht der AVMD-RL das Angebot audiovisueller Mediendienste lediglich mindest- und nicht abschließend harmonisiert, erscheint es rechtlich konsequent, die Wertung des ErwG 38 DSA auf die Auslegung der Reichweite der Anwendbarkeit des Sendestaatprinzips entsprechend zu übertragen. Gleichwohl ist anzuerkennen, dass aufgrund des engeren Verständnis des „koordinierten" Bereichs der AVMD-RL und der geringeren Reichweite des Sendestaatprinzips auch bisher bereits grenzüberschreitende Maßnahmen der Empfangsstaaten im nichtharmonisierten Bereich der AVMD-RL ggü. audiovisuellen Mediendiensten möglich waren (weil diese nicht vom koordinierten Bereich erfasst waren und insofern die Anwendung des Sendestaatprinzips nicht in Betracht kam). In diesem Zusammenhang waren auch keine Konsultations- oder Notifizierungsverfahren vor der Ergreifung solcher Maßnahmen zu beachten. Folglich bekräftigt ErwG 38 DSA daher auch das enge Verständnis des „koordinierten" Bereichs der AVMD-RL, die bisherige Auslegung der Reichweite des Sendestaatprinzips und den damit bestehenden Spielraum der Empfangsstaaten zur Regulierung und Durchsetzung nationalen Rechts ggü. audiovisuellen Mediendiensteanbieter im nicht europaweit harmonisieren Bereich.

G. Ergebnis

Die AVMD-RL erweitert in materieller Hinsicht den koordinierten Bereich für Video-Sharing-Dienste, wobei die Vorschriften infolge der Rechtshoheitsverweisung des Art. 28a Abs. 5 AVMD-RL der Geltung des Herkunftslandprinzips sowie den dortigen Ausnahmetatbeständen des Art. 3 Abs. 3 bzw. 4 bis 6 ECRL unterliegen. Davon abweichend gilt für audiovisuelle Mediendienste i. S. d. Art. 1 Abs. 1 lit. a) AVMD-RL das Sendestaatprinzip des Art. 3 AVMD-RL, welches abweichend zur ECRL ausdrücklich auch Einzelfallausnahmen nach Art. 4 Abs. 2 bis 5 AVMD-RL bei missbräuchlicher Empfangsstaatausrichtung vorsieht. Die AVMD-RL betrifft materiell eine Schnittmenge an umsetzungsbedürftigem Richtlinienrecht sowohl für audiovisuelle Mediendienste als auch Video-Sharing-Plattform-Dienste. Dabei gelten für nationale Umsetzungsvorschriften sowie eine weitergehende Regulierung durch die Bestimmungs- bzw. Empfangsstaaten jedoch unterschiedliche Voraussetzungen infolge des fehlenden Gleichlaufs im Hinblick auf den Geltungsbereich des Herkunfts- und Sendestaatprinzips. In territorialer Hinsicht knüpft der Anwendungsbereich der AVMD-RL ähnlich wie die ECRL an den Niederlassungsort des jeweiligen Diensteanbieters an. Bei Video-Sharing-Diensten genügt bereits eine Niederlassung eines Tochter- oder Mutterunternehmens in einem Mitgliedstaat (um die Anwendbarkeit zu begründen, auch wenn der Diensteanbieter selbst in einem Drittstaat niedergelassen ist).

Nach hier vertretener Ansicht bezweckt ErwG 38 DSA, dass grenzüberschreitende Anordnungen basierend auf nationalen Haftungsvorschriften für Vermittlungsdienste auszunehmen sind, um den Mitgliedstaaten die Regulierung (in Form von abstrakt-generellen Maßnahmen ggü. Vermittlungsdiensten) und Rechtsdurchsetzung in nichtharmonisierten Rechtsbereichen der ECRL, dem DSA oder anderweitigem Unionsrecht zu ermöglichen. Da auch die AVMD-RL lediglich mindestharmonisierend das Angebot audiovisueller Mediendienste reguliert, erscheint es konsequent, die Wertung des ErwG 38 DSA auf die Auslegung der Reichweite zur Anwendbarkeit des Sendestaatsprinzips zu übertragen. Gleichwohl waren aufgrund des engeren Verständnisses des „koordinierten Bereichs" der AVMD-RL und der dadurch geringeren Reichweite des Sendestaatprinzips (im Vergleich zum Herkunftslandprinzip nach der ECRL) auch bisher grenzüberschreitende Maßnahmen der Empfangsstaaten im nichtharmonisierten Bereich der AVMD-RL zulässig (da insofern das Sendestaatprinzip von vornherein keine Anwendung gefunden hat). Für diese Maßnahmen galten daher auch nicht die Konsultations- und Notifizierungsverfahren vor der Ergreifung solcher Maßnahmen. Mithin stärkt ErwG 38 DSA das enge Verständnis des „koordinierten Bereichs" der AVMD-RL, die bisherige Auslegung des Sendestaatprinzips und den damit bestehenden Spielraum der Empfangsstaaten zur Regulierung und Durchsetzung nationalen Rechts ggü. audiovisuellen Mediendiensten im nichtharmonisierten Rechtsbereich der AVMD-RL.

Kapitel 4

Auswirkungen auf die Regulierung von Medienintermediären in Deutschland

Ob nationale Regelungen zur Medienregulierung, die sich auch an Diensteanbieter mit Sitz in einem anderen Mitgliedstaat richten, zulässig sind, richtet sich nach dem oben Ausgeführten danach, (i) ob sie im unmittelbaren Anwendungsbereich des DSA liegen, (ii) ob es sich um eine Vorschrift zur Umsetzung einer Richtlinie (etwa der ECRL oder AVMD-RL) handelt oder (iii) ob sie einen Bereich betreffen, der durch Unionsrecht (weder durch den DSA noch ECRL oder AVMD-RL[554]) nicht harmonisiert ist. Mithin sind die nationalen Vorschriften grds. im Einzelfall auf ihre Vereinbarkeit mit dem Herkunftslandprinzip zu prüfen. Regulatorisch überschneiden sich ECRL, AVMD-RL und DSA im Bereich der Dienste der Informationsgesellschaft, die „Vermittlungsleistungen" i. S. d. Art. 3 lit. g) DSA anbieten. Der Begriff des „Vermittlungsdienstes" überschneidet sich wiederum mit dem Begriff des „Medienintermediärs" des MStV, ohne jedoch identisch zu sein. Während die Begriffsbestimmung des DSA auch Online-Plattformdienste erfasst, ist das Angebot eines Medienintermediärs im MStV von „Benutzeroberflächen" und „Medienplattformen" abzugrenzen. Gemein ist Vermittlungsdiensten nach dem DSA und Medienintermediären des MStV jedoch deren „Mittlerrolle", da sie als Bindeglied eine Vermittlungsposition zwischen den Anbietern von digitalen Inhalten und Nutzern einnehmen.[555]

Im Folgenden werden einzelne Regelungen des NetzDG, MStV, JMStV und JuSchG betrachtet, die sich an „Medienintermediäre" richten und auf deren Vereinbarkeit mit dem DSA sowie dem Herkunftslandprinzip geprüft. Ferner soll das am 14. 5. 2024 in Kraft getretene DDG zur Durchsetzung des DSA und P2B-VO[556] beleuchtet werden, welches das Herkunftsland- und Sendestaatprinzip der ECRL und AVMD-RL künftig in § 3 DDG (bisher § 3 TMG) umsetzt und zugleich das

---

[554] Anderweitiges Sekundärrecht bleibt hier der Übersichtlichkeit halber größtenteils außer Betracht.

[555] *Zimmer/Liebermann*, in: Gersdorf/Paal, InfoMedienR, § 91 MStV, Rn. 2; zu den Schwierigkeiten der Regulierung von Vermittlungsdiensten vgl. *Hofmann*, in: NK-DSA, Art. 3, Rn. 46 ff.

[556] Verordnung (EU) 2019/1150 des Europäischen Parlaments und des Rates vom 20. Juni 2019 zur Förderung von Fairness und Transparenz für gewerbliche Nutzer von Online-Vermittlungsdiensten.

TMG vollständig sowie das bisherige NetzDG jedenfalls teilweise ablöst.[557] Die Regelung des § 3 DDG wird vor dem Hintergrund der vorherigen Erwägungen zum Herkunftsland- und Sendestaatprinzip in Kap. 2 und 3 analysiert.

A. DDG

Das DDG dient der nationalen Durchführung des DSA sowie der P2B-VO.[558] Geschaffen werden sollte damit ein mitgliedstaatlicher Rechtsrahmen für die behördliche Überwachung der Einhaltung der DSA-Vorgaben durch Anbieter von Vermittlungsdiensten.[559] In erster Linie regelt das DDG mithin die jeweiligen Zuständigkeiten nationaler Behörden (Art. 49 Abs. 1, 2 DSA), deren Ermittlungsbefugnisse und Eingriffsmaßnahmen (Art. 51 Abs. 6 DSA) sowie Festbeträge für Buß- und Zwangsgelder, die im Einklang mit den in Art. 52 Abs. 3 DSA vorgesehenen Höchstgrenzen stehen. Gem. § 12 Abs. 1 DDG wird dabei die Bundesnetzagentur (BNetzA) als nationaler DSC benannt. Im Bereich des Jugendmedienschutzes sind aufgrund der gegenwärtigen Kompetenzverteilung[560] neben der Bundeszentrale für Kinder- und Jugendmedienschutz (BzKJ) mehrere Landesbehörden nach dem DDG zuständig (§ 12 Abs. 2 DDG). Letztere sind für konkrete Einzelmaßnahmen nach dem JMStV verantwortlich.[561] Das Bundeskriminalamt (BKA) ist als Zentralstelle für Meldungen nach Art. 18 DSA benannt (§ 13 DDG).[562] Die Befugnisse der zuständigen Behörden finden sich in den §§ 24–27 DDG (Ermittlungsmaßnahmen, Auskunftsverlagen und Beschlagnahmerechte); umfassende Bußgeldvorschriften für verschiedene Verstöße gegen das DDG, die P2B-VO sowie den DSA regelt § 33 DDG.[563]

Im Übrigen ersetzt das DDG infolge der vollständigen Harmonisierung des Regulierungsrahmens für digitale Dienste das bisherige TMG, wobei auch das NetzDG weitgehend außer Kraft getreten ist (Art. 29, 36, 37 DDG).[564] Dennoch wurden die Regelungen des TMG in den §§ 1–11 DDG nahezu unverändert über-

---

[557] Art. 1 Gesetz zur Durchführung der VO (EU) 2022/2065, BGBl. 2024 I Nr. 149.

[558] Art. 29, 36, 37 DDG.

[559] BR-Drs. 676/23, S. 2; BMDV, Bundesregierung verabschiedet Digitale-Dienste-Gesetz, Pressemitteilung 120/2023 vom 20. 12. 2023, abrufbar unter https://bmdv.bund.de/SharedDocs/DE/Pressemitteilungen/2023/120-wissing-digitale-dienste-gesetz.html (zuletzt abgerufen am 2. 5. 2025).

[560] S. dazu C. II., S. 147 f.

[561] *Jungbluth/Engel*, CR 2024, 401 (402 f.); laut dem 5. MÄStV sollen die Landesmedienanstalten als zuständige Stellen nach dem DDG benannt werden, § 111 Abs. 3 MStV-E, vgl. NW LT-Drs. 18/8498, S. 5 f.

[562] *Jungbluth/Engel*, CR 2024, 401 (403).

[563] *Büttel*, jurisPR-ITR 11/2024 Anm. 2 IV.; *Jungbluth/Engel*, CR 2024, 401 (404 ff.).

[564] Zu den fortgeltenden Vorschriften des NetzDG s. sogleich unter II., S. 126.

nommen, um die nationale Umsetzung der fortgeltenden ECRL und AVMD-RL zu gewährleisten.[565] Dies betrifft neben dem Herkunftslandprinzip (§ 3 DDG) u. a. auch die Zulassungsfreiheit (§ 4 DDG) und Impressumspflichten (§§ 5, 6 DDG). Neu eingeführt wurde in § 1 Abs. 4 Nr. 1 DDG die Terminologie der „digitalen Dienste", während der Begriff der „Telemedien" zumindest im DDG aufgegeben wurde. Begründet wurde dies damit, dass der Telemedienbegriff rein national vorgeprägt und dem Unionsrecht, insb. dem DSA fremd ist.[566] Bisher bestand mit § 1 Abs. 1 S. 2 TMG eine überschießende Umsetzung der ECRL, da das TMG auch unabhängig von einer entgeltlichen Nutzung des Dienstes Anwendung fand.[567] Als „digitale Dienste" i. S. d. § 1 Abs. 4 Nr. 1 DDG gelten „Dienste der Informationsgesellschaft" also jeder i. d. R. gegen Entgelt elektronisch im Fernabsatz und auf individuellen Abruf des Empfängers erbrachte Dienst (vgl. Art. 1 Abs. 1 lit. b) Info-RL). Hingegen wurden in § 1 Abs. 4 Nr. 4–9 DDG im Wesentlichen die Definitionen der AVMD-RL bzgl. der audiovisuellen Mediendienste und Videosharing-Plattformdienste aus § 2 Nr. 6–11 TMG übernommen.[568]

Der räumliche Anwendungsbereich des DDG ergibt sich aus § 2, der die bisherige Regelung zum „Europäischen Sitzland" des § 2a TMG fortführt.[569] Anknüpfungspunkt für die Anwendbarkeit des DDG ist hier in Umsetzung des Art. 2 ECRL die Niederlassung im Hoheitsgebiet eines EU-Mitgliedstaats. Abweichend davon bestimmt § 2 Abs. 2, 3 DDG das Sitzland für audiovisuelle Mediendienste, welches die Rechtshoheit über den jeweiligen Diensteanbieter innehat. Die spezifischen Vorgaben des Art. 28a Abs. 2–4 AVMD-RL für Videosharing-Plattformdienste sind in § 2 Abs. 4–7 DDG umgesetzt.[570] Darüber hinaus wird das Herkunftsland- bzw. Sendestaatprinzip der ECRL und AVMD-RL in § 3 DDG übernommen, der im parlamentarischen Verfahren zuletzt nochmals infolge des ErwG 38 DSA geändert wurde.[571] Im Folgenden sollen die Unterschiede und Neuerungen der Regelung des § 3 DDG im Vergleich zu den unionsrechtlichen Vorgaben der Art. 3 ECRL und Art. 3, 4 AVMD-RL untersucht werden.

---

[565] *Jungbluth/Engel*, CR 2024, 401 (404).

[566] *Jungbluth/Engel*, CR 2024, 401 (404); demgegenüber wird der Begriff des Telemediums teilweise im 5. MÄStV zur Änderung des MStV und JMStV weiterverwendet, s. dazu D., S. 159 f.

[567] Überschießende Umsetzung der ECRL soll mit der Anpassung der Terminologie beseitigt werden, vgl. BT-Drs. 20/10031, S. 66; *Spindler*, CR 2023, 602 (603).

[568] *Spindler*, CR 2023, 602 (603); BT-Drs. 20/10031, S. 67 f.

[569] BT-Drs. 20/10031, S. 68.

[570] *Weller*, in: Gersdorf/Paal, InfoMedienR, § 2a TMG, Rn. 17.

[571] *Jungbluth/Engel*, CR 2024, 401 (405).

I. Herkunftslandprinzip, § 3 DDG

Das in § 3 DDG normierte Herkunftslandprinzip führt die bisherige Regelung des § 3 TMG im Wesentlichen fort, allerdings wurde diese redaktionell an das DDG angepasst und die Verweise auf europäische und nationale Gesetzgebung aktualisiert.[572] § 3 DDG vereint die Grundsätze des nach Art. 3 Abs. 1 und 2 geltenden Herkunftslandprinzips der ECRL mit dem Sendestaatprinzip des Art. 3 AVMD-RL und den jeweiligen Ausnahmetatbeständen.[573] Die grundsätzliche Beachtung des Herkunftsland- bzw. Sendestaatprinzips ist in § 3 Abs. 2 DDG geregelt. Daneben sind in § 3 Abs. 3 und 4 DDG die abstrakt-generellen (Bereichs-)Ausnahmen von der Anwendung des Herkunftslandprinzips der ECRL umgesetzt, wobei hier auch eine Umsetzung des Art. 1 Abs. 5 ECRL integriert ist.[574] Die jeweiligen Einzelfallausnahmen sind für die ECRL in § 3 Abs. 5 DDG und die AVMD-RL in § 3 Abs. 6 DDG geregelt.

Der Wortlaut der Regelung des § 3 Abs. 2 DDG unterscheidet sich jedoch von den unionsrechtlichen Regelungen bzgl. deren Bezug zur Geltung des Herkunftsland-/Sendestaatprinzips in den jeweiligen koordinierten Bereichen der Richtlinien. In § 3 Abs. 2 DDG heißt es, dass „der freie Verkehr von digitalen Diensten, die innerhalb des Geltungsbereichs der ECRL und AVMD-RL in Deutschland niedergelassen sind, geschäftsmäßig angeboten oder verbreitet werden, vorbehaltlich der Abs. 5 bis 7 nicht eingeschränkt [wird]." Dies ist insofern missverständlich, da sich der koordinierte Bereich der ECRL nicht mit deren Geltungsbereich deckt (Art. 2 lit. h) ii) ECRL). Aufgrund des Verweises auf die Geltungsbereiche der ECRL und AVMD-RL ergeben sich in der Auslegung dennoch keine Abweichungen.[575] Hingegen wurde die noch in § 3 Abs. 2 TMG enthaltene Abweichung des Wortlauts hinsichtlich eines Verbots des „Dienstleistungsverkehrs von Telemedien" ggü. dem Verbot des „freien Verkehrs von Diensten der Informationsgesellschaft" (Art. 3 Abs. 2 ECRL)[576] mittlerweile angeglichen.

Im Hinblick auf die Umsetzung der AVMD-RL und deren Sendestaatprinzip fehlt jedoch in § 3 DDG eine vergleichbare Kollisionsregelung zu Art. 4 Abs. 7 AVMD-RL. Inwiefern für Video-Sharing-Diensteanbieter die Regelungen des Herkunftslandprinzips des Art. 3 ECRL bzw. § 3 DDG, insb. der Ausnahmetatbestände des § 3 Abs. 3 bis 5 und 7 DDG, gelten, wird aus dem Wortlaut der Regelungen nicht deutlich. Terminologisch wird in den Ausnahmetatbeständen des § 3 Abs. 3 bis 7 DDG zwischen dem „Angebot von digitalen Diensten" und dem „An-

[572] BT-Drs. 20/10031, S. 68.

[573] *Weller*, in: Gersdorf/Paal, InfoMedienR, § 3 TMG, Rn. 1.

[574] *Nordmeier*, in: Spindler/Schuster, Recht der elektronischen Medien, § 3 TMG, Rn. 18.

[575] *Liesching*, Herkunftslandprinzip der ECRL und die deutsche Medienregulierung, S. 50; *Spindler*, in: Spindler/Schmitz, TMG, § 3 TMG, Rn. 11 f.; *Weller*, in: Gersdorf/Paal, InfoMedienR, § 3 TMG, Rn. 4.

[576] *Liesching*, Herkunftslandprinzip der ECRL und die deutsche Medienregulierung, S. 50.

gebot von audiovisuellen Mediendiensten" unterschieden, wobei jedoch keine Klarstellung erfolgt, welche der jeweiligen Ausnahmetatbestände auf Video-Sharing-Plattformdienste i. S. d. § 1 Abs. 4 Nr. 8 DDG Anwendung finden sollen.

Mehrere Abweichungen in der nationalen Umsetzungsvorschrift des § 3 DDG zu den unionsrechtlichen Vorgaben finden sich bei den möglichen Einzelfallausnahmen von der Anwendung des Herkunftsland-/Sendestaatprinzips. Dies betrifft insb. die Regelung des § 3 Abs. 5 DDG. Zwar wurde die bisherige Wortlautabweichung des § 3 Abs. 5 S. 1 TMG, wonach ein „Unterliegen" des ausländischen Diensteanbieters bzgl. der „Einschränkungen des innerstaatlichen Rechts" geregelt war[577], dem Wortlaut der Vorgabe des Art. 3 Abs. 4 ECRL angenähert. Danach heißt es in § 3 Abs. 5 S. 1 DDG nunmehr, dass das Angebot von digitalen Diensten „durch Maßnahmen auf der Grundlage des deutschen Rechts eingeschränkt werden [darf]". Eine Klarstellung, dass Art. 3 Abs. 4 ECRL keine abstrakt-generellen Ausnahmen ggü. einer bestimmten Kategorie von Diensteanbietern erlaubt, sondern lediglich einzelfallbezogene, auf einen bestimmten Dienst gerichtete Maßnahmen, fehlt jedoch. Insofern hat es der deutsche Gesetzgeber verpasst, die Regelung entsprechend der neuen EuGH Rspr.[578] zu konkretisieren.[579] Hinzu kommt, dass § 3 Abs. 5 Nr. 1 DDG weiterhin nur fordert, dass die Maßnahmen dazu dienen müssen, „folgende Schutzzeile vor Beeinträchtigungen oder ernsthaften und schwerwiegenden Gefahren zu schützen", während Art. 3 Abs. 4 lit. a) ii) ECRL voraussetzt, dass die in Rede stehenden Maßnahmen einen bestimmten Dienst der Informationsgesellschaft betreffen, „der die unter Ziffer i) genannten Schutzziele beeinträchtigt oder eine ernsthafte und schwerwiegende Gefahr der Beeinträchtigung dieser Ziele darstellt".[580] Jedoch lässt sich § 3 Abs. 5 Nr. 1 DDG rechtsmethodisch dahingehend richtlinienkonform auslegen, dass nach dem DDG ebenfalls nur Maßnahmen zulässig sein dürfen, sofern festgestellt wurde, dass ein bestimmter Dienst der Informationsgesellschaft bzw. digitaler Dienst, die genannten Schutzziele beeinträchtigt bzw. eine ernsthafte, schwerwiegende Gefahr einer solchen Beeinträchtigung besteht.[581]

Im Hinblick auf die Umsetzung der Einzelfallausnahmen von der Anwendbarkeit des Sendestaatprinzips für audiovisuelle Mediendienste nach der AVMD-RL ergibt sich aus § 3 Abs. 6 DDG zwar eine Umsetzung der Art. 3 Abs. 2 bis 5 AVMD-RL. Keine Erwähnung findet hier jedoch die (Einzelfall-)Ausnahmemöglichkeit im Falle einer missbräuchlichen Empfangsstaatausrichtung des Art. 4 Abs. 2 bis 5

---

[577] *Liesching*, Herkunftslandprinzip der ECRL und die deutsche Medienregulierung, S. 50.

[578] EuGH, Urt. v. 9.11.2023 – C-376/22 = GRUR-RS 2023, 30964; s. hierzu im Einzelnen s. Kap. 2 H. IV. 2. b), S. 92 ff.

[579] *Spindler*, CR 2023, 602 (604).

[580] So zum § 3 Abs. 5 TMG bereits *Liesching*, Herkunftslandprinzip der ECRL und die deutsche Medienregulierung, S. 52.

[581] *Liesching*, Herkunftslandprinzip der ECRL und die deutsche Medienregulierung, S. 52.

AVMD-RL, obwohl dieser ebenfalls einen zentralen Ausnahmetatbestand vom Sendestaatprinzip bildet.[582]

Neu und erst zuletzt im parlamentarischen Verfahren hinzugefügt wurde § 3 Abs. 7 DDG, wonach das Angebot von digitalen Diensten durch Anordnungen zum Vorgehen gegen rechtswidrige Inhalte nach Art. 9 DSA und zur Bereitstellung von Informationen nach Art. 10 DSA eingeschränkt werden könnten und diese Anforderungen nicht den Voraussetzungen der Abs. 5 und 6 unterlägen.[583] Laut der Gesetzesbegründung sollte „die in ErwG 38 DSA beschriebene Ausnahme [von der Anwendbarkeit des Herkunftslandprinzips] für Anordnungen nach den Art. 9 und 10 des DSA dementsprechend klarstellend in die nationale Umsetzungsnorm aufgenommen werden“[584].

Dabei stützt sich der dt. Gesetzgeber auf die derzeit noch ungeklärte, jedenfalls zweifelhafte Auslegung des ErwG 38 S. 3 DSA, insb. in Bezug auf Art. 3 ECRL. Inwieweit sich der Gesetzgeber hier jedoch mit dem in ErwG 38 DSA bestehenden innersystematischen Konflikt auseinandergesetzt hat, ist nicht ersichtlich.[585] Zudem übersieht hier der Gesetzgeber, dass sich mangels rechtlicher Unverbindlichkeit des ErwG 38 DSA (derzeit) keine Umsetzungspflicht in nationales Recht für die Mitgliedstaaten ergibt. Dies wäre erst dann der Fall, wenn der neue Ausnahmetatbestand entweder in Art. 3 ECRL oder dem verfügenden Teil des DSA aufgenommen wird. Infolgedessen stellt § 3 Abs. 7 DDG eine überschießende Umsetzung der Ausnahmetatbestände von der Anwendung des Herkunftslandprinzip nach Art. 3 ECRL dar. Dies gilt im Übrigen auch, soweit sich der Ausnahmetatbestand des § 3 Abs. 7 DDG auf das Angebot von „digitalen Diensten“ bezieht. Während § 3 Abs. 7 DDG dem Wortlaut nach für Anordnungen nach Art. 9 und 10 DSA ggü. „digitalen Diensten“ i. S. d. § 1 Abs. 4 Nr. 1 DDG (= Dienste der Informationsgesellschaft) gilt, betrifft die Ausnahme des ErwG 38 S. 3 DSA lediglich Vermittlungsdienste i. S. d. Art. 3 lit. g) DSA. Da beide Legaldefinitionen nicht deckungsgleich sind, ist der sachlich-persönliche Anwendungsbereich des Ausnahmetatbestandes des § 3 Abs. 7 DDG materiell-rechtlich weiter als in ErwG 38 S. 3 DSA unionsrechtlich vorgesehen. Ob dies tatsächlich gewollt war, lässt sich bezweifeln. Deutlich wird hier jedoch das Problem der mangelnden Angleichung der Terminologien im nationalen und europäischen Medienrecht, insb. da im DDG mehrere Vorschriften unterschiedlichen Sekundärrechts (DSA einerseits und ECRL/AVMD-RL andererseits) gemeinsam umgesetzt werden.

---

[582] Diese ergibt sich jedoch wohl aus § 2 Abs. 1 S. 2 JMStV, vgl. *Schwartmann*, in: NK-JMStV, § 2, Rn. 2; hingegen nicht aus § 1 Abs. 8 MStV, vgl. *Liesching*, Herkunftslandprinzip der ECRL und die deutsche Medienregulierung, S. 87.

[583] BT-Drs. 20/10755, S. 14.

[584] BT-Drs. 20/10755, S. 14.

[585] *Spindler*, CR 2023, 602 (604); s. dazu Kap. 2 H. II., S. 72 ff.

II. Änderung des NetzDG, Art. 29 DDG

Aufgrund der Überlagerungen der Vorgaben des NetzDG durch den DSA wird das NetzDG weitestgehend aufgehoben.[586] I. R. d. NetzDG bleibt es in Bezug auf den sachlichen Anwendungsbereich bei der enger gefassten Definition der „rechtswidrigen Inhalte" ggü. der weiter gefassten Begrifflichkeit in Art. 3 lit. h) DSA (klarstellend in § 1 Abs. 3; Art. 29 Nr. 1 Buchst. b) DDG).[587] Erhalten bleibt in materieller Hinsicht zudem die Pflicht zur Benennung eines inländischen Zustellungsbevollmächtigten (§ 5 NetzDG), jedoch nur für soziale Netzwerke, die keinen Sitz innerhalb der EU haben.[588] Vorsätzliche und fahrlässige Verstöße gegen die Benennungspflicht des § 5 NetzDG sind gem. § 4 NetzDG bußgeldbewährt (mit einer Geldbuße bis zu 500.000 EUR, vgl. § 4 Abs. 2 NetzDG). Die Überwachung der Einhaltung obliegt dem Bundesamt für Justiz (BfJ; § 4a Abs. 1, § 4 Abs. 4 NetzDG).

1. Inländischer Zustellungsbevollmächtigter, § 5 NetzDG

Die Pflicht zur Benennung eines inländischen Zustellungsbevollmächtigten nach § 5 Abs. 1 NetzDG bleibt für soziale Netzwerke ohne Sitz in der EU erhalten. Normadressaten sind Anbieter sozialer Netzwerke, bei denen nach § 2 DDG kein anderer Mitgliedstaat Sitzland ist oder als solches gilt. Anders als in § 5 NetzDG a. F. gilt diese Vorgabe hingegen nicht mehr für Diensteanbieter, die in der EU niedergelassen sind. „Soziale Netzwerke" sind gem. § 1 Abs. 1 NetzDG solche „Anbieter digitaler Dienste, die mit Gewinnerzielungsabsicht Plattformen im Internet betreiben, die dazu bestimmt sind, dass Nutzer beliebige Inhalte mit anderen Nutzern teilen oder der Öffentlichkeit zugänglich machen".

Nicht erfasst sind hier jedoch Plattformen mit journalistisch-redaktionell gestalteten Angeboten, die vom Diensteanbieter selbst verantwortet werden sowie Plattformen, die zur Individualkommunikation oder zur Verbreitung spezifischer Inhalte bestimmt sind (§ 1 Abs. 1 S. 2, 3 NetzDG). Die Terminologie der „sozialen Netzwerke" ist im nationalen Recht entwickelt worden und NetzDG-spezifisch, obgleich Schnittmengen mit der Begriffsdefinition des Art. 3 lit. i) DSA für Online-Plattformen bestehen.[589] In sachlicher Hinsicht ist der Anwendungsbereich auf Zustellungen in Gerichtsverfahren vor deutschen Gerichten wegen der Verbreitung oder der unbegründeten Annahme der Verbreitung rechtswidriger Inhalte (§ 1 Abs. 3 NetzDG) beschränkt. Dies gilt auch für Schriftstücke, die solche Verfahren

[586] BT-Drs. 20/10031, S. 97.

[587] BT-Drs. 20/10031, S. 97.

[588] BT-Drs. 20/10031, S. 97.

[589] *Hofmann*, in: NK-DSA, Art. 3, Rn. 86 ff.; *Liesching*, in: Spindler/Schmitz, TMG, § 1 NetzDG, Rn. 41.

einleiten, für Zustellungen von gerichtlichen Endentscheidungen sowie Zustellungen im Vollstreckungs- und Vollziehungsverfahren (§ 5 S. 3 NetzDG n. F.).

Eine Anwendbarkeit auf aufsichtsrechtliche Verfahren und Bußgeldverfahren entfällt hingegen, da Art. 13 DSA ein hinreichendes Instrumentarium zur Verfügung stellen würde.[590] In der Gesetzesbegründung zum DDG wird zudem angeführt, dass es infolge der erheblichen Meinungsmacht der sozialen Netzwerke erforderlich sei, zur gerichtlichen Abwehr rechtswidriger Inhalte eine schnelle und praktikable Zustellvariante bereitzustellen, die ein schnelles Einschreiten ermögliche. Die bisherige Praxis des § 5 NetzDG habe sich dabei im Übrigen bewährt und Opfern digitaler Gewalt den Zugang zum Recht erheblich erleichtert, weil Zustellungen in Drittstaaten mehrere Wochen dauern würden.[591]

Geplant ist zudem, dass die Vorgaben zur Benennung eines inländischen Zustellungsbevollmächtigten, die nach Art. 29 DDG im NetzDG verbleiben, auch in ein Gesetz gegen digitale Gewalt (sog. Digitales Gewaltschutzgesetz)[592] übernommen werden sollen. In diesem Zusammenhang soll jedoch nochmals geprüft werden, inwiefern sich diese Regelung auch unter Berücksichtigung der EuGH-Rspr.[593] auf Diensteanbieter mit Sitz in einem europäischen Mitgliedstaat übertragen lässt.[594] Bereits im Gesetzgebungsverfahren zu Art. 29 DDG wurde die Möglichkeit sowie das Bedürfnis diskutiert, eine dem § 5 NetzDG a. F. entsprechende Regelung auch für europäische soziale Netzwerke beizubehalten.[595] Befürchtet werden hier jedoch regulatorische Rückschritte bei gerichtlichen Zustellungen an Plattformbetreiber mit Sitz im EU-Ausland, damit einhergehende Erschwernisse bei der Zustellung von Klagen und längere Verfahrensdauern, da gerade die relevantesten Betreiber (Meta, Google, X oder TikTok) mit Sitz in der EU von der Regelung des § 5 NetzDG n. F. nicht betroffen sind.[596] Die Zustellung erfolgt in diesen Fällen dann über die EuZVO[597], die zwar ggü. internationalen Rechtshilferegelungen in Drittstaaten die Zustellung erleichtert, jedoch ggü. einer Inlandszustellung dennoch mit hohem Aufwand verbunden ist.[598] Dabei wird die Zustellung auch nicht durch § 184 ZPO (gerichtliche Anordnung der Benennung eines inländischen Zustellungsbevollmächtigten) erleichtert, da dieser nur Anwendung bei Zustellungen nach § 183

[590] BT-Drs. 20/10031, S. 97.

[591] BT-Drs. 20/10031, S. 97.

[592] BMJ, Eckpunktepapier zum Gesetz gegen digitale Gewalt vom 12. 4. 2023, S. 6, abrufbar unter https://www.bmj.de/SharedDocs/Downloads/DE/Gesetzgebung/Eckpunkte/Digitale_Gewalt_Eckpunkte.pdf?__blob=publication. F.ile&v=2 (zuletzt abgerufen am 2. 5. 2025).

[593] EuGH, Urt. v. 9. 11. 2023 – C-376/22 = GRUR-RS 2023, 30964.

[594] BT-Drs. 20/10755, S. 7.

[595] BT-Drs. 20/10031, S. 97; BT-Drs. 20/10281, S. 9 f.

[596] BT-Drs. 20/10281, S. 9.

[597] Verordnung (EU) 2020/1784 des Europäischen Parlaments und des Rates vom 25. November 2020 über die Zustellung gerichtlicher und außergerichtlicher Schriftstücke in Zivil- oder Handelssachen in den Mitgliedstaaten (Zustellung von Schriftstücken).

[598] BT-Drs. 20/10281, S. 9.

Abs. 2–5 ZPO findet. Soweit daher die Zustellung gem. § 183 Abs. 1 ZPO nach Unionsrecht (z. B. nach der EuZVO) erfolgt, ist die fiktive Inlandszustellung aufgrund des Anwendungsvorrangs des EU-Rechts nach § 184 ZPO ausgeschlossen.[599] Im Verhältnis zu Anbietern mit Sitz innerhalb der EU hat die Vorschrift damit keine Bedeutung;[600] ein Äquivalent zu § 184 ZPO findet sich in der EuZVO nicht. Zugestellt wird demnach grds. nach dem Recht des Empfangsmitgliedstaats oder einem von der Übermittlungsstelle gewünschten besonderen Verfahren, sofern dieses Verfahren mit dem Recht des Empfangsmitgliedstaats vereinbar ist (Art. 11 Abs. 1 EuZVO). Dazu können im Übrigen auch gerichtliche und außergerichtliche Schriftstücke entsprechend der Art. 16–20 EuZVO übermittelt und zugestellt werden.[601]

Obgleich sich die Regelung derzeit nur an Diensteanbieter mit Sitz in Drittstaaten richtet, stellt sich dennoch die Frage, inwieweit die Regelung neben den Pflichten des DSA (insb. den Vorgaben zur Einrichtung von Kontaktstellen für Behörden/Nutzer und Benennung eines gesetzlichen Vertreters nach Art. 11–13 DSA) bestehen kann. Gem. ErwG 9 DSA sind nur nationale Rechtsvorschriften zulässig, die einem anderen berechtigten öffentlichen Interesse dienen als der DSA. Demnach ist fraglich, inwieweit die Erreichbarkeit von europäischen Vermittlungsdiensten sowie Vermittlungsdiensten aus Drittstaaten und die Zustellung von behördlichen Beschlüssen im Zusammenhang mit dem DSA (insb. Anordnungen nach Art. 9 und 10 DSA) abschließend geregelt sind.[602] Mithin ist auf der ersten Stufe zunächst unerheblich ob eine abstrakt-generelle Regelung für europäische Diensteanbieter (§ 5 NetzDG a. F.) vor dem Hintergrund der EuGH Rspr. zulässig wäre.[603]

Die Vorgabe des Art. 11 DSA für sämtliche Vermittlungsdienste zur Einrichtung einer einheitlichen Kontaktstelle für nationale DSC, die KOM sowie dem Gremium dient in erster Linie Kommunikationszwecken der Behörden der Mitgliedstaaten.[604] Die Kontaktstelle ist dabei als Ergänzung zur Angabe einer ladungsfähigen Anschrift oder eines gesetzlichen Vertreters zu sehen (vgl. ErwG 42 S. 3 DSA).[605] Diese muss solche Kommunikationen entgegennehmen, die einen „Zusammenhang

---

[599] EuGH, Urt. v. 19. 12. 2012 – C-325/11= NJW 2013, 443 (445); BGH, Urt. v. 2. 2. 2011 – VIII ZR 190/10 = NJW 2011, 1885, Rn. 10; *Hüßtege*, in: Thomas/Putzo/ZPO, § 184, Rn. 2; *Schultzky*, in: Zöller/ZPO, § 184, Rn. 2.

[600] *Knoke/Krüger*, in: Gersdorf/Paal, InfoMedienR, § 5 NetzDG, Rn. 2.

[601] *Dörnhofer*, in: BeckOK/ZPO, § 183, Rn. 4.

[602] Bejahend *Härting/Adamek*, CR 2023, 316 (319); *Kuhlmann*, ZUM 2023, 170 (175); a. A. *Mantz*, GRUR 2024, 34 (36).

[603] Vgl. dennoch BT-Drs. 20/10281, S. 9; ausführlich zur Unvereinbarkeit des § 5 NetzDG a. F. mit dem Herkunftslandprinzip, *Liesching*, Herkunftslandprinzip der ECRL und die deutsche Medienregulierung, S. 64 ff.

[604] *Raue*, in: NK-DSA, Art. 11, Rn. 1.

[605] *Maamar*, in: Kraul/Der neue DSA, § 4, Rn. 18.

mit den Angelegenheiten, die unter [den DSA] fallen", haben.[606] Insofern ergibt sich aus Art. 11 DSA keine Pflicht zur Entgegennahme von anderweitiger Kommunikation, die nicht den DSA betrifft.[607] Unklar ist derzeit noch die rechtliche Stellung der zentralen Kontaktstelle und inwiefern über diese rechtswirksame Zustellungen von Beschlüssen möglich sind.[608] Jedenfalls können aber Anordnungen zum Vorgehen gegen rechtswidrige Inhalte (Art. 9 Abs. 2 lit. c) DSA) sowie Auskunftsanordnungen (Art. 10 Abs. 2 lit. b) DSA) an die zentrale Kontaktstelle übermittelt werden.[609] Konkret und ausschließlich für Vermittlungsdienste aus Drittstaaten sieht Art. 13 DSA zusätzlich die Pflicht zur Benennung eines gesetzlichen Vertreters vor. Gem. Art. 13 Abs. 2 DSA muss dieser mit Befugnissen ausgestattet sein, von den zuständigen Behörden der Mitgliedstaaten, der KOM und dem Gremium Beschlüsse im Zusammenhang mit dem DSA wirksam entgegenzunehmen und darauf reagieren zu können.[610] Dies hat der deutsche Gesetzgeber auch anerkannt, meint jedoch, dass zwar Beschlüsse im Zusammenhang mit dem DSA entgegengenommen werden müssten, dies allerdings nicht für Zustellungen in einem privaten Rechtsstreit gelte.[611] Dagegen wurde etwa die Vorschrift des § 24d JuSchG (Inländischer Empfangsbevollmächtigter zur Entgegennahme von Dokumenten in Verfahren nach § 24b Abs. 3 und 4 JuSchG) gestrichen, weil „der Normzweck einer effektiven Aufsicht und Rechtsdurchsetzung mit Einführung der Art. 11 und 13 des DSA erreicht wird" [612]. Zutreffend ist jedenfalls, dass aus Art. 13 DSA nicht eindeutig hervorgeht, ob der gesetzliche Vertreter auch für zivilrechtliche Gerichtsverfahren zustellungsbevollmächtigt sein soll. Dafür spricht, dass „Behörden" i. S. d. DSA auch Gerichte sein können (vgl. Art. 5 Abs. 2, Art. 9 Abs. 1 DSA). Dagegen ließe sich aber der Sinn und Zweck des Art. 13 DSA anführen, der auf die verwaltungsrechtliche Aufsicht und Durchsetzung des DSA ausgerichtet sei. So wird etwa argumentiert, dass Dokumente in rein zivilrechtlichen Rechtstreitigkeiten (wie außergerichtliche Korrespondenz, einstweilige Verfügungen und andere gerichtliche Entscheidungen) dem gesetzlichen Vertreter nicht wirksam zugestellt werden können,[613] sodass solche Zustellungen entsprechend Art. 5 Abs. 1 Buchst. b) ECRL bzw. § 5 Abs. 1 Nr. 2 DDG im Ausland erfolgen müssten.[614]

Die sachliche Zuständigkeit des Zustellungsbevollmächtigten bezog sich bisher auf Bußgeldverfahren nach § 4 NetzDG, Gerichtsverfahren wegen der Verbreitung

[606] *Raue*, in: NK-DSA, Art. 11, Rn. 19.

[607] *Barudi*, in: Müller-Terpitz/Köhler/DSA, Art. 11, Rn. 9.

[608] Dagegen *Barudi*, in: Müller-Terpitz/Köhler/DSA, Art. 11, Rn. 12; *Maamar*, in: Kraul/Der neue DSA, § 4, Rn. 18.

[609] *Barudi*, in: Müller-Terpitz/Köhler/DSA, Art. 11, Rn. 12.

[610] *Raue*, in: NK-DSA, Art. 13, Rn. 15.

[611] BT-Drs. 20/10031, S. 97; so auch *Mantz*, GRUR 2024, 34 (36); *Barudi*, in: Müller-Terpitz/Köhler/DSA, Art. 13, Rn. 14.

[612] BMDV, Ref-E DDG, Stand: 1. 8. 2023, S. 93.

[613] *Barudi*, in: Müller-Terpitz/Köhler/DSA, Art. 13, Rn. 14.

[614] *Mantz*, GRUR 2024, 34 (36).

rechtswidriger Inhalte sowie verfahrenseinleitende Schriftstücke (bspw. Anhörungsschreiben oder informelle behördliche Anfragen in Bußgeld- oder Verwaltungsverfahren).[615] In Betracht kommen dabei Zustellungen in sämtlichen Zivil-, Straf-, und verwaltungsgerichtlichen Verfahren, solange es um die Verbreitung von den in § 1 Abs. 3 NetzDG definierten rechtswidrigen Inhalte geht.[616] Zivilrechtliche Verfahren sind bspw. solche betreffend die Unterlassung, Löschung und Folgenbeseitigung nach den §§ 823, 1004 BGB sowie Schadensersatzansprüche aufgrund von Rechtsverletzungen oder wettbewerbsrechtliche Verfahren nach dem UWG, die auf Tathandlungen nach den in § 1 Abs. 3 NetzDG genannten Straftatbeständen beruhen.[617] In strafrechtlicher Hinsicht sind Verfahren i. R. d. Strafverfolgung wegen unmittelbar täterschaftlichen Verstößen des Netzwerkbetreibers oder einer etwaigen Beteiligung an den Strafdelikten des § 1 Abs. 3 NetzDG denkbar. Verwaltungsgerichtliche Verfahren kommen im Zusammenhang mit Aufsichtsmaßnahmen nach § 20 Abs. 1 und 4 JMStV in Betracht, soweit sich diese auf ein unzulässiges Angebot i. S. d. §§ 4 Abs. 1 S. 1 Nr. 1–5 und 10 JMStV beziehen.[618] Verfahren, in denen andere Verstöße als jene in § 1 Abs. 3 NetzDG gelisteten Straftatbestände oder reine Vertragsverletzungen streitgegenständlich sind, werden hingegen von der Zustellungsbevollmächtigung des § 5 NetzDG nicht erfasst.[619]

Gleiches galt bis zur Änderung des NetzDG in 2021 für Verfahren, in denen Nutzer Ansprüche auf Wiederherstellung von vermeintlich zu Unrecht entfernten Inhalten oder auf Freischaltung gesperrter Nutzerkonten aus § 241 Abs. 2 BGB i. V. m. dem Nutzervertrag gerichtlich geltend gemacht haben.[620] Auf diese Fälle könne § 5 Abs. 1 NetzDG a. F. „nicht direkt und unmittelbar angewendet werden [...], weil die Norm schon nach dem Wortlaut, Willen des Gesetzgebers, Systematik und Normzweck nur Verfahren betrifft, in denen es um die Verhinderung der Verbreitung rechtswidriger Inhalte i. S. d. § 1 Abs. 3 NetzDG geht“ [621].

Mit der Änderung des NetzDG in 2021 wurde der Wortlaut des § 5 NetzDG a. F. dahingehend angepasst, dass sich die Zustellungsbevollmächtigung nunmehr auch auf Gerichtsverfahren, „wegen der Verbreitung oder der unbegründeten Annahme der Verbreitung rechtswidriger Inhalte, insb. in Fällen, in denen die Wiederherstellung entfernter oder gesperrter Inhalte begehrt wird“, beziehen sollte.[622] Dies entspricht auch dem Wortlaut des § 5 NetzDG n. F. Mithin wird die sachliche Zu-

---

[615] *Liesching*, in: Spindler/Schmitz, TMG, § 5 NetzDG, Rn. 7 f., 10.

[616] *Knoke/Krüger*, in: Gersdorf/Paal, InfoMedienR, § 5 NetzDG, Rn. 17; *Liesching*, in: Spindler/Schmitz, TMG, § 5 NetzDG, Rn. 8.

[617] *Liesching*, in: Spindler/Schmitz, TMG, § 5 NetzDG, Rn. 8.

[618] *Liesching*, in: Spindler/Schmitz, TMG, § 5 NetzDG, Rn. 8.

[619] *Knoke/Krüger*, in: Gersdorf/Paal, InfoMedienR, § 5 NetzDG, Rn. 18; *Liesching*, in: Spindler/Schmitz, TMG, § 5 NetzDG, Rn. 9.

[620] Eingehend hierzu *Knoke/Krüger*, in: Gersdorf/Paal, InfoMedienR, § 5 NetzDG, Rn. 19.

[621] *Knoke/Krüger*, in: Gersdorf/Paal, InfoMedienR, § 5 NetzDG, Rn. 18.3.

[622] BT-Drs. 19/18792, S. 14.

ständigkeit des Bevollmächtigten ausdrücklich auch auf Verfahren zur Wiederherstellung entfernter oder gesperrter Inhalte erweitert.[623] Die Zustellungsbevollmächtigung nach § 5 NetzDG erfasst damit auch Verfahren, in denen die Wiederherstellung von gesperrten oder gelöschten, vermeintlich rechtswidrigen Inhalten nach § 1 Abs. 3 NetzDG (die gleichzeitig rechtswidrig i. S. d. Art. 3 lit. h) DSA sind) gegenständlich sind. Zwar betrifft dies vorgelagert keine Lösch- bzw. Sperrmaßnahmen der Diensteanbieter basierend auf AGB-Verstößen, jedoch zumindest solche Gerichtsverfahren, in denen eine behördliche/gerichtliche Sperr-/Löschanordnung nach Art. 9 DSA gegenständlich ist, deren Rechtmäßigkeit gerichtlich vom betroffenen Nutzer angefochten wird. Denkbar sind jedoch auch Verfahren, die im Zusammenhang mit Entscheidungen, die i. R. d. Melde- und Abhilfeverfahren nach den Art. 16 ff. DSA stehen. Infolgedessen bestünde wiederum ein Zusammenhang mit Angelegenheiten, die unter den DSA fallen.

Insofern überzeugt es daher nicht, eine Zustellungsmöglichkeit in Gerichtsverfahren an den gesetzlichen Vertreter am Wortlaut des Art. 13 DSA („Beschlüsse von Behörden") scheitern zu lassen. Vielmehr verfolgen § 5 NetzDG sowie Art. 11 und 13 DSA übergeordnet denselben Sinn und Zweck, indem sie die Erreichbarkeit des Vermittlungsdienstes bzw. sozialen Netzwerkes zum Zwecke der (Rechts-)Durchsetzung im Zusammenhang mit dem DSA regeln, sodass eine nationale Vorgabe zur Bestellung eines inländischen Zustellungsbevollmächtigten (wie in § 5 NetzDG) nicht neben dem DSA bestehen kann.[624]

2. Vergleichbarkeit mit § 92 MStV

Eine vergleichbare Regelung zu § 5 NetzDG findet sich in § 92 MStV. Danach haben Anbieter von Medienintermediären im Inland einen Zustellungsbevollmächtigten zu benennen, an den Zustellungen in Verfahren nach § 115 MStV bewirkt werden können (§ 92 S. 2 MStV). Diese Vorgabe gilt für alle Medienintermediäre im In- und Ausland, sofern sie zur Nutzung in Deutschland bestimmt sind und die Anwendbarkeit der Vorschrift nicht nach § 91 Abs. 2 MStV ausgeschlossen ist.[625] Insofern ist der Adressatenkreis bereits weitreichender als des § 5 NetzDG n. F., welcher eine Pflicht zur Bestellung eines Zustellungsbevollmächtigten nur für soziale Netzwerke mit Sitz in Drittstaaten vorsieht. Ziel und Wortlaut entsprechen hingegen im Wesentlichen § 5 NetzDG, wobei an den nach § 92 MStV bestellten Bevollmächtigten jedoch keine Zustellungen in gerichtlichen Verfahren bewirkt werden können.[626] Insofern muss der Bevollmächtigte keine Zustellungen von

---

[623] Str., inwieweit es sich hierbei um eine substantielle Änderung bzw. lediglich eine Klarstellung ggü. der bisherigen Rechtslage handelt, vgl. *Knoke/Krüger*, in: Gersdorf/Paal, InfoMedienR, § 5 NetzDG, Rn. 27 unter Verweis auf BT-Drs. 19/18792, S. 29, 54.

[624] So auch *Kuhlmann*, ZUM 2023, 170 (175).

[625] Zum Begriff des Medienintermediärs sogleich unter B.

[626] *Zimmer/Liebermann*, in: Gersdorf/Paal, InfoMedienR, § 92 MStV, Rn. 1.

Schriftstücken in zivilgerichtlichen Verfahren bei Wettbewerbsverstößen oder der Löschung rechtswidriger Inhalte entgegennehmen, sondern nur solche, die in oder zur Einleitung von Ordnungswidrigkeitsverfahren nach § 115 MStV übermittelt werden.[627]

§ 92 MStV bezweckt die Erleichterung der Rechtsverfolgung durch die zuständigen Landesmedienanstalten (LMA) sowie die Bindung der Unternehmen an den Ort, an dem sie bestimmungsgemäß ihre Dienste anbieten (darüber wird auch die örtliche Zuständigkeit der jeweiligen LMA begründet, vgl. § 106 Abs. 2 S. 2 i. V. m. § 105 Abs. 1 S. 1 Nr. 10 MStV).[628] Geschafft werden sollte damit aber keine zusätzliche Anlaufstelle für Anbieter von journalistisch-redaktionellen Inhalten oder Nutzer.[629] Insofern unterscheidet sich § 92 MStV von § 5 NetzDG, da allein die Erreichbarkeit des Diensteanbieters zur Rechtsdurchsetzung in Ordnungs- und Verwaltungsverfahren im Zusammenhang mit Verstößen gegen den MStV gesichert werden sollte. Da es sich hierbei jedoch nicht um Kommunikation im Regelungsbereich des DSA handelt, dürfte sich die Zweckrichtung des § 92 MStV auch von Art. 11 und 13 DSA unterscheiden, sodass nicht ausgeschlossen ist, dass § 92 MStV neben dem DSA bestehen bzw. diesen ergänzen kann.[630]

B. MStV

Der MStV ist als Nachfolger und Erweiterung des Rundfunkstaatsvertrags (RStV) das zentrale Instrument der nationalen Medienregulierung und regelt neben der Veranstaltung auch das Angebot, die Verbreitung und Zugänglichmachung von Rundfunk und Telemedien in Deutschland.[631] Wesentliche Neuerungen ggü. dem RStV bestehen in Bezug auf die Sicherung des Medienpluralismus in umfassenden, medienspezifischen Vorgaben für Anbieter, „die Medieninhalte vermitteln bzw. deren Verbreitung dienen – sog. Gatekeeper (z. B. Suchmaschinen, Smart-TVs, Sprachassistenten, App-Stores, soziale Medien)“, die der MStV kategorisch als Medienplattformen, Benutzeroberflächen oder Medienintermediäre einordnet.[632] Strukturell gliedert sich der MStV zunächst in einen „Allgemeinen Teil“ zum Rundfunk und zu den Telemedien (Abschn. II UAbschn. 1 und 2), an den sich die „Besonderen Bestimmungen“ für den öffentlich-rechtlichen Rundfunk (Abschn. III), den privaten Rundfunk (Abschn. IV) und einzelne Telemedien (Abschn. V) anschließen. Letzterer unterteilt sich wiederum in spezifische Bestimmungen für (i) rundfunkähnliche Telemedien, (ii) Medienplattformen und Benut-

[627] *Zimmer/Liebermann*, in: Gersdorf/Paal, InfoMedienR, § 92 MStV, Rn. 1, 5.

[628] *Zimmer/Liebermann*, in: Gersdorf/Paal, InfoMedienR, § 92 MStV, Rn. 1.

[629] *Zimmer/Liebermann*, in: Gersdorf/Paal, InfoMedienR, § 92 MStV, Rn. 1.

[630] So wohl auch *Raue*, in: NK-DSA, Art. 11, Rn. 19; a. A. *Mantz*, GRUR 2024, 34 (37).

[631] *Löw*, MMR 2022, 637 (638).

[632] Begr. zum MStV, NW LT-Drs. 17/9052, S. 117.

zeroberflächen, (iii) Medienintermediäre sowie (iv) Video-Sharing-Dienste.[633] Materiell-rechtlich umfasst der MStV diverse Vorgaben über Inhaltsangebote und hinsichtlich des Zugangs zu Inhalten von Plattformen, Benutzeroberflächen und Medienintermediäre. Im Wesentlichen handelt es sich hierbei um Diskriminierungsverbote und weitreichende Transparenzpflichten, womit umfassende Kontroll- und Informationsrechte von Behörden einhergehen.[634] Schwerpunkt der nachfolgenden Untersuchung sind die besonderen Vorschriften für Medienintermediäre der §§ 93 und 94 MStV[635] sowie die Werbevorgaben für Video-Sharing-Dienste des § 98 MStV[636].

Medienintermediäre sind gem. § 2 Abs. 2 Nr. 16 MStV sämtliche Telemedien, die journalistisch-redaktionelle Angebote Dritter sowohl „aggregieren, selektieren und allgemein zugänglich präsentieren", ohne dass daraus ein Gesamtangebot entsteht. Telemedien sind gem. § 2 Abs. 1 S. 3 MStV alle elektronischen Informations- und Kommunikationsdienste, soweit sie nicht Telekommunikationsdienste nach § 3 Nr. 24 TKG, telekommunikationsgestützte Dienste i. S. d. § 3 Nr. 25 TKG oder Rundfunk i. S. d. § 2 Abs. 1 S. 1 und 2 MStV darstellen.[637] Gemeint sind hier insb. Suchmaschinen und soziale Netzwerke, die in der Gesetzesbegründung neben User-Generated-Content, Blogging-Portalen und News-Aggregatoren als Beispiele für Medienintermediäre genannt werden. Erfasst sind jedoch auch App-Stores, soweit das Portal nicht als Gesamtangebot einzuordnen ist.[638] Demnach sind als Medienintermediäre bspw. die Online-Plattformen Facebook, TikTok, X, YouTube bzw. die Suchmaschinen Google und Bing zu qualifizieren.[639] Abzugrenzen ist ein Medienintermediär im MStV von einer Medienplattform[640] über das Negativtatbestandsmerkmal des fehlenden Gesamtangebots.[641] Der Gesetzgeber versteht hier den Begriff des Medienintermediärs als Auffangtatbestand ggü. Medienplattformen, weshalb die einzelnen Funktionsmerkmale weit und entwicklungsoffen aus-

---

[633] *Querndt*, ZUM 2021, 501 (502).

[634] *Gerecke/Stark*, GRUR 2021, 816.

[635] S. dazu sogleich unter I., S. 135 ff.; II., S. 140 ff.

[636] S. dazu sogleich unter III., S. 143 ff.

[637] Die Terminologie zu den Normadressaten der nationalen Medienregulierung hat sich bisher elementar von den Begriffsbestimmungen der ECRL und AVMD-RL unterschieden. Zentraler Anknüpfungspunkt des nationalen Medienrechts war bisher der unionsrechtsfremde Begriff des „Telemediums", der auch nicht-kommerzielle Angebote erfasst hat. Dabei ist reicht die Definition weiter als diejenige der „Dienste der Informationsgesellschaft" des Art. 2 lit. a) ECRL, vgl. *Martini*, in: Gersdorf/Paal, InfoMedienR, § 1 TMG Rn. 3, § 1 MStV, Rn. 32.

[638] Begr. zum MStV, NW LT-Drs. 17/9052, S. 127; *Holznagel/Hartmann*, in: HSH/MultimediaR-HdB, Teil 3, Rn. 158.

[639] *Försterling*, in: Chibanguza/Kuß/Steege, KI-HdB, § 11, B., Rn. 15.

[640] Zur Begriffsbestimmung vgl. § 2 Abs. 2 Nr. 14 MStV.

[641] *Zimmer/Liebermann*, in: Gersdorf/Paal, InfoMedienR, § 91 MStV, Rn. 3; ausführlich dazu *Siara*, MMR 2020, 523 f.

zulegen sind.[642] Der Begriff des Medienintermediärs überschneidet sich mit dem Begriff der „Online-Plattform" i. S. d. Art. 3 lit. i) DSA, reicht jedoch weiter, da er auch andere Vermittlungsdienste erfasst.[643]

Die regulatorischen Vorgaben der §§ 92 ff. MStV richten sich auch an „integrierte Medienintermediäre", bei denen die intermediäre Funktion in ein Angebot eines Dritten eingebunden ist. Der Begriff ist grds. technikneutral zu verstehen und funktional abzugrenzen. Erfasst sind demnach alle technischen Umsetzungen, welche die Nutzung der jeweiligen intermediären Funktionen über ein Drittangebot ermöglichen.[644] Von den Vorschriften der §§ 92–94 MStV sind jene Medienintermediäre freigestellt, die gem. § 91 Abs. 2 MStV nur eine geringe Relevanz für die Meinungsvielfalt haben. Dazu zählen etwa Angebote, die ausschließlich privaten oder familiären Zwecken dienen sowie Produkt- und Dienstleistungsportale und Intermediäre mit unter einer Million Nutzern im Monat in Deutschland; für diese gilt lediglich die Pflicht zur Vorlage von Unterlagen nach § 95 MStV.[645]

Im Hinblick auf den sachlich-territorialen Anwendungsbereich des MStV ist in § 1 Abs. 7 MStV zunächst die allgemeine Geltung des Herkunftslandprinzips geregelt. In Bezug auf Medienintermediäre sieht § 1 Abs. 8 MStV zudem eine landesgesetzliche Abweichung von den Grundsätzen des Herkunftslandprinzips des § 3 TMG vor, wonach für Medienintermediäre mit Sitz in einem anderen Mitgliedstaat die Regelungen des MStV gleichermaßen gelten sollen. Im Gegensatz zu § 1 Abs. 7 MStV fehlt es dem Wortlaut des Abs. 8 hier jedoch an einem Verweis auf § 3 Abs. 2 und 5 TMG (bzw. Art. 3 ECRL). Die Geltungsbereichserstreckung soll daher gem. § 1 Abs. 8 S. 3 Hs. 2 MStV auch Video-Sharing-Dienste mit Sitz in einem anderen Mitgliedstaat betreffen, mit Ausnahme der Vorschriften der §§ 97 bis 100 MStV.[646] Weder aus Art. 3 ECRL noch § 3 TMG ergibt sich jedoch die Möglichkeit der Regelung einer solchen abstrakt-generellen Abweichung vom Herkunftslandprinzip i. S. e. „Marktortprinzips" für Dienste von Intermediären, soweit diese „zur Nutzung in Deutschland bestimmt sind".[647] Dies hat der EuGH im Zusammenhang mit dem österreichischen KoPl-G bestätigt.[648] In Übereinstimmung mit der EuGH-Rspr., der Auslegung der KOM sowie der h. M. zu Art. 3 Abs. 4 ECRL[649] verstößt die Regelung des § 1 Abs. 8 MStV somit gegen die Richtlinien-

---

[642] Begr. zum MStV, NW LT-Drs. 17/9052, S. 127; *Zimmer/Liebermann*, in: Gersdorf/Paal, InfoMedienR, § 91 MStV, Rn. 3.

[643] *Grisse*, in: NK-DSA, Art. 27, Rn. 48.

[644] § 2 Abs. 1 MI-Satzung; *Zimmer/Liebermann*, in: Gersdorf/Paal, InfoMedienR, § 91 MStV, Rn. 5.

[645] *Zimmer/Liebermann*, in: Gersdorf/Paal, InfoMedienR, § 91 MStV, Rn. 6 f.

[646] *Liesching*, MMR-Beil. 2020, 3 (22).

[647] *Liesching*, MMR-Beil. 2020, 3 (23).

[648] EuGH, Urt. v. 9. 11. 2023 – C-376/22 = GRUR-RS 2023, 30964.

[649] Vgl. *Liesching*, Herkunftslandprinzip der ECRL und die deutsche Medienregulierung, S. 48 Fn. 210.

vorgaben der Art. 3 ECRL und Art. 3 AVMD-RL und ist daher unionsrechtswidrig.[650]

I. Transparenzgebot, § 93 MStV

1. Allgemeine Transparenzpflichten, § 93 Abs. 1 MStV

Der MStV sieht in § 93 konkrete Transparenzpflichten für Medienintermediäre vor. Danach müssen neben den Kriterien über den Zugang und Verbleib von Inhalten auch die zentralen Kriterien der Aggregation, Selektion, Präsentation und ihre Gewichtung transparent gemacht werden (§ 93 Abs. 1 Nr. 1, 2 MStV). Ziel der Regelung ist die Erläuterung der wesentlichen Grundzüge von technischen Vorgängen, die zu bestimmten Ergebnissen führen, um eine informierte Nutzung des Angebots und die Nachvollziehbarkeit der Präsentation nutzereigener Inhalte zu ermöglichen.[651] § 93 Abs. 1 Nr. 1 MStV regelt somit die Kriterien, unter denen bestimmte Inhalte verfügbar gemacht und entfernt werden. Im Hinblick auf die Wahrnehmbarkeit von Inhalten soll der Nutzer nachvollziehen können, welche Inhalte grds. nicht Teil des Angebots sind oder hoch- bzw. heruntergestuft werden (etwa infolge von Content-Moderation des Intermediärs oder aufgrund von gesetzlichen Vorgaben).[652] Ferner ist transparent zu machen, wenn aufgenommene Inhalte von Entgeltzahlungen oder (vergleichbaren) geldwerten Leistungen abhängig sind, unabhängig davon, ob dies unmittelbar oder mittelbar erfolgt. Gleiches gilt, wenn infolgedessen der Zugang oder Verbleib von Inhalten beeinflusst werden kann.[653]

Die Transparenzvorgaben des MStV erfassen zudem auch die Offenlegung der Parameter, welche in den Algorithmus zur Optimierung und Personalisierung des Content-Angebots der Intermediäre einfließen, etwa Informationen zur Gestaltung der Autokorrektur oder zur Kategorisierung der Nutzer (§ 93 Abs. 1 Nr. 2 MStV).[654] Dies schließt auch hinreichende Informationen zur Funktionsweise eingesetzter Algorithmen ein.[655] Im Hinblick auf die Selektion von Inhalten ist hier insb. über die Kategorien von verwendeten Daten zu informieren bzw. welche Relevanz personenbezogenen Daten in diesem Zusammenhang zukommt (bspw. Standort oder Sprache des Nutzers).[656] Zudem muss die Art und Weise der Darstellung der Inhalte sowie die Gewichtung der zentralen Kriterien zu nicht zentralen Kriterien hinsichtlich ihres Einflusses auf den Prozess der algorithmischen Entscheidungsfin-

[650] *Liesching*, MMR-Beil. 2020, 3 (23).
[651] *Zimmer/Liebermann*, in: Gersdorf/Paal, InfoMedienR, § 93 MStV, Rn. 14.
[652] *Zimmer/Liebermann*, in: Gersdorf/Paal, InfoMedienR, § 93 MStV, Rn. 15 f.
[653] *Zimmer/Liebermann*, in: Gersdorf/Paal, InfoMedienR, § 93 MStV, Rn. 17.
[654] *Zimmer/Liebermann*, in: Gersdorf/Paal, InfoMedienR, § 93 MStV, Rn. 18 ff.
[655] *Zimmer/Liebermann*, in: Gersdorf/Paal, InfoMedienR, § 93 MStV, Rn. 27.
[656] *Zimmer/Liebermann*, in: Gersdorf/Paal, InfoMedienR, § 93 MStV, Rn. 21.

dung und den damit verbundenen Optimierungszielen transparent gemacht werden.[657]

Sofern dem Nutzer Einflussmöglichkeiten bzgl. der angezeigten Inhalte zustehen (z. B. Anpassung der persönlichen Einstellungen nach eigenen Anforderungen und Wünschen), muss dies durch den Intermediär offengelegt werden.[658] Gleiches gilt für den Einfluss von Eigen- und Drittinteressen, sofern bei der Aggregation, Selektion und/oder Präsentation Inhalte eines verbundenen Unternehmens oder Kooperationspartners bevorzugt oder vorrangig gelistet werden.[659] Wesentliche Änderungen i. S. v. „spürbaren Änderungen [der Kriterien] für Zugang und Verbleib bzw. die Aggregation, Selektion und Präsentation von Inhalten und deren Gewichtung" müssen hierbei unverzüglich offengelegt werden. Alle wesentlichen Änderungen sollten zudem in einer Übersicht dargestellt werden, aus der sich der zeitliche Verlauf der Änderungen ergibt. Sonstige (nicht wesentliche) Änderungen sind in regelmäßigen Abständen – jedenfalls alle vier Monate – transparent zu machen.[660] Bzgl. der Wahrnehmbarkeit, Erreichbarkeit und Verfügbarkeit sind dieselben Anforderungen zu beachten, die für die ursprüngliche Offenlegungspflicht der Information gelten.[661]

2. Besondere Transparenzpflichten, § 93 Abs. 2, 4 MStV

Für Intermediäre mit thematischer Spezialisierung gelten ergänzend die besonderen Transparenzvorgaben des § 93 Abs. 2 und 4 MStV. Nachrichtensuchmaschinen, Berufsnetzwerke oder Angebote mit einer bestimmten weltanschaulichen Ausrichtung müssen daher ihre thematische Spezialisierung durch Gestaltung des Angebots deutlich machen (z. B. durch einen entsprechenden Titel des Angebots). Dies gilt jedoch gem. § 93 Abs. 2 S. 2 MStV nicht für Intermediäre mit spezialisierten Inhalten bzgl. Waren oder Dienstleistungen.[662] Anbieter sozialer Netzwerke müssen zudem die speziellen Anforderungen bzgl. der Kennzeichnung von sog. Social Bots (§ 93 Abs. 4 MStV) einhalten. Dieser verweist auf die Kennzeichnungspflicht des § 18 Abs. 3 MStV, wonach Anbieter von Telemedien in sozialen Netzwerken zu einer Kennzeichnung von automatisiert erstellten Inhalten verpflichtet sind, sofern das dafür verwandte Computerprogramm seinem äußeren Erscheinungsbild nach für die Nutzung durch natürliche Personen bereitgestellt wurde.[663]

---

[657] *Zimmer/Liebermann*, in: Gersdorf/Paal, InfoMedienR, § 93 MStV, Rn. 22 f.

[658] *Zimmer/Liebermann*, in: Gersdorf/Paal, InfoMedienR, § 93 MStV, Rn. 26.

[659] *Zimmer/Liebermann*, in: Gersdorf/Paal, InfoMedienR, § 93 MStV, Rn. 25.

[660] § 6 Abs. 3 MI-Satzung.

[661] *Zimmer/Liebermann*, in: Gersdorf/Paal, InfoMedienR, § 93 MStV, Rn. 35.

[662] *Zimmer/Liebermann*, in: Gersdorf/Paal, InfoMedienR, § 93 MStV, Rn. 32 f.

[663] *Zimmer/Liebermann*, in: Gersdorf/Paal, InfoMedienR, § 93 MStV, Rn. 37.

3. Vereinbarkeit mit dem Herkunftslandprinzip

Regulatorisch überschneiden sich die Transparenzpflichten des § 93 MStV insb. mit Art. 27 DSA, welcher für Online-Plattformen i. S. d. Art. 3 lit. i) DSA eine Pflicht zur Transparenz der Empfehlungssysteme vorsieht.[664] Gemeinsamer Sinn und Zweck beider Regelungen ist es, „dass die Nutzer angemessen darüber informiert werden, wie sich Empfehlungssysteme auf die Art und Weise auswirken, in der Informationen angezeigt werden und wie sie die Art und Weise beeinflussen können, in der ihnen Informationen angezeigt werden" (vgl. ErwG 70 S. 5 DSA).[665] Im Detail unterscheiden sich die Vorschriften jedoch im Hinblick auf die jeweiligen Normadressaten und materielle Reichweite. Während Art. 27 DSA nur Online-Plattformen Transparenzvorgaben auferlegt, gelten die in § 93 MStV vorgesehenen Transparenzpflichten für sämtliche Medienintermediäre i. S. d. MStV.[666] Zwar weist der Begriff des „Medienintermediärs" wesentliche Schnittstellen mit dem Begriff der „Online-Plattformen" auf, dennoch erfasst er auch andere Vermittlungsdienste. Mithin ist der Kreis der Normadressaten des § 93 MStV grds. weiter als der des Art. 27 DSA, obgleich ersterer durch § 91 MStV eingeschränkt wird. Hingegen adressiert Art. 27 DSA auch Handelsplattformen wie Amazon oder eBay, die von den Transparenzpflichten des MStV nach § 91 Abs. 2 Nr. 2 und 3 MStV ausgeschlossen sind.[667]

In materieller Hinsicht überlagern sich vor allem die Pflichten des § 93 Abs. 1 Nr. 2 MStV und Art. 27 Abs. 1 DSA. Beide Regelungen verpflichten Medienintermediäre bzw. Anbieter von Online-Plattformen, die wichtigsten Parameter, die für die Empfehlung von Inhalten entscheidend sind, offenzulegen, unterscheiden sich jedoch gerade im Hinblick auf die einzelnen Modalitäten.[668] Während Art. 27 Abs. 1 DSA voraussetzt, dass die in den Empfehlungssystemen verwendeten Parameter in den AGB der Anbieter dargelegt werden, müssen diese Informationen nach § 93 MStV entsprechend der für den Medienintermediär typischen Benutzungssituation gut wahrnehmbar platziert und für den Nutzer ohne wesentliche Zwischenschritte erreichbar sein.[669] Gem. § 5 Abs. 3 S. 2 MI-Satzung ist dies jedoch nicht der Fall, soweit die Informationen mit mehr als zwei Weblinks erreichbar sind oder der Abruf der Informationen von einer vorherigen Registrierung oder einem Login abhängig gemacht werden. Überdies ist die Reichweite der Transparenzpflicht des § 93 MStV weiter als jene des Art. 27 DSA. Dies betrifft einerseits die Pflicht zur

[664] Zu den Überlagerungen des § 93 MStV mit der P2B-VO ausführlich *Flamme*, Meinungsmacht der Algorithmen, S. 234–238.

[665] Für den MStV s. *Zimmer/Liebermann*, in: Gersdorf/Paal, InfoMedienR, § 93 MStV, Rn. 2 f.

[666] Zur Begriffsbestimmung vgl. B., S. 132 ff.

[667] *Grisse*, in: NK-DSA, Art. 27, Rn. 48; *Kalbhenn/Hemmert-Halswick*, ZUM 2021, 184 (186).

[668] *Kuhlmann*, ZUM 2023, 170 (175).

[669] *Kuhlmann*, ZUM 2023, 170 (175).

Veröffentlichung der Kriterien, die über den Zugang eines Inhalts zu einem Medienintermediär und den Verbleib entscheiden (§ 93 Abs. 1 Nr. 1 MStV). Andererseits haben Medienintermediäre mit thematischer Spezialisierung diese in der Gestaltung ihres Angebots wahrnehmbar zu machen (§ 93 Abs. 2 S. 1 MStV). Anbieter von sozialen Netzwerken trifft somit eine zusätzliche Kennzeichnungspflicht für automatisiert erstellte Inhalte (§ 93 Abs. 4 i.V.m. § 18 Abs. 3 MStV).[670]

Ob die Transparenzpflichten des MStV gegen Unionsrecht verstoßen, wurde bereits im Gesetzgebungsverfahren diskutiert und auch von der KOM im Notifizierungsverfahren bezweifelt.[671] Mit Blick auf die Transparenzpflichten hatte die KOM neben der Vereinbarkeit mit den Herkunftslandprinzip der ECRL sowie Art. 5 P2B-VO perspektivisch auch den DSA thematisiert.[672] Unmittelbar im Anwendungsbereich des Art. 27 DSA dürfte auch die Regelung des § 93 Abs. 1 Nr. 2 MStV liegen, die damit durch den DSA vollständig verdrängt wird.[673] Die Transparenzvorgabe des § 93 Abs. 1 Nr. 1 MStV hinsichtlich der Kriterien, die über den Zugang eines Inhalts zu einem Medienintermediär und über seinen Verbleib entscheiden, dürfte zudem gewisse Schnittmengen mit den allgemeinen Transparenzvorgaben des Art. 14 und 15 DSA aufweisen. Art. 14 DSA enthält etwa seinerseits Verpflichtungen für sämtliche Vermittlungsdienste zur Transparenz im Hinblick auf eingesetzte Methoden der Inhaltemoderation[674] und konkretisiert den Grundsatz des Art. 1 Abs. 1 DSA, wonach ein vorhersehbares Online-Umfeld geschaffen werden soll, sodass Nutzer etwaige Beschränkungen der Vermittlungsdienste *ex ante* vorhersehen, *ex post* auf deren Rechtsmäßigkeit überprüfen und die jeweilige Angemessenheit diskutieren können.[675] Anbieter von Vermittlungsdiensten müssen daher in ihren AGB klar und verständlich sämtliche unmittelbar inhaltsbezogenen Maßnahmen, wie die Einschränkung der Zugänglichkeit, Verfügbarkeit und Anzeige von Informationen, offenlegen.[676] Davon erfasst sind Angaben über die Sperrung des Zugangs zu den Servern oder die Herabstufung eines Inhalts im Anzeigealgorithmus und anderen Empfehlungssystemen des Dienstes. Zur „Herabstufung" zählt auch die Demonetisierung von Inhalten, wobei Geldzahlungen im Zusammenhang mit den vom Nutzer bereitgestellten Inhalten ausgesetzt, beendet oder die Fähigkeit des Nutzers zu deren Monetarisierung anderweitig eingeschränkt werden.[677] Aus Art. 15 DSA ergibt sich zudem die Pflicht der Veröffentlichung eines Transparenzberichts, in dem sämtliche Maßnahmen aufzulisten sind, die sich

---

670 *Grisse*, in: NK-DSA, Art. 27, Rn. 47.

671 *Zimmer/Liebermann*, in: Gersdorf/Paal, InfoMedienR, § 93 MStV, Rn. 40.

672 *Zimmer/Liebermann*, in: Gersdorf/Paal, InfoMedienR, § 93 MStV, Rn. 40.

673 *Grisse*, in: NK-DSA, Art. 27, Rn. 49; *Kuhlmann*, ZUM 2023, 170 (175).

674 S. dazu Kap. 2 E. II. 2., S. 52 f.

675 *Raue*, in: NK-DSA, Art. 14, Rn. 3.

676 *Hoch-Loy*, in: Steinrötter, EU-Plattformregulierung-HdB, § 4, Rn. 58 f.; *Raue*, in: NK-DSA, Art. 14, Rn. 31 ff.

677 *Raue*, in: NK-DSA, Art. 14, Rn. 31 ff.

auf die Verfügbarkeit, Erkennbarkeit und Zugänglichkeit von Informationen auswirken, einschließlich der Möglichkeiten von Nutzern, solche Informationen über den Dienst bereitzustellen (Art. 15 Abs. 1 S. 2 lit. c) DSA).[678]

Der DSA enthält keine Kennzeichnungs- bzw. Transparenzpflichten in Bezug auf Social Bots bzw. automatisiert erstellte Inhalte und verfolgt insofern einen stärker auf eine „regulierte Selbstregulierung" setzenden Ansatz.[679] Bzgl. der speziellen Kennzeichnungspflicht von Social Bots für Anbieter von sozialen Netzwerken des § 93 Abs. 4 MStV i.V.m. § 18 Abs. 3 MStV sind jedoch insb. die Entwicklungen zur Transparenzpflicht von Chatbots, Deepfakes und Emotionserkennungssystemen des Art. 50 KI-VO[680] (Art. 52 KI-VO-E) abzuwarten.[681] Art. 50 Abs. 1 S. 1 KI-VO, der ab 2. 8. 2026 gelten wird, sieht weitere Transparenzpflichten für Anbieter und Betreiber bestimmter KI-Systeme bzgl. der Konzeption und Entwicklung von KI-Systemen vor, welche zur Interaktion mit natürlichen Personen bestimmt sind. Hinsichtlich der Regulierungsobjekte ist die Kennzeichnungspflicht jedoch weitreichender geplant als sie derzeit in § 93 Abs. 4 MStV bzw. § 18 Abs. 3 MStV besteht, da die KI-VO alle Arten von Robotern, die mit Menschen interagieren, erfassen soll (bspw. etwa auch Roboter in der Pflege).[682] Im Gesetzgebungsverfahren zu Art. 52 Abs. 1 S. 1 KI-VO-E wurden zunächst lediglich Anbieter von KI-Systemen zur Transparenz verpflichtet.[683] Nunmehr werden jedoch ausdrücklich auch Betreiber von KI-Systemen adressiert, also jede „natürliche oder juristische Person, Behörde, Einrichtung oder sonstige Stelle, die ein KI-System in eigener Verantwortung verwendet, es sei denn, das KI-System wird im Rahmen einer persönlichen und nicht beruflichen Tätigkeit verwendet" (Art. 3 Nr. 4 KI-VO).

Insgesamt dürften sich die regulatorischen Spielräume für nationale Gesetzgeber damit in Grenzen halten, soweit dies Transparenzpflichten für Medienintermediäre betrifft, da der EU-Gesetzgeber den Bereich der Transparenzpflichten insb. im Zusammenhang mit Empfehlungssystemen vollharmonisiert hat. Es ist daher eher ausgeschlossen, dass die Transparenzpflichten des § 93 MStV neben Art. 27 DSA Anwendung finden können. Die neuen Regelungen zur Algorithmenregulierung des DSA und der KI-VO schaffen somit aufgrund ihres Verordnungscharakters einen

---

[678] *Hofmann*, in: NK-DSA, Art. 14, Rn. 30.

[679] *Roos*, in: Chibanguza/Kuß/Steege, KI-HdB, § 11, D., Rn. 18.

[680] Verordnung (EU) 2024/1689 des Europäischen Parlaments und des Rates vom 13. Juni 2024 zur Festlegung harmonisierter Vorschriften für künstliche Intelligenz und zur Änderung der Verordnungen (EG) Nr. 300/2008, (EU) Nr. 167/2013, (EU) Nr. 168/2013, (EU) 2018/858, (EU) 2018/1139 und (EU) 2019/2144 sowie der Richtlinien 2014/90/EU, (EU) 2016/797 und (EU) 2020/1828 (Verordnung über künstliche Intelligenz).

[681] *Kalbhenn*, ZUM 2021, 663 (673).

[682] *Kalbhenn*, ZUM 2021, 663 (669).

[683] *Kalbhenn*, ZUM 2021, 663 (669); *Roos*, in: Chibanguza/Kuß/Steege, KI-HdB, § 11, D., Rn. 23.

europaweit geltenden Rechtsrahmen, mit dem die derzeitigen Transparenzvorgaben des § 93 MStV konsumiert werden.[684]

II. Diskriminierungsfreiheit, § 94 MStV

§ 94 MStV regelt ein Diskriminierungsverbot für Medienintermediäre, um dem Missbrauchspotential im Hinblick auf die Sichtbarkeit von journalistisch-redaktioneller Inhalte zu begegnen.[685] Gewährleistet werden soll damit die „unverfälschte Auffindbarkeit und Wahrnehmbarkeit von meinungsbildungsrelevanten Inhalten".[686] Untersagt wird folglich die sachlich ungerechtfertigte Behinderung journalistisch-redaktioneller Angebote. Eine Diskriminierung i. S. d. § 94 Abs. 2 MStV liegt demnach vor, sofern der Medienintermediär (i) ohne sachlich gerechtfertigten Grund von den nach § 93 Abs. 1 bis 3 zu veröffentlichenden Kriterien[687] zugunsten oder zulasten eines bestimmten Angebots systematisch abweicht oder (ii) diese Kriterien Angebote unmittelbar oder mittelbar unbillig systematisch behindern. Diese zwei Tatbestandsalternativen sind abschließend. Ferner erfasst § 94 MStV ein Verbot der Behinderung durch Kriterien, die nicht nach § 93 MStV zu veröffentlichen sind.[688] Erforderlich ist demnach eine systematische Begehung, die anhand einer Gesamtschau ihrer Umstände festzustellen ist.[689] Das Diskriminierungsverbot des § 94 MStV betrifft allerdings nur journalistisch-redaktionelle Angebote, wobei sich die Diskriminierung lediglich auf einen abgrenzbaren Teil oder Beitrag des Angebots beziehen muss. Die „redaktionelle" Gestaltung setzt dabei ein Mindestmaß an inhaltlicher Auswahl und Bearbeitung durch den Anbieter voraus. „Journalistisch" sind Angebote gestaltet, wenn sie etwa ein gewisses Maß an Aktualität und Strukturierung aufweisen und bei ihrer Auswahl einer angenommenen gesellschaftlichen Relevanz folgen. Gleichzeitig „ist ein Mindestmaß an recherchierender und redigierender publizistischer Tätigkeit", nicht jedoch i. S. e. beruflichen Ausübung erforderlich.[690]

---

[684] *Kalbhenn*, ZUM 2021, 663 (673); ähnlich *Roos*, in: Chibanguza/Kuß/Steege, KI-HdB, § 11, D., Rn. 25; im Ergebnis so auch *Holznagel*, in: Müller-Terpitz/Köhler/DSA, Art. 27, Rn. 19; *Kuhlmann*, ZUM 2023, 170 (175 f.).

[685] *Schneiders*, ZUM 2021, 480 (484).

[686] *Heidtke*, Meinungsbildung und Medienintermediäre, S. 328.

[687] Hierzu bereits unter I. 1., S. 135 ff.

[688] *Zimmer/Liebermann*, in: Gersdorf/Paal, InfoMedienR, § 94 MStV, Rn. 8 f.

[689] *Zimmer/Liebermann*, in: Gersdorf/Paal, InfoMedienR, § 94 MStV, Rn. 10 f.

[690] *Zimmer/Liebermann*, in: Gersdorf/Paal, InfoMedienR, § 94 MStV, Rn. 7.

1. Normadressaten

Normadressaten sind nur solche Medienintermediäre, die gemessen an den Schwellenwerten des Medienkonzentrationsrechts (insb. ihren Nutzerreichweiten) einen hohen Einfluss auf die Wahrnehmbarkeit journalistisch-redaktioneller Angebote haben (sog. Gatekeeper). Demnach ist der Anwendungsbereich des § 94 MStV ggü. der quantitativen Schwelle des § 91 Abs. 2 Nr. 1 MStV, wonach ein Medienintermediär eine Nutzerreichweite von mind. einer Million Nutzer über einen längeren Zeitraum erreichen muss, nochmals enger.[691] Unklar ist jedoch der Maßstab, anhand dessen der „besonders hohe Einfluss" eines Medienintermediärs auf die Meinungsbildung gemessen wird. Erforderlich ist hier im Übrigen nicht die Überschreitung eines Schwellenwertes, sondern eine Beurteilung anhand einer Gesamtschau der Umstände; zu berücksichtigen sind daher als mögliche Indizien die kartellrechtlichen Maßstäbe und medienkonzentrationsrechtlichen Schwellenwerte sowie eine mögliche marktbeherrschende Stellung des Medienintermediärs (§ 7 MI-Satzung). Daneben kommen als medienspezifische Indizien etwa die Nutzerzahlen und -reichweiten, die Verweildauer und Aktivität der Nutzer oder die Anzahl der Aufrufe je Nutzer in Betracht.[692]

2. Diskriminierungstatbestände

Die erste Tatbestandsalternative setzt voraus, dass zugunsten oder zulasten eines journalistisch-redaktionellen Angebots von den Kriterien des § 93 Abs. 1 bis 3 MStV systematisch abgewichen wird. Dies ist der Fall, soweit in einer vergleichbaren Situation dasselbe Kriterium andersartig verwendet wird, etwa wenn ein Medienintermediär die veröffentlichten Kriterien nicht oder nicht wie beschrieben anwendet oder Kriterien zur Anwendung kommen, die nicht offengelegt werden.[693] Nach der amtlichen Begründung liegt eine systematische Diskriminierung vor, wenn regelmäßig und auf Dauer bestimmte journalistisch-redaktionelle Angebote durch die Programmierung der eingesetzten Algorithmen – etwa aufgrund ihrer politischen Ausrichtung oder Organisationsform des Anbieters (privat oder öffentlich) – planmäßig ggü. anderen redaktionellen Angeboten deutlich über- oder unterrepräsentiert sind.[694] Neber einer systematischen Begehung muss die Abweichung von den Kriterien ohne einen sachlichen Grund erfolgen. Ein sachlicher Grund zur Rechtfertigung einer Abweichung von den veröffentlichten oder zu veröffentlichenden Kriterien und Gewichtungsinformationen des § 93 MStV kann sich z. B. aus gesetzlichen Verboten oder Verpflichtungen, technischen Gegebenheiten bei der Darstellung beim Nutzer und Erfordernissen zum Schutze der Inte-

---

[691] *Zimmer/Liebermann*, in: Gersdorf/Paal, InfoMedienR, § 94 MStV, Rn. 4.

[692] *Zimmer/Liebermann*, in: Gersdorf/Paal, InfoMedienR, § 94 MStV, Rn. 6.

[693] *Zimmer/Liebermann*, in: Gersdorf/Paal, InfoMedienR, § 94 MStV, Rn. 17.

[694] Begr. zum MStV, NW LT-Drs. 17/9052, S. 165 f.; *Zimmer/Liebermann*, in: Gersdorf/Paal, InfoMedienR, § 94 MStV, Rn. 11.

grität des Dienstes ergeben. Denkbar sind daneben auch rechtstreues Verhalten, urheberrechtliche Bestimmungen, Gerichts- und Aufsichtsentscheidungen oder Pflichten, die aus der Selbst- oder Ko-Regulierung der Medienintermediäre folgen (§ 8 Abs. 4 MI-Satzung).[695]

Die zweite Diskriminierungsvariante setzt eine systematische und unbillige Behinderung durch die Kriterien des § 93 MStV voraus. Diese kann in jeder objektiv nachteiligen Maßnahme bestehen, sofern dadurch der Zugang oder die Auffindbarkeit eines journalistisch-redaktionellen Angebots beeinträchtigt wird (§ 8 Abs. 1 MI-Satzung).[696] In Betracht kommt hier eine unmittelbare oder mittelbare Behinderung, bspw. wenn ein Medienintermediär zielgerichtet ein Angebot schlechter stellt. Indizien für eine solche Behinderung können fehlende Zugänge für bestimmte Anbieter, Reichweitenzuwächse oder -einbußen nach einer Änderung der Kriterien, eine nachrangige Sortierung von Originalquellen ggü. Quellen des Medienintermediärs oder eine optische Hervorhebung bestimmter Angebote durch farbliche Unterschiede bzw. prominente Links sein.[697] Hinzutreten muss allerdings eine Unbilligkeit der Behinderung, etwa wenn ein Kriterium oder mehrere Kriterien als solche unbillig sind oder billige Kriterien durch kumulatives Zusammenwirken unbillig werden.[698] Zu bestimmen ist dies aufgrund einer Interessensabwägung, innerhalb der die Interessen des Medienintermediärs, der Nutzer und der Inhalteanbieter gegeneinander abzuwägen sind (§ 9 Abs. 4 MI-Satzung).

3. Vereinbarkeit mit dem Herkunftslandprinzip

Weder die ECRL noch die AVMD-RL enthalten Vorschriften, die ein Diskriminierungsverbot bestimmter Inhalte im Angebot eines Intermediärs oder Video-Sharing-Anbieters regeln. Auch der DSA enthält keine dem § 94 MStV entsprechende Regelung. Vielmehr sieht er in den Art. 14 Abs. 4 DSA und Art. 16 Abs. 6 DSA lediglich Bestimmungen über die Beschränkung bzw. potenzielle Entfernung von Inhalten vor, während etwaige Diskriminierungen von Inhalten bzgl. ihrer Präsentation bzw. ihres Rankings nicht adressiert werden.[699] Es werden daher weder verschiedene Arten von Vermittlungsdiensten übermittelter Informationen bzw. Angebote klassifiziert oder differenziert noch ist es Ziel des DSA, diese entsprechend des Prinzips der Vielfaltsgewährleistung anzuordnen oder anzusteuern.[700] Mithin unterscheiden sich die regulatorischen Ziele des DSA (Schaffung eines vertrauenswürdigen, berechenbaren und sicheren Online-Umfeldes) sowie des § 94

[695] Ausführlich dazu *Zimmer/Liebermann*, in: Gersdorf/Paal, InfoMedienR, § 94 MStV, Rn. 20–27.

[696] *Zimmer/Liebermann*, in: Gersdorf/Paal, InfoMedienR, § 94 MStV, Rn. 30.

[697] *Zimmer/Liebermann*, in: Gersdorf/Paal, InfoMedienR, § 94 MStV, Rn. 32 f.

[698] *Zimmer/Liebermann*, in: Gersdorf/Paal, InfoMedienR, § 94 MStV, Rn. 38.

[699] So auch vgl. *Kuhlmann*, ZUM 2023, 170 (176).

[700] *Kuhlmann*, ZUM 2023, 170 (176).

MStV (Sicherung der Medienvielfalt). Da § 94 MStV demnach einem anderen berechtigten Interesse dient als die Vorschriften des DSA und letzterer keine Bestimmungen zu den Anforderungen an Organisation der Bereitstellung von Informationen an den Nutzer stellt, dürfte die Regelung des § 94 MStV dem ErwG 9 S. 3 DSA nicht entgegenstehen. Folglich liegt die Regelung zur Diskriminierungsfreiheit des § 94 MStV weder im direkten Anwendungsbereich des DSA noch handelt es sich hierbei um eine nationale Umsetzungsvorschrift der ECRL bzw. AVMD-RL. Insgesamt dürfte die Vorschrift damit für Medienintermediäre auch zukünftig neben dem DSA gelten.[701] Nach den Ausführungen in Kap. 2 I. sollten daher auch im Hinblick auf den persönlich-territorialen Anwendungsbereich der Vorschrift keine Einschränkungen aufgrund des Herkunftslandprinzips der ECRL bzw. AVMD-RL bestehen: Bei der in § 94 MStV geregelten Diskriminierungsfreiheit handelt es sich um eine Vorschrift zur Sicherung der Medienvielfalt, welche in der EU bisher nicht durch Gemeinschaftsrecht harmonisiert wurde. Daher sollte es Deutschland als Bestimmungsmitgliedstaat möglich sein, das Diskriminierungsverbot bestimmter journalistisch-redaktioneller Angebote nach § 94 MStV auch ggü. Anbietern von Vermittlungsdiensten mit Sitz oder Niederlassung in einem anderen Mitgliedstaat grenzüberschreitend durchzusetzen (bzw. ist es möglich auch abstrakt-generelle Vorschriften ggü. ausländischen Anbietern anzuwenden), um die nationale Rechtsordnung und die Medienvielfalt als Gemeinschaftswert der EU hinreichend zu schützen.

III. Werbebezogene Pflichten für Video-Sharing-Dienste, § 98 MStV

1. Regelungsumfang

§ 98 MStV regelt besondere Pflichten im Zusammenhang mit Werbung in Video-Sharing-Diensten und verweist in Abs. 1 zunächst auf die Geltung der Werbegrundsätze (§ 8 Abs. 1 MStV), das Erkennbarkeits- und Trennungsgebot (§ 8 Abs. 3 S. 1, 2 MStV), die Verbote von Schleichwerbung, Themenplatzierung und entsprechenden Praktiken (§ 8 Abs. 7 S. 1 MStV) sowie Einschränkungen für Alkoholwerbung (§ 8 Abs. 10 MStV). Gleiches gilt für die werbebezogenen Jugendschutzvorschriften des § 6 Abs. 2 und Abs. 7 JMStV. Gem. § 98 Abs. 2 MStV muss zudem der Video-Sharing-Dienst für eigens vermarktete, verkaufte oder zusammengestellte Werbung die Vorgaben des § 98 Abs. 1 MStV einhalten. Im Falle von nicht selbst vermarkteter, verkaufter oder zusammengestellter Werbung muss der Video-Sharing-Dienst die Verpflichtung der Vertragspartner zur Einhaltung des Abs. 1 in seinen AGB aufnehmen und eine Funktion zur Kennzeichnung von Werbung nach § 6 Abs. 3 TMG bereitstellen (§ 98 Abs. 3 MStV).[702] Die Vorschrift

[701] So auch *Kuhlmann*, ZUM 2023, 170 (176), die sich jedoch für eine Anpassung des § 94 MStV ausspricht, der derzeit noch akzessorisch zum vermutlich wegfallenden § 93 MStV ist.

[702] *Bornemann*, in: Gersdorf/Paal, InfoMedienR, § 98 MStV, Einl.

geht für Video-Sharing-Dienste grds. den allgemeinen Werbevorschriften des § 22 MStV als *lex speciales* vor.[703] Hingegen verdrängt § 98 Abs. 1 MStV die Vorschrift des § 22 Abs. 1 S. 3 MStV für Werbung politischer, weltanschaulicher oder religiöser Art nicht.[704]

Der Begriff des „Video-Sharing-Dienstes" ist in § 2 Abs. 2 Nr. 22 MStV legaldefiniert und entspricht im Wesentlichen der Begriffsbestimmung des Art. 1 lit. aa) AVMD-RL.[705] Video-Sharing-Dienste können zugleich als Medienintermediäre einzuordnen sein, sofern journalistisch-redaktionelle Angebote eines Dritten in einem sozialen Netzwerk oder Video-Dienst (z.B. YouTube) enthalten sind. Dies gilt unabhängig davon, ob das Angebot des Dienstes ganz oder zu einem wesentlichen Teil aus nutzergenerierten Videos und Sendungen besteht.[706] In diesen Fällen gelten die Vorschriften der §§ 91–96 MStV und §§ 97–100 MStV nebeneinander.[707] Die Werbevorschriften des § 98 MStV betreffen sämtliche Wirtschaftswerbung[708], die der unmittelbaren oder mittelbaren Förderung des Produktabsatzes oder des Erscheinungsbildes von Wirtschaftssubjekten dient und gegen Entgelt als entsprechende Gegenleistungen oder Eigenwerbung in das Angebot eines Video-Sharing-Dienstes aufgenommen wird.[709] Der Werbebegriff des § 2 Abs. 2 Nr. 7 MStV entspricht somit der Definition der „audiovisuellen kommerziellen Kommunikation" des Art. 1 Abs. 1 lit. h) AVMD-RL.[710] Beispielhaft nennt § 2 Abs. 2 Nr. 7 MStV Rundfunkwerbung, Sponsoring, Teleshopping und Produktplatzierung, wobei diese Aufzählung nicht abschließend ist.[711] Davon abzugrenzen ist der Begriff der „Werbung" i.S.d. § 8 Abs. 9 und § 22 Abs. 1 S. 3 MStV, der Werbung „politischer, religiöser und weltanschaulicher Art" erfasst, welche weder der Absatzförderung von Produkten, noch der Imageförderung von Wirtschaftssubjekten dient und insofern auch bei Unentgeltlichkeit der Zugänglichmachung erfasst ist.[712]

2. Vereinbarkeit mit dem Herkunftslandprinzip

Werbebezogene Informations- und Transparenzpflichten für Vermittlungsdienste finden sich sowohl in der ECRL (Art. 6)[713], der AVMD-RL (Art. 9 ggfs.

---

[703] *Bornemann*, in: Gersdorf/Paal, InfoMedienR, § 98 MStV, Rn. 4.

[704] *Bornemann*, in: Gersdorf/Paal, InfoMedienR, § 98 MStV, Rn. 17.

[705] S. dazu Kap. 3 B. II., S. 105.

[706] *Helling*, in: MAH-GewRS, § 26, Rn. 171; *Siara*, MMR 2020, 523 (526).

[707] *Siara*, MMR 2020, 523 (526).

[708] Zum Begriff der Wirtschaftswerbung vgl. BVerwG, Beschl. v. 27.6.2019 – 6 B 150/18 = NVwZ-RR 2020, 158 (159).

[709] *Bornemann*, in: Gersdorf/Paal, InfoMedienR, § 98 MStV, Rn. 5.

[710] Zur Begriffsbestimmung s. dazu Kap. 3 D. I. 1., S. 108.

[711] *Martini*, in: Gersdorf/Paal, InfoMedienR, § 2 MStV, Rn. 56.

[712] *Bornemann*, in: Gersdorf/Paal, InfoMedienR, § 98 MStV, Rn. 5.

[713] S. dazu Kap. 2 D. III., S. 44 ff.

i. V. m. Art. 28b)[714] als auch dem DSA im Hinblick auf Online-Plattformen (Art. 26). Konkret überschneiden sich die Pflichten des Art. 26 DSA mit den Informationspflichten des Art. 6 ECRL sowie der Kennzeichnungspflicht kommerzieller Kommunikation des Art. 28b Abs. 3 UAbs. 3 lit. c) AVMD-RL. Während die Pflichten bei eigener Werbung des § 98 Abs. 1, 2 MStV über Verweise auf die § 8 Abs. 1, 3 und 7 MStV eine nationale Umsetzung der Art. 9 und 28b AVMD-RL darstellen, ist die Vorschrift zur Bereitstellung einer Kennzeichnungsfunktion für Nutzerwerbung des § 98 Abs. 3 MStV i. V. m. § 6 Abs. 4 TMG wortgleich auf das Richtlinienrecht des Art. 6 ECRL zurückzuführen.[715] Ob die werbebezogenen Vorgaben des § 98 MStV vor dem Hintergrund des neuen Art. 26 DSA Bestand haben können, richtet sich aufgrund der grds. Fortgeltung der Regelungen der ECRL und AVMD-RL zunächst nach deren Verhältnis zum DSA. Ausgehend von ErwG 68 Abs. 1 S. 3, 5 und Art. 2 Abs. 3 DSA lässt sich hier argumentieren, dass die Informations- und Transparenzvorgaben für kommerzielle Kommunikation neben die Werbevorgaben des Art. 26 DSA treten und davon unberührt bleiben.[716] Jedoch erweitert Art. 26 Abs. 1 lit. a)–c) DSA die bisherigen Regelungen auch auf nichtgewerbliche Botschaften, solange diese gegen Entgelt über eine Plattform bekannt gemacht werden und bringt insofern Neuerungen ggü. Art. 6 lit. a) und b) ECRL.[717] Hintergrund ist dabei der Werbebegriff des Art. 3 lit. r) DSA, welcher inhaltlich weiter ist als jener der kommerziellen Kommunikation des Art. 2 lit. f) ECRL.[718] Ähnlich dürfte auch das Verhältnis zwischen Art. 26 Abs. 2 DSA zu Art. 28b Abs. 2 und 3 UAbs. 3 lit. c) AVMD-RL sein, die eine vergleichbare Kennzeichnungspflicht bzw. Pflicht zur Offenlegung von kommerzieller Nutzerkommunikation für Video-Sharing-Dienste enthalten.[719] Durch Art. 26 DSA dürften diese bereits vorhandenen Regelungen nunmehr auf sämtliche Anbieter von Online-Plattformen ausgeweitet werden.[720]

Soweit davon auszugehen ist, dass die werbebezogenen Regelungen der ECRL, der AVMD-RL und des DSA nebeneinander bestehen bleiben und einander lediglich ergänzen bzw. erweitern, würde dies den Fortbestand der nationalen Umsetzungsvorschriften des Richtlinienrechts bedeuten, insbesondere dann, wenn es sich hierbei um Vorschriften handelt, die außerhalb des Anwendungsbereichs des DSA liegen.[721] Hingegen sollten nationale Vorschriften, die zwar vollständig auf Richtlinienrecht zurückzuführen sind, aber Online-Plattformen i. S. d. DSA adressieren

---

[714] S. dazu Kap. 3 D. I. 1., S. 108 f.

[715] *Bornemann*, in: Gersdorf/Paal, InfoMedienR, § 98 MStV, Rn. 1; *Kuhlmann*, ZUM 2023, 170 (176 f.) m. w. N.

[716] So *Grisse*, in: NK-DSA, Art. 26, Rn. 44.

[717] *Grisse*, in: NK-DSA, Art. 26, Rn. 45.

[718] *Grisse*, in: NK-DSA, Art. 26, Rn. 45.

[719] *Holznagel*, in: Müller-Terpitz/Köhler/DSA, Art. 26, Rn. 17.

[720] *Grisse*, in: NK-DSA, Art. 26, Rn. 57 f.

[721] Bspw. die Regelung zum Erkennbarkeitsgrundsatz des § 22 Abs. 1 S. 1 MStV, vgl. *Kuhlmann*, ZUM 2023, 170 (177).

und damit unmittelbar im Anwendungsbereich des DSA liegen, durch die Werbevorschriften des Art. 26 DSA kraft Natur der Sache verdrängt werden.[722]

Die Werbevorschriften des § 98 MStV liegen somit wesentlich im Anwendungsbereich des Art. 26 DSA, da sie sich konkret an Video-Sharing-Dienste und damit an Online-Plattformen i.S.d. Art. 3 lit. i) DSA richten. Demnach könnten einzelne Regelungen des § 98 MStV nur insoweit fortbestehen, als sie speziellere Werbevorschriften für Video-Sharing-Dienste auf der Grundlage der Bestimmungen der AVMD-RL (etwa Art. 28b Abs. 2 UAbs. 1, 2 AVMD-RL) oder ECRL betreffen, die nicht durch Art. 26 DSA abgedeckt werden, sondern ergänzend dazu weiterhin gelten.[723] Da es sich hierbei um Umsetzungsvorschriften im koordinierten Bereich der ECRL bzw. AVMD-RL handelt, gilt das Herkunftslandprinzip des § 3 DDG. Sofern die nationalen Vorschriften in ihrem materiellen Regelungsgehalt über das geltende Richtlinienrecht hinausgehen, dürfen sie sich jedoch damit lediglich an inländische Diensteanbieter richten, während Anbieter mit Sitz in einem anderen Mitgliedstaat nur ausnahmsweise im Einzelfall bei Vorliegen der Voraussetzungen des Art. 3 Abs. 3–5 ECRL bzw. Art. 3, 4 AVMD-RL (§ 3 Abs. 5 und 6 DDG) betroffen sein können.

C. Jugendschutzrecht

I. Europäische Konzeption

In der ECRL finden sich keine Vorschriften zum Jugendschutz, die im Hinblick auf die Bereitstellung von Diensten der Informationsgesellschaft zu beachten sind. Hingegen enthält die AVMD-RL, insb. in den Art. 6a, 9 und 28b, einige spezifische Jugendschutzvorgaben für audiovisuelle Mediendienste und Video-Sharing-Dienste, die überwiegend mit der Reform der AVMD-RL im Jahr 2018 eingeführt wurden. Vorgesehen sind hier im Einzelnen (i) Schutzmaßnahmen, um die Bereitstellung von entwicklungsbeeinträchtigenden Inhalten ggü. Minderjährigen zu verhindern (Art. 6a AVMD-RL)[724], (ii) spezielle Werbevorgaben (Art. 9 und 22 AVMD-RL)[725] sowie (iii) für Video-Sharing-Dienste die Pflicht zur Einrichtung eines Melde- und Beschwerdesystems für entwicklungsbeeinträchtigende Inhalte, Systeme zur Altersverifikation und zur elterlichen Sorge (Art. 28b Abs. 3 lit. d), f) und h) AVMD-RL). Entsprechend des ErwG 20 AVMD-RL n.F. verfolgt die AVMD-RL jedoch nur einen Mindestharmonisierungsgrundsatz, der es den Mitgliedstaaten ermöglicht, ein höheres Schutzniveau für solche Inhalte einzuführen, die die körperliche, geistige oder sittliche Entwicklung von Minderjährigen beeinträchtigen

[722] So auch *Kuhlmann*, ZUM 2023, 170 (177).

[723] So wohl auch *Holznagel*, in: Müller-Terpitz/Köhler/DSA, Art. 26, Rn. 16 f.

[724] S. im Einzelnen hierzu Kap. 3 D. I. 2., S. 108.

[725] S. im Einzelnen hierzu Kap. 3 D. I. 1., S. 108 f.; II. 2., S. 110.

könnten.[726] Insofern stellten bisher vor allem die Vorgaben des Art. 28b AVMD-RL den europäischen Rahmen für mögliche nationale Maßnahmen ggü. Anbietern von Video-Sharing-Plattformen dar.[727]

Durch den DSA kommen vereinzelte (und bisher noch wenig fundierte) Regelungen zum Jugendschutz hinzu, die Anbieter von Vermittlungsdiensten zu beachten haben. Dazu zählen einerseits die Pflicht zur Ausgestaltung ihrer AGB in einer für Minderjährige verständlichen Art und Weise (Art. 14 Abs. 3 DSA)[728], besondere Schutzmaßnahmen und Werbevorschriften für Online-Plattformen (Art. 28 DSA)[729] sowie gezielte Jugendschutzmaßnahmen zur Minderung systemischer Risiken bei VLOP/VLOSE-Anbietern (Art. 35 Abs. 1 lit. j) DSA)[730]. ErwG 71 S. 3 und 4 DSA nennt hier beispielhaft die standardmäßige Gestaltung von Online-Schnittstellen oder Teilen hiervon mit dem höchsten Maß an Privatsphäre und Sicherheit für Minderjährige, die Anwendung von Standards (Art. 44 Abs. 1 lit. j) DSA) oder die Beteiligung an Verhaltenskodizes (Art. 45 DSA).[731] Zudem wird ausdrücklich auf die Berücksichtigung der BIK+-Strategie der KOM[732] als Teil der EU-Kinderrechtsstrategie[733] verwiesen, die den bereits bestehenden Minderjährigenschutz im Internet, insb. die Regelungen der AVMD-RL und des DSA ergänzen und unterstützen soll.[734]

II. Konzeption in Deutschland

Die nationalen Jugendschutzvorgaben für Anbieter von Medienintermediären finden sich im JuSchG und dem JMStV. Während das JuSchG des Bundes die Bestimmungen des Gesetzes zum Schutze der Jugend in der Öffentlichkeit (JÖSchG) und des Gesetzes über die Verbreitung jugendgefährdender Schriften und Medieninhalte (GjS) zusammenfasst[735], ergänzt der JMStV das Regulierungskon-

---

[726] VG Düsseldorf, Urt. v. 4.4.2023–27 K 3905/20 = GRUR-RS 2023, 9362 Rn. 163.

[727] VG Düsseldorf, Urt. v. 4.4.2023–27 K 3905/20 = GRUR-RS 2023, 9362 Rn. 164.

[728] S. im Einzelnen hierzu Kap. 2 E. II. 2., S. 52 f.

[729] S. dazu Kap. 2 E. IV. 6., S. 61.

[730] S. dazu sogleich unter III. 3., S. 154 ff.

[731] *Grisse*, in: NK-DSA, Art. 28, Rn. 10 f.

[732] Europäische Kommission, Mitteilung Eine digitale Dekade für Kinder und Jugendliche: die neue europäische Strategie für ein besseres Internet für Kinder (BIK+), COM (2022) 212 final.

[733] Europäische Kommission, Mitteilung EU-Kinderrechtsstrategie, COM (2021) 142 final.

[734] Europäische Kommission, Mitteilung Eine digitale Dekade für Kinder und Jugendliche: die neue europäische Strategie für ein besseres Internet für Kinder (BIK+), COM (2022) 212 final, S. 2; *Grisse*, in: NK-DSA, Art. 28, Rn. 12.

[735] *Holznagel/Hartmann*, in: HSH/MultimediaR-HdB, Teil 3, Rn. 223.

zept für Rundfunk und Telemedien (vgl. § 2 Abs. 1 JMStV).[736] Sowohl das JuSchG als auch der JMStV beinhalten vorrangig Instrumente des negativen Jugendschutzes zur Begrenzung des Zugangs zu unerwünschten Sendungen und Schriften.[737] Seit dem 2. JuSchGÄndG und der Einführung der §§ 14a, 24a JuSchG ist der Bund im Bereich der Telemedienregulierung für die Rahmenbedingungen, insb. für technisch-strukturelle Jugendschutzmaßnahmen zuständig.[738] Demgegenüber obliegt den Ländern die Regelungshoheit in Bezug auf angebotsinhaltlichen Jugendschutz in Telemedien.[739] Überschneidungen der beiden Regelwerke finden sich etwa bei den rechtlichen Folgen der Indizierung (§ 18 JuSchG) sowie den Altersfreigaben und -kennzeichnungen (§§ 11–14a JuSchG hinsichtlich der §§ 4, 5, 10 und 12 JMStV).[740] Während der JMStV in sachlicher Hinsicht den Rundfunk sowie Telemedien i. S. d. MStV (§ 2 Abs. 1 JMStV) betrifft[741], reguliert das JuSchG insb. in dessen Abschn. 3 und 4 den Jugendschutz in Trägermedien und digitalen sowie abgrenzbaren Diensten (§ 1 Abs. 1a JuSchG). Gem. § 1 Abs. 2 JuSchG erfasst der Begriff der Trägermedien, „Medien mit Texten, Bildern oder Tönen auf gegenständlichen Trägern, die zur Weitergabe geeignet, zur unmittelbaren Wahrnehmung bestimmt oder in einem Vorführ- oder Spielgerät eingebaut sind. Dem gegenständlichen Verbreiten, Überlassen, Anbieten oder Zugänglichmachen von Trägermedien steht das elektronische Verbreiten, Überlassen, Anbieten oder Zugänglichmachen gleich, soweit es sich nicht um Rundfunk i. S. d. § 2 RStV handelt." Im Hinblick auf den Begriff der „digitalen Dienste" verweist § 1 Abs. 3 JuSchG auf die Legaldefinition des § 1 Abs. 4 Nr. 1 DDG.[742]

Ähnlich wie der MStV enthielt die im Zuge der Ministerpräsidentenkonferenz vom 5. 12. 2019 beschlossene Novellierung des § 2 Abs. 1 S. 2 und 3 JMStV dem Wortlaut nach eine dem § 1 Abs. 8 MStV ähnliche Regelung zur Geltung eines Marktortprinzips. Danach sollten die Vorschriften des JMStV auch für Anbieter gelten, die ihren Sitz nicht in Deutschland hätten, sofern deren Angebote zur Nutzung in Deutschland bestimmt sei. Dies wurde jedoch im Nachgang in den Entwürfen für die Zustimmung der Länderparlamente verworfen und durch die europarechtlichen Vorgaben des Herkunftslandprinzips als Geltungsvoraussetzung ersetzt.[743] Problematisch ist jedoch, dass die vorgesehenen JMStV-Änderungen nicht

---

[736] *Holznagel/Hartmann*, in: HSH/MultimediaR-HdB, Teil 3, Rn. 224.

[737] *Holznagel/Hartmann*, in: HSH/MultimediaR-HdB, Teil 3, Rn. 222.

[738] BMFSJ, Zweites Gesetz zur Änderung des Jugendschutzgesetzes v. 1. 5. 2021, abrufbar unter https://www.bmfsfj.de/bmfsfj/service/gesetze/zweites-gesetz-zur-aenderung-des-jugendschutzgesetzes-147956 (zuletzt abgerufen am 2. 5. 2025); *Liesching*, JuSchR, § 1 JMStV, Rn. 22.

[739] *Liesching*, JuSchR, § 1 JMStV, Rn. 22.

[740] Vgl. hierzu im Einzelnen *Liesching*, JuSchR, § 11 JuSchG, Rn. 23, § 12 JuSchG Rn. 26 f., § 14 JuSchG Rn. 66 f., § 14a JuSchG Rn. 2 ff. und § 18 JuSchG Rn. 99.

[741] Zum Telemedienbegriff vgl. unter B., S. 132 ff.

[742] Zum Begriff der „digitalen Dienste" i. S. d. DDG s. unter A., S. 121 f.

[743] *Liesching*, MMR-Beil. 2020, 3 (24).

entsprechend Art. 5 Info-RL notifiziert wurden.[744] Infolgedessen lässt sich die Anwendbarkeit der Vorschrift auf Anbieter mit Sitz in anderen EU-Staaten in einem Rechtsstreit angreifen.[745] Weniger problematisch ist dagegen die Regelung des § 24a JuSchG, welche im Gegensatz zum MStV und JMStV in Abs. 4 klarstellt, dass die Bestimmungen des DDG unberührt bleiben und damit ausdrücklich auf die Geltung der Vorgaben des Herkunftslandprinzips nach Art. 3 Abs. 4 bis 6 ECRL (sowie die nationale Umsetzung in § 3 DDG) hinweist.[746]

III. JMStV

1. Materiell-rechtliche Vorgaben für angebotene Inhalte

a) Unzulässige Angebote, § 4 JMStV

§ 4 JMStV enthält einen zentralen Verbotskatalog an Angeboten, welche unbeschadet von einer strafrechtlichen Verantwortung nicht ausgestrahlt bzw. verbreitet werden dürfen. Konkret betrifft dies neben indizierten und offensichtlich schwer jugendgefährdenden Angeboten, relevante Bestimmungen des StGB zur Volksverhetzung, Gewaltdarstellungen und Pornographie.[747] Gem. § 4 Abs. 1 JMStV sind dabei solche Angebote unzulässig, die Propagandamitteln (i. S. d. § 86 StGB) und Kennzeichen verfassungswidriger Organisationen i. S. d. § 86a StGB verwenden (Nr. 1, 2), zu Hass oder Gewalttaten aufstacheln oder auffordern (Nr. 3), Gewalttaten und Handlungen unter der Herrschaft des Nationalsozialismus verleumden bzw. verherrlichen (Nr. 4, 5), als Anleitung zu einer Straftat i. S. d. § 126 Abs. 1 StGB dienen (Nr. 6) oder Krieg verherrlichen (Nr. 7). Dies gilt auch für Inhalte, die gegen die Menschenwürde verstoßen (Nr. 8), Kinder oder Jugendliche in unnatürlich geschlechtsbetonter Körperhaltung darstellen (Nr. 9) oder kinder- bzw. jugendpornografisch i. S. d. § 184b Abs. 1 (bzw. § 184c Abs. 1) StGB sind (Nr. 10). Dem Ausstrahlungs- bzw. Verbreitungsverbot unterliegen zudem Inhalte, die in die Liste jugendgefährdender Medien nach § 18 Abs. 1 JuSchG aufgenommen sind, eine bejahende Einschätzung nach § 18 Abs. 6 JuSchG haben oder einem solchen Werk ganz oder im Wesentlichen inhaltsgleich sind (§ 4 Abs. 1 Nr. 11 JMStV).

§ 4 Abs. 2 JMStV ergänzt diesen Unzulässigkeitskatalog um Angebote, die in sonstiger Weise pornografisch sind (Nr. 1), in den Teilen A und C der Liste nach § 18 JuSchG gelistet sind oder mit einem dort gelisteten Inhalt ganz oder im Wesentlichen inhaltsgleich (Nr. 2) oder offensichtlich geeignet sind, die Entwicklung oder Erziehung von Kindern oder Jugendlichen schwer zu gefährden (Nr. 3). Während solche Inhalte im Rundfunk ebenfalls absolut unzulässig sind, ist deren

[744] *Liesching*, MMR-Beil. 2020, 3 (24).
[745] *Liesching*, MMR-Beil. 2020, 3 (25) m.w.N.
[746] *Liesching*, MMR-Beil. 2020, 3 (26).
[747] *Erdemir*, in: Spindler/Schuster, Recht der elektronischen Medien, § 4 JMStV, Rn. 1.

Verbreitung in Telemedien unter dem Vorbehalt gestattet, dass ein auf erwachsene Nutzer beschränkter Zugang sichergestellt wird (§ 4 Abs. 2 S. 2 JMStV).[748] Erforderlich sind demnach anbieterseitige Zugangskontrollen bzw. ein verlässliches Altersverifikationssystem. Der JMStV enthält keine Mindeststandards für die Beschaffenheit solcher Vorkehrungen, dennoch sind nutzerseitige Filterprogramme (z. B. Rating-Systeme) oder bloße Abfragen der Personalausweis- oder Reisepassnummer nicht ausreichend.[749] Ein effizientes Altersverifikationssystem setzt daher vielmehr voraus, dass einfache, naheliegende und offensichtliche Umgehungsmöglichkeiten ausgeschlossen werden.[750]

b) Entwicklungsbeeinträchtigende Angebote, § 5 JMStV

Einem relativen Verbreitungsverbot unterliegen sog. entwicklungsbeeinträchtigende Angebote i. S. d. § 5 JMStV, welche nur an Erwachsene oder Minderjährige bestimmter Altersstufen (ab 6, 12 oder 16 Jahren) verbreitet werden dürfen, sodass jüngere Kinder oder Jugendliche die Angebote „üblicherweise nicht wahrnehmen" (§ 5 Abs. 1 JMStV).[751] Anbieter sind demnach gem. § 5 Abs. 3 JMStV verpflichtet, Zugangssperren zu solchen Inhalten einzurichten, indem der Zugang zu entwicklungsbeeinträchtigenden Angeboten der betroffenen Altersstufe durch technische oder sonstige Mittel entweder unmöglich gemacht oder zumindest wesentlich erschwert wird (Abs. 3 Nr. 1 Alt. 1). Denkbar sind hier auch Sendezeitbeschränkungen (Abs. 3 Nr. 2; vorrangig für den Rundfunk) oder Alterskennzeichnungen, die mittels Jugendschutzprogrammen nach § 11 JMStV ausgelesen werden können (Abs. 3 Nr. 1 Alt. 2). § 5 Abs. 3 JMStV korrespondiert dabei mit § 11 JMStV, welcher die Programmierung oder Vorschaltung für ein geeignetes Jugendschutzprogramm zur Erschwerung der Wahrnehmung entwicklungsbeeinträchtigender Angebote durch betroffene Altersgruppen regelt.[752] Jugendschutzprogramme sind Softwares, die Nutzer bzw. deren Erziehungsberechtigte auf den verwendeten Endgeräten installieren können und welche bei der Online-Aktivität der Minderjährigen im Hintergrund aktiv sind.[753] Die KJM legt die Kriterien für die Eignungsanforderungen für die Jugendschutzprogramme fest (§ 11 Abs. 3 JMStV), wobei die Beurteilung der Eignung durch eine anerkannte Einrichtung der freiwilligen Selbstkontrolle vorgenommen wird (§ 11 Abs. 1 S. 2 JMStV).[754] Im Hinblick

---

[748] *Liesching*, JuSchR, § 4 JMStV, Rn. 74.

[749] BGH, Urt. v. 18. 10. 2007 – I ZR 102/05 = NJW 2008, 1882 Ls. 5; *Altenhain*, in: HSH/MultimediaR-HdB, Teil 20, Rn. 66 ff.; *Erdemir*, in: Spindler/Schuster, Recht der elektronischen Medien, § 4 JMStV, Rn. 148.

[750] BGH, Urt. v. 18. 10. 2007 – I ZR 102/05 = NJW 2008, 1882, Rn. 28; *Erdemir*, in: Spindler/Schuster, Recht der elektronischen Medien, § 4 JMStV, Rn. 148.

[751] *Altenhain*, in: HSH/MultimediaR-HdB, Teil 20, Rn. 83.

[752] *Liesching*, JuSchR, § 11 JMStV, Rn. 1.

[753] *Hoeren/Voget*, in: Steege/Chibanguza, Metaverse-HdB, § 12, Rn. 27.

[754] *Altenhain*, in: HSH/MultimediaR-HdB, Teil 20, Rn. 107.

auf zeitliche Zugangsbeschränkungen konkretisiert § 5 Abs. 4 JMStV die Anforderungen der zeitlichen Begrenzung der Ausstrahlungs- und Verbreitungszeit: Angebote, die nur an Kinder und Jugendliche ab 12 Jahren verbreitet werden dürfen, können daher jederzeit frei zugänglich gemacht werden. Angebote ab 16 Jahren dürfen nur ab 22 Uhr freigeschaltet werden, Angebote ab einer Altersgrenze von 18 Jahren nur im Zeitraum zwischen 23 Uhr und 6 Uhr verbreitet werden.[755] Ausgenommen von den Verbreitungsbeschränkungen sind Nachrichtensendungen und Sendungen zum politischen Zeitgeschehen im Rundfunk und vergleichbare Angebote in Telemedien (§ 5 Abs. 6 JMStV).[756]

c) Vereinbarkeit mit dem Herkunftslandprinzip

Die Jugendschutzvorgaben der §§ 4, 5 und 11 JMStV stehen teilweise in Konkurrenz zu den Regelungen des Art. 28 DSA, der Pflichten zum Schutz Minderjähriger auf Online-Plattformen enthält. Betroffen sind jedoch lediglich nationale Verpflichtungen von Online-Plattformen zu Vorsorgemaßnahmen, die durch Art. 28 Abs. 1 DSA wohl vollständig verdrängt werden dürften.[757] Neben Art. 28 Abs. 1 DSA sieht auch Art. 35 Abs. 1 lit. j) DSA für VLOP- und VLOSE-Dienste entsprechende Risikominimierungsmaßnahmen zum Schutz von Kindern und Jugendlichen vor.[758] Potentiell betrifft dies die Vorgaben des § 5 Abs. 3 Nr. 1 und 2 JMStV (Art. 6a Abs. 1, Art. 28b Abs. 3 lit. f) und h) AVMD-RL), welche audiovisuelle Mediendienste und Video-Sharing-Plattformen verpflichten, Jugendschutzmaßnahmen (Wahl der Sendezeit, Mittel zur Altersverifikation, Systeme zur elterlichen Kontrolle) einzurichten. Dagegen legt der DSA nicht fest, welche Inhalte oder Informationen jugendgefährdend oder entwicklungsbeeinträchtigend sind. Dies ergibt sich vielmehr aus dem sektoral harmonisierten EU-Recht (etwa der AVMD-RL) bzw. dem nationalen Recht (bspw. dem JMStV). Hinsichtlich inhalte- oder werbebezogenen Risiken durch Videoinhalte auf Video-Sharing-Plattformen dürften somit etwa Art. 28b Abs. 1, 3 lit. f), g) und j) AVMD-RL spezieller als Art. 28 DSA sein und diesen damit verdrängen.[759]

§ 4 JMStV überschneidet sich mit den Regelungen des Art. 6 und 6a (ggfs. i.V.m. Art. 28b Abs. 1 lit. a) und b)) AVMD-RL, wonach audiovisuelle Mediendienste und Video-Sharing-Dienste keine Inhalte bereitstellen dürfen, die zu Hass oder Gewalt gegen Menschengruppen anhand von der Diskriminierungskriterien des Art. 21 GRCh aufstacheln oder zur Begehung von terroristischen Straftaten auffordern. Zudem enthält Art. 6a AVMD-RL ähnlich dem § 5 JMStV ein Ver-

[755] *Altenhain*, in: HSH/MultimediaR-HdB, Teil 20, Rn. 109; *Liesching*, JuSchR, § 5 JMStV, Rn. 73.

[756] *Erdemir*, in: NK-JMStV, § 5, Rn. 80.

[757] *Holznagel*, in: Müller-Terpitz/Köhler/DSA, Art. 28, Rn. 14.

[758] Hierzu sogleich unter 3., S. 154 ff.

[759] *Holznagel*, in: Müller-Terpitz/Köhler/DSA, Art. 28, Rn. 13.

breitungsverbot von Inhalten ggü. Minderjährigen, die deren körperliche, geistige oder sittliche Entwicklung beeinträchtigen können sowie eine Pflicht zur Kennzeichnung solcher Inhalte (Abs. 3). Darüber hinaus dürfte der Katalog absolut unzulässiger Inhalte des § 4 Abs. 1, 2 JMStV aber weiter reichen als jener der Art. 6, 6a AVMD-RL. Im Gegensatz zu den §§ 4, 5 JMStV kennt die AVMD-RL auch keine Unterscheidung zwischen absoluten und relativen Verbreitungsverboten. Während sich die Vorgaben der AVMD-RL nur an Angebote von audiovisuellen Mediendiensten und Video-Sharing-Anbietern richten, betreffen die nationalen Vorschriften des JMStV sämtliche Rundfunk- und Telemedienanbieter und damit einen breiteren Adressatenkreis. Da die AVMD-RL hinsichtlich der Regulierung des Jugendschutzes bei audiovisuellen Mediendienste und Video-Sharing-Anbieter einen Mindestharmonisierungsansatz verfolgt, steht es dem nicht entgegen, dass die nationalen Vorgaben für solche inländische Diensteanbieter weitreichendere Anforderungen stellen. Soweit sich die Regelungen auch an Diensteanbieter mit Niederlassung in einem anderen Mitgliedstaat richten, gilt dies daher unter dem Vorbehalt des Herkunftslandprinzips bzw. Sendestaatprinzips sowie der Ausnahmen hiervon gem. Art. 3 Abs. 4–6 ECRL bzw. Art. 3, 4 AVMD-RL, weil die Vorgaben einen durch die AVMD-RL harmonisierten Bereich betreffen.

Anders dürfte sich dies mit Blick auf die Regulierung der Jugendschutzanforderungen beim Angebot anderer Intermediäre verhalten, die zwar keine Video-Sharing-Dienste sind, aber unter die Begriffsbestimmung der „Telemedien" i. S. d. MStV fallen und damit vom Anwendungsbereich der §§ 4, 5 und 11 JMStV erfasst sind. Mangels entsprechender Richtlinienbestimmungen in der ECRL, dem DSA oder anderweitigem Unionsrecht besteht jedoch dahingehend keine Harmonisierung, sodass das nationale Jugendschutzrecht (soweit es nicht durch Art. 28 DSA verdrängt wird) auch grenzüberschreitend durchgesetzt werden könnte. Insgesamt dürften die nationalen Bestimmungen zu Alterseinstufungen und der Definition von jugendgefährdenden oder entwicklungsbeeinträchtigenden Inhalten der §§ 4, 5 und 11 JMStV grds. weiterhin relevant bleiben, auch wenn deren Anwendungsbereich bzgl. Video-Sharing-Diensteanbietern mit Sitz in einem anderen EU-Mitgliedstaat in der Reichweite durch das Herkunftslandprinzip deutlich begrenzt ist.[760]

2. Werbeverbote, § 6 JMStV

§ 6 JMStV normiert materielle Vorgaben zur Gestaltung von Werbung. Danach sind Angebote i. S. d. § 4 Abs. 1 JMStV und solche, die in der Liste der jugendgefährdenden Medien nach § 18 JuSchG aufgenommen wurden (indizierte Angebote) nur unter jenen Bedingungen zulässig, die auch für die Verbreitung dieser Angebote

[760] *Holznagel*, in: Müller-Terpitz/Köhler/DSA, Art. 28, Rn. 16; obgleich sich hier im Hinblick auf die Handlungspflichten des DSA die Frage stellt, welches nationale Recht im Einzelnen Anwendung finden soll.

selbst gelten (§ 6 Abs. 1 JMStV).[761] In den § 6 Abs. 2–5 JMStV finden sich zudem einzelne Werbegestaltungsge- und verbotstatbestände. Neben einem Verbot von Werbung, die Kinder und Jugendliche körperlich oder seelisch beeinträchtigt, untersagt Abs. 2 etwa (i) direkte Kaufappelle unter Ausnutzung der Unerfahrenheit (Nr. 1) und (ii) die Aufforderung Minderjähriger zu solchen Kaufappellen (Nr. 2). Gleiches gilt für (iii) Werbung, die das Verhältnis zu Vertrauenspersonen ausnutzt (Nr. 3) oder Kinder bzw. Jugendliche ohne berechtigten Grund in Gefahrensituationen zeigt (Nr. 4). Werbung, die geeignet ist, die Entwicklung von Minderjährigen zu beeinträchtigen, muss im Übrigen von Kinder- und Jugendprogrammen getrennt werden (§ 6 Abs. 3 JMStV). Ein Werbeverbot gilt gem. § 6 Abs. 4 JMStV auch für interessenschädigende Werbeinhalte sowie für Alkoholwerbung (Abs. 5) und Teleshopping, das Minderjährige zum Vertragsschluss anregt (Abs. 6). Schließlich gelten besondere Vorgaben für Lebensmittelwerbung, einschließlich Werbung und Substanzen mit ernährungsbezogener und physiologischer Wirkung (§ 6 Abs. 7 JMStV). Der Werbebegriff orientiert sich hier an § 2 Abs. 2 Nr. 7 MStV, ist jedoch materiell weiter zu verstehen als derjenige des MStV.[762] Erfasst ist demnach „jede Art von Werbung mit Ausnahme von unmittelbar produktbezogenen Angaben und Nachfragehandlungen also auch Maßnahmen der mittelbaren Absatzförderung, bspw. in Form von Imagewerbung“[763]. Demnach gilt § 6 Abs. 1 JMStV nicht nur für Wirtschaftswerbung.[764]

Speziell bezogen auf den Jugendschutz innerhalb von Werbeinhalten normiert Art. 28 Abs. 2 DSA, dass Anbieter von Online-Plattformen Minderjährige nicht gezielt mit Werbung ansprechen dürfen, die auf der Grundlage von Profiling (i. S. d. Art. 4 Abs. 4 DSGVO) unter Verwendung personenbezogener Daten ausgewählt werden.[765] Auch Art. 6a Abs. 2 (bzw. Art. 28b Abs. 3 UAbs. 4) AVMD-RL enthält für audiovisuelle Mediendienste und Video-Sharing-Dienste ein Verbot, personenbezogene Daten von Minderjährigen für kommerzielle Zwecke, etwa Direktwerbung, Profiling oder auf das Nutzungsverhalten abgestimmte Werbung zu verwenden. Darüber hinaus enthält Art. 28 Abs. 2 DSA jedoch anders als die AVMD-RL keine inhaltebezogenen Vorgaben für Werbung auf Online-Plattformen. § 6 JMStV ist größtenteils eine nationale Umsetzungsvorschrift der jugendschutzbezogenen Werbevorschriften der AVMD-RL und liegt damit nicht im unmittelbaren Anwendungsbereich des Art. 28 DSA. So wurde der Katalog der Werbeverbote des § 6 Abs. 2 JMStV nahezu wortgleich aus Art. 9 Abs. 1 lit. g) AVMD-RL (ehem. Art. 16

[761] *Dankert/Sümmermann*, in: Erdemir/JuSchR, § 6, Rn. 130.

[762] *Schwartmann*, in: NK-JMStV, § 6, Rn. 2 f.

[763] VG Neustadt a. d. Weinstraße, Urt. v. 22. 1. 2020 – 5 K 532/19.NW = BeckRS 2020, 2255 Rn. 58 unter Verweis auf BGH, Urt. v. 10. 7. 2018 – VI ZR 225/17 = NJW 2018, 3506 Rn. 18; *Liesching*, in: BeckOK/JuSchR, § 6 JMStV, Rn. 6.

[764] *Liesching*, in: BeckOK/JuSchR, § 6 JMStV, Rn. 8.

[765] *Holznagel*, in: Müller-Terpitz/Köhler/DSA, Art. 28, Rn. 45.

Abs. 1 Fernseh-RL) übernommen.[766] Gleiches gilt für das Verbot von Alkoholwerbung des § 6 Abs. 5 JMStV als nationales Äquivalent zu Art. 9 Abs. 1 lit. e) bzw. Art. 22 lit. a) AVMD-RL (ehem. Art. 15 Fernseh-RL).[767] Die Vorgaben für Lebensmittelwerbung (§ 6 Abs. 7 JMStV) dürften aus dem nationalen Auftrag der Mitgliedstaaten zur Unterstützung der Koregulierung im Bereich von Lebensmittelwerbung stammen, die Kindersendungen begleitet oder darin enthalten ist (Art. 9 Abs. 4 AVMD-RL). Zusätzlich zum weiteren Begriffsverständnis der „Werbung" richten sich die Werbevorschriften des § 6 JMStV im Gegensatz zur AVMD-RL an Rundfunk und sämtliche Telemedien, mithin nicht nur an audiovisuelle Mediendienste und Video-Sharing-Anbieter. Die Erweiterung der Normadressaten des JMStV begründete der Gesetzgeber mit der zunehmenden „Austauschbarkeit unterschiedlicher Inhalte im Hinblick auf technische Plattformen und Darbietungsformen", die es gebieten würde, „den Bereich des Jugendschutzes in einem einheitlichen Gesetzeswerk für Rundfunk und alle Telemedien zu regeln"[768]. Trotz dessen liegen die Vorgaben im unmittelbar durch die AVMD-RL koordinierten Bereich, sodass insofern im Hinblick auf die Geltung des Herkunftslandprinzip das bereits in Kap. 2 I. Ausgeführte auch hier gilt.

3. Kennzeichnungspflicht, § 12 JMStV

§ 12 S. 1 JMStV verpflichtet Telemedien-Anbieter zum Hinweis auf Altersfreigaben nach dem JuSchG, soweit die angebotenen Inhalte mit auf JuSchG-altersfreigabebeschränkten Film- oder Spielbildträgern ganz oder im Wesentlichen inhaltsgleich sind.[769] Nicht geregelt sind jedoch die inhaltlichen Anforderungen an ein solches Kennzeichen (etwa die Verwendung eines besonderen Zeichens i. S. v. § 12 Abs. 2 Nr. 1 JuSchG oder ein formloser Hinweis auf eine entsprechende Kennzeichnung des Bildträgers).[770] Nach § 12 S. 2 JMStV steht daher für Fassungen von Filmen und Spielen in Telemedien das Freigabeverfahren nach § 14 Abs. 6 JuSchG offen. Bedeutsam ist die Kennzeichnungspflicht insb. bei Video-on-Demand-Angeboten, Download-Portalen und Streaming-Angeboten.[771]

---

[766] KJM, Amtl. Begr. zum JMStV, S. 16, abrufbar unter https://www.kjm-online.de/fileadmin/user_upload/Rechtsgrundlagen/Gesetze_Staatsvertraege/JMStV_Archiv/Amtliche_Begru__ndung_zum_JMStV.pdf (zuletzt abgerufen am 2. 5. 2025).

[767] KJM, Amtl. Begr. zum JMStV, S. 17, abrufbar unter https://www.kjm-online.de/fileadmin/user_upload/Rechtsgrundlagen/Gesetze_Staatsvertraege/JMStV_Archiv/Amtliche_Begru__ndung_zum_JMStV.pdf (zuletzt abgerufen am 2. 5. 2025).

[768] KJM, Amtl. Begr. zum JMStV, S. 1 f., abrufbar unter https://www.kjm-online.de/fileadmin/user_upload/Rechtsgrundlagen/Gesetze_Staatsvertraege/JMStV_Archiv/Amtliche_Begru__ndung_zum_JMStV.pdf (zuletzt abgerufen am 2. 5. 2025).

[769] *Liesching*, JuSchR, § 12 JMStV, Rn. 1.

[770] *Erdemir*, in: Spindler/Schuster, Recht der elektronischen Medien, § 12 JMStV, Rn. 5.

[771] *Liesching*, JuSchR, § 12 JMStV, Rn. 1.

Die Regelung des § 12 JMStV tritt neben § 5c Abs. 2 JMStV, der eine Alterseinstufung und Hinweispflicht für Sendungen regelt, bei denen eine entwicklungsbeeinträchtigende Wirkung auf Minderjährige unter 16 Jahren anzunehmen ist.[772] Gleiches gilt auch für die Kennzeichnungspflicht des § 14a JuSchG, die die Hinweispflicht des § 12 JMStV ergänzt und nicht i. S. e. Sperrwirkung des Art. 72 Abs. 1 GG vorgehen soll.[773] Inhaltlich-formale Anforderungen an die Hinweise auf Altersstufenkennzeichnen sind bei beiden Vorschriften gleich auszulegen. Für Vermittlungsdienste i. S. d. DSA bzw. Medienintermediäre nach dem MStV ist die Vorschrift des § 14a JuSchG jedoch nicht relevant, da die Kennzeichnungspflicht nur solche Dienste erfasst, die „Filme oder Spielprogramme in einem Gesamtangebot zusammenfassen und mit Gewinnerzielungsabsicht als eigene Inhalte nach § 7 TMG zum individuellen Abruf zu einem von den Nutzerinnen und Nutzern gewählten Zeitpunkt bereithalten". Dies ist jedoch bei Medienintermediären regelmäßig nicht der Fall.[774]

Der DSA verpflichtet VLOP- und VLOSE-Anbieter in Art. 35 Abs. 1 lit. j) zu Risikominimierungsmaßnahmen zum Schutz der Rechte des Kindes, insb. der Einrichtung von Werkzeugen zur Altersüberprüfung, einer elterlichen Kontrolle und Werkzeugen, die es Minderjährigen ermöglichen sollen, Missbrauch zu melden bzw. Unterstützung zu erhalten.[775] Die materielle Ausgestaltung solcher Werkzeuge wird im DSA nicht näher konkretisiert. Im Vordergrund dürften jedoch zunächst wirksame Werkzeuge und Praktiken zur Altersüberprüfung stehen, die etwa auch durch Art. 8 Abs. 1 DSGVO harmonisiert werden.[776] Konkrete Kennzeichnungspflichten i. S. e. Hinweises auf Altersfreigaben bestimmter Inhalte ergeben sich hingegen weder aus Art. 28 Abs. 1 noch Art. 35 Abs. 1 lit. j) DSA. I. R. d. BIK+-Strategie hat die KOM allerdings eine Bitte an die Branche formuliert, wonach „Vorkehrungen für den Zugang zu altersbeschränkten Inhalten sowie zu nicht jugendfreien Websites und zu Spielen mit einer Altersfreigabe ab 18 Jahren im Einklang mit den nationalen und europäischen Vorschriften wirksam [umgesetzt werden sollen]" [777].

Jedenfalls liegen die Kennzeichnungspflichten des § 12 JMStV im koordinierten Bereich der AVMD-RL, der in Art. 6a Abs. 3 vorgibt, dass die Mitgliedstaaten sicherstellen sollen, dass audiovisuelle Mediendienste den Zuschauern ausreichende Informationen über Inhalte geben, die die körperliche, geistige oder sittliche Entwicklung von Minderjährigen beeinträchtigen können. Möglich ist in diesem Zusammenhang auch ein System, worüber die potenzielle Schädlichkeit des Inhaltes

---

[772] *Gutknecht*, in: NK-JMStV, § 12, Rn. 2.

[773] BT-Drs. 19/24909, S. 49.

[774] *Liesching*, MMR-Beil. 2020, 3 (25).

[775] *Beyerbach*, in: Müller-Terpitz/Köhler/DSA, Art. 35, Rn. 26.

[776] *Kaesling*, in: NK-DSA, Art. 35, Rn. 59 f.

[777] Europäische Kommission, Mitteilung Eine digitale Dekade für Kinder und Jugendliche: die neue europäische Strategie für ein besseres Internet für Kinder (BIK+), COM (2022) 212 final, S. 13.

beschrieben wird.[778] Eine Inhaltedeskription, wie sie in § 12 JMStV für Telemedienanbieter vorgesehen ist, dürfte daher Art. 6a Abs. 3 AVMD-RL nicht entgegenstehen, sondern vielmehr den europäischen Anforderungen genügen.[779] Im Hinblick auf die Erweiterung des Anwendungsbereichs auf sämtliche Telemedienanbieter, die keine audiovisuellen Mediendienste darstellen, dürfte dabei das unter 1. c) zu §§ 4 und 5 JMStV Ausgeführte gelten. Die KOM hat jedoch bereits im Juli 2024 die Sondierung zu den DSA-Leitlinien, insb. dem Schutz von Minderjährigen begonnen, deren Beiträge in den Entwurf der Leitlinien einfließen soll. Geplant ist zudem eine Verabschiedung vor dem Sommer 2025.[780] Insofern wird die KOM von ihrer Delegierungsmöglichkeit des Art. 28 Abs. 4 DSA Gebrauch machen, um mittels unverbindlichen Leitlinien den Inhalt der durch den DSA vorgesehenen Jugendschutzmaßnahmen für Online-Plattformen maßgeblich zu konkretisieren. Denkbar ist in diesem Zusammenhang auch eine Verpflichtung zur Einführung von Inhaltedeskriptoren, wie sie bereits in einigen Mitgliedstaaten im nationalen Recht vorgesehen sind. [781] Jedenfalls ist zu erwarten, dass der Jugendschutz auf Online-Plattformen über Art. 28 Abs. 4 DSA faktisch harmonisiert wird, sodass der Spielraum für nationale Vorschriften erheblich eingeschränkt wird.

IV. Vorsorgemaßnahmen, § 24a JuSchG

Bisher verpflichtete § 24a Abs. 1 JuSchG a.F. insb. Host-Provider, soziale Netzwerke und Video-Sharing-Dienste, um strukturelle Vorsorgemaßnahmen zur Wahrung der Schutzziele des § 10a Nr. 1–3 JuSchG a.F. zu ergreifen. Normadressaten waren nach dem Wortlaut des § 24a Abs. 1 JuSchG sämtliche „Diensteanbieter, die fremde Informationen für Nutzerinnen und Nutzer mit Gewinnerzielungsabsicht speichern oder bereitstellen". Davon ausgenommen waren jedoch nach § 24a Abs. 3 JuSchG a.F. solche Dienste, deren Angebot im Inland nachweislich weniger als eine Millionen Nutzer hatte. Der Verweis auf die Geltung der Vorgaben des Herkunftslandprinzips nach Art. 3 Abs. 4 bis 6 ECRL und deren Umsetzung in § 3 Abs. 5 TMG (§ 24a Abs. 4 JuSchG a.F.) beschränkte die territoriale Anwendbarkeit der Vorschrift auf Diensteanbieter mit Niederlassung in einem anderen EU-Mitgliedstaat.[782] In materieller Hinsicht traf der Bund in § 24a

---

[778] *Waldeck*, in: Erdemir/JuSchR, § 4, Rn. 5.

[779] Vgl. zur Europarechtskonformität von Inhaltedeskriptoren des parallelen § 14a JuSchG, BT-Drs. 19/24909, S. 28 f.

[780] Europäische Kommission (Vertretung in Deutschland), Schutz Minderjähriger im Internet: EU-Kommission startet Sondierung zu DSA-Leitlinien, Pressemitteilung vom 31.7. 2024, abrufbar unter https://germany.representation.ec.europa.eu/news/schutz-minderjahriger-im-internet-eu-kommission-startet-sondierung-zu-dsa-leitlinien-2024-07-31_de (zuletzt abgerufen am 2.5.2025).

[781] *Wagner/Waldeck*, in: Erdemir/JuSchR, § 3, Rn. 4.

[782] *Liesching*, Herkunftslandprinzip der ECRL und die deutsche Medienregulierung, S. 97.

Abs. 2 Nr. 1 bis 8 JuSchG a. F. abschließende Regelungen für Host-Provider und Video-Sharing-Dienste im Bereich des technisch-strukturellen Jugendschutzes.[783] Strukturelle Vorsorgemaßnahmen meinen insofern übergeordnete systematische Anforderungen an die Angebotsausgestaltung, die bereits vor Auftreten konkreter Risiken ergriffen werden müssen.[784] Zu den verpflichtenden Maßnahmen zählten etwa die Bereitstellung eines Melde- und Abhilfeverfahrens bei unzulässigen und entwicklungsbeeinträchtigenden Angeboten nach § 4 bzw. § 5 Abs. 1, 2 JMStV sowie die Bereitstellung von technischen Mitteln zur Altersverifikation bzw. zur elterlichen Kontrolle.[785]

§ 24a JuSchG wurde umfassend mit der Einführung des DDG an Art. 28 DSA angepasst (Art. 12).[786] Angelehnt an die Terminologie des Art. 28 DSA adressiert § 24a Abs. 1 JuSchG n. F. nunmehr lediglich Anbieter von Online-Plattformen, die für Minderjährige zugänglich sind. § 24a Abs. 1, 3 JuSchG n. F. weist hier die Zuständigkeit zur Durchsetzung der strukturellen Vorsorgemaßnahmen des Art. 14 Abs. 3 und Art. 28 Abs. 1 DSA der BzKJ zu, soweit diese nicht Maßnahmen nach dem JMStV betreffen bzw. ausdrücklich der KOM zugewiesen sind.[787] Jedoch soll der bisherige materielle Verpflichtungsgehalt des § 24a Abs. 1 JuSchG ggü. Online-Plattformen entfallen, sodass die Norm fortan lediglich die behördlichen Zuständigkeiten und Bedingungen zur Durchsetzung der Verpflichtungen des Art. 28 DSA regelt.[788] Begründet wurde dies im Gesetzgebungsverfahren zum DDG damit, dass die in § 24a Abs. 1 JuSchG a. F. enthaltene Verpflichtung zu angemessenen und wirksamen Vorsorgemaßnahmen nunmehr vollumfänglich in Art. 28 DSA zum Online-Schutz von Minderjährigen aufgehe, weshalb die Wiedergabe des Pflichtenprogramms des Art. 28 Abs. 1 DSA in § 24a Abs. 2 JuSchG n. F. lediglich der Normklarheit und Kohärenz mit den weiteren Vorgaben des JuSchG diene.[789] Zusätzlich sollen die Regelbeispiele als Ausgestaltung der spezifischen Bedingungen für die Ausübung der Befugnisse der nationalen Behörden nach Art. 51 Abs. 6 S. 1 DSA dienen.[790] Der Beispielkatalog wurde weitestgehend aus § 24a Abs. 2 JuSchG a. F. übernommen, gestrichen wurden jedoch die Nr. 1 und 8, die im Wesentlichen mit den Regelungen des Art. 14 Abs. 3 und Art. 16 DSA deckungsgleich seien.[791] Der Katalog sei jedoch keine abschließende Aufzählung, sondern erlaube die Ent-

---

[783] *Liesching*, JuSchR, § 24a JuSchG, Rn. 9.

[784] BT-Drs. 20/10755, S. 16.

[785] *Bernzen/Dreyer*, in: Erdemir/JuSchR, § 5, Rn. 63, 73.

[786] Eingehend hierzu *Bernzen/Dreyer*, in: HK-JuSchR, § 24a JuSchG, Rn. 118 ff.

[787] BT-Drs. 20/10755, S. 15.

[788] BMDV, Ref-E DDG, Stand: 1. 8. 2023, S. 91.

[789] BMDV, Ref-E DDG, Stand: 1. 8. 2023, S. 91.

[790] BT-Drs. 20/10755, S. 16.

[791] BMDV, Ref-E DDG, Stand: 1. 8. 2023, S. 91.

wicklung weiterer Vorsorgemaßnahmen durch die BzKJ (bspw. auch Melde- und Abhilfeverfahren soweit dies im Einklang mit dem DSA steht).[792]

Der Regelungscharakter lässt sich aber nicht eindeutig bestimmen, da in der Begründung des Referentenentwurfes zum DDG ausgeführt wurde, dass der Beispielkatalog die „vorrangig zu berücksichtigenden Konkretisierungen [des DSA], etwa die in Art. 28 Abs. 4 des DSA genannten Leitlinien der KOM, die auf europäischer Ebene entwickelten Verhaltenskodizes oder Maßnahmen nach den Sondervorschriften der Art. 34 und 35 des DSA“ [793] ergänzen soll. Zutreffend ist jedenfalls, dass Art. 51 Abs. 6 DSA einen Regelungsauftrag für die Mitgliedstaaten enthält, „spezifische Bedingungen und Verfahren für die Ausübung der Befugnisse“ der Abs. 1 bis 3 zu schaffen bzw. festzulegen.[794] Dies betrifft neben dem Verfahrens- und Verwaltungsvollstreckungsrecht auch Voraussetzungen für die Ausübung der Durchsetzungs- und Sanktionsbefugnisse. Eine zulässige Bedingung dürfte bspw. für die Sanktionsbefugnis des Art. 51 Abs. 2 UAbs. 1 lit. c) DSA neben der Art des Verschuldens für das Strafmaß auch das Verschulden als Voraussetzung für die Buße sein.[795] Zwar konkretisiert Art. 51 Abs. 6 DSA den Begriff der „Bedingungen“ nicht weiter, jedoch darf bezweifelt werden, ob damit auch die Festlegung spezifischer Zuwiderhandlungen gegen Pflichten des DSA gemeint sind. Tatsächlich gestaltet der Beispielkatalog des § 24a Abs. 2 JuSchG die derzeitige Regelungslücke des Art. 28 Abs. 4 DSA aus, um bei mutmaßlichen Zuwiderhandlungen von Online-Plattformen gegen die dort genannten Pflichten Durchsetzungs- und Sanktionsmaßnahmen der BzKJ zu ermöglichen. Entgegen der Ansicht des Gesetzgebers handelt es sich dabei jedoch nicht um die Festlegung einer spezifischen Bedingung, sondern um die materiell-rechtliche Konkretisierung einer verfolgbaren Zuwiderhandlung gegen den DSA. Da die KOM mittels der derzeit auszuarbeitenden Leitlinien selbstständig die zu ergreifenden Maßnahmen nach Art. 28 Abs. 1, 4 DSA als Maßstab für etwaige Zuwiderhandlungen konkretisieren wird, dürfte der Beispielkatalog des § 24a Abs. 2 JuSchG künftig nur noch eine untergeordnete Rolle spielen.

Erhalten bleibt der Verweis des § 24a Abs. 4 JuSchG unter redaktioneller Anpassung auf die Regelungen zum Herkunftslandprinzip nach den §§ 2 und 3 DDG. Dieser dürfte in erster Linie der Klarstellung dienen, da die Durchsetzung von Pflichten bzw. Verstößen gegen Jugendschutzmaßnahmen ggü. Vermittlungsdiensten, mit Sitz in einem anderen Mitgliedstaat grds. der KOM bzw. den jeweiligen Herkunftsländern obliegt (vgl. Art. 56 DSA). Soweit den Mitgliedstaaten durch Art. 51 Abs. 6 DSA ein Regelungsauftrag zur Konkretisierung der Bedingungen für Untersuchungs- und Durchsetzungsmaßnahmen nach Art. 51 und 52 DSA im Zusammenhang mit Verstößen gegen Pflichten aus dem DSA auferlegt

---

[792] BMDV, Ref-E DDG, Stand: 1.8.2023, S. 91.

[793] BMDV, Ref-E DDG, Stand: 1.8.2023, S. 91.

[794] *Rademacher*, in: NK-DSA, Art. 51, Rn. 39.

[795] *Rademacher*, in: NK-DSA, Art. 51, Rn. 42.

wird, gilt dies jedoch nicht für Befugnisse, die dem Mitgliedstaat von vorherein aufgrund des Art. 56 DSA nicht zustehen.[796] Mithin können sich aus § 24a JuSchG keine Voraussetzungen für die Ausübung der Befugnisse nach Art. 51 Abs. 6 DSA im Hinblick auf die Durchsetzung der jugendschutzbezogenen Pflichten aus Art. 28 DSA ggü. Vermittlungsdiensten, mit Niederlassung in der EU oder einem Drittstaat ergeben, da anderenfalls Art. 51 Abs. 6 DSA zugunsten der BzKJ überschießend umgesetzt wäre.

D. Ausblick zum 5. und 6. MÄStV

Die Rundfunkkommission der Länder hat am 8.11.2023 einen Diskussionsentwurf für einen 5. sowie 6. Medienänderungsstaatsvertrag (MÄStV) zur öffentlichen Anhörung freigegeben.[797] Der 5. MÄStV ist am 1.10.2024 in Kraft getreten und enthält im Wesentlichen Anpassungen der nationalen Regelungen (insb. dem MStV) an den DSA unter Berücksichtigung der deutschen Medienregulierung. Darunter fällt etwa die Regelung zur Zuständigkeit der Medienanstalten hinsichtlich der Durchsetzung der Pflichten nach § 12 Abs. 2 DDG (vgl. § 111 Abs. 3 MStV-E). Im Gegensatz zur Einführung des Begriffs der „digitalen Dienste“ soll der bisherige Telemedienbegriff für die Vorschriften des MStV beibehalten werden. Änderungen in den Vorschiften der §§ 91–94 MStV sind ersichtlich nicht geplant. Im Hinblick auf die Werbevorschriften des § 98 MStV soll lediglich eine redaktionelle Anpassung an die Kennzeichnungspflicht des § 6 Abs. 3 DDG vorgenommen werden.

Demgegenüber betreffen die Änderungen des 6. MÄStV insb. den technischen Jugendmedienschutz im JMStV. Danach sollen bereits bestehende Jugendschutzsysteme leichter nutzbar gemacht werden und so miteinander verknüpft werden, dass sie ihre Wirksamkeit bestmöglich entfalten. Der Entwurf wurde bereits der KOM zur Notifizierung vorgelegt und soll bis zum 1.4.2025 durch die Länder unterzeichnet werden.[798] Ziel des 6. MÄStV ist es dabei, einen individuell leicht einstellbaren und zu konfigurierenden Jugendschutz auf den Endgeräten zu schaffen. Im Fokus stehen hier vor allem Apps, die einen Großteil der Mediennutzung von Minderjährigen ausmachen würden. Hierzu gehören nach den §§ 12 ff. JMStV-E neue Anforderungen an Anbieter von Betriebssystemen (§ 12), Anbieter von Apps (§ 12a), ergänzende Vorschriften für Apps mit anerkannten Jugendschutz-

[796] *Rademacher*, in: NK-DSA, Art. 51, Rn. 39.

[797] Rundfunkkommission der Länder, Beschluss zur Anhörung 5. und 6. MÄStV v. 8.11. 2023, abrufbar unter https://rundfunkkommission.rlp.de/fileadmin/rundfunkkommission/Dokumente/Beschluesse/2023-11-08_RFK-Beschluss_Anhhoerung_5._und_6._MAEStV.pdf (zuletzt abgerufen am 2.5.2025).

[798] Rundfunkkommission der Länder, Beschluss zum 6. MÄStV v. 15.5.2024, abrufbar unter https://rundfunkkommission.rlp.de/fileadmin/rundfunkkommission/Dokumente/Beschluesse/2024-05-15_RFK_Beschluss_TOP_1_6._MAEStV.pdf (zuletzt abgerufen am 2.5.2025).

programmen oder geeigneten technischen oder sonstigen Mitteln (§ 12b) sowie gemeinsame Datenschutzvorgaben für Anbieter von Apps und Betriebssystemen (§ 12c). Gegen diese Neuerungen wurden jedoch in den Stellungnahmen zum 6. MÄStV u. a. durch Microsoft, Netflix und die USK bereits europarechtliche Bedenken bezogen auf die Geltung des Herkunftslandprinzips des Art. 3 ECRL sowie die EuGH Rspr. zum KoPl-G geäußert. Bei den Regelungen der §§ 12 ff. JMStV-E handele es sich demnach um weitreichende, abstrakt-generelle Maßnahmen, die sich auch an App- und Betriebssystemanbieter mit Sitz in einem anderen Mitgliedstaat richten, sodass Deutschland als Bestimmungsstaat keine generelle Regulierungskompetenz zustehe.[799] Unabhängig davon besteht mit der CSA-VO[800] jedoch ein weiterer Entwurf auf EU-Ebene zur Regulierung von kinder- und jugendschutzbezogenen Vorgaben auf App-Marktplätzen (vgl. Art. 6 CSA-VO-E), der nationales Recht insofern verdrängen würde.[801]

§ 109 Abs. 3 MStV-E dient nunmehr als nationale Rechtsgrundlage für Sperrsowie Löschanordnungen der LMA unter Berücksichtigung der Vorgaben des Art. 9 DSA. Um die Rechtsdurchsetzung ggü. Anbietern mit Sitz im Ausland zu verbessern und dem Phänomen einer Umgehung von Sperrverfügungen durch einfache URL-Änderungen (sog. „Mirror Domains“) abzuhelfen, sollen solche Anordnungen auch ggü. Angeboten möglich sein, „die mit bereits zur Sperrung angeordneten Angeboten ganz oder im Wesentlichen inhaltsgleich sind“ (§ 109 Abs. 3 S. 2 MStV-E). Rein deklaratorisch soll § 109 Abs. 3 S. 3 MStV-E aber darauf hinweisen, dass Art. 8 DSA hiervon unberührt bleibt.[802]

---

[799] Microsoft Deutschland GmbH, Aktualisierte Stellungnahme zum Entwurf zur Überarbeitung des Jugendmedienschutzstaatsvertrages (JMStV), 7.12.2023, S. 9, abrufbar unter https://rundfunkkommission.rlp.de/fileadmin/rundfunkkommission/Dokumente/6._MAEStV_Stellungnahmen_2022/20231207_Aktualisierte_Stellungnahme_Microsoft_JMSTV-E_2023_final.pdf; Netflix, Stellungnahme im Rahmen der Konsultation der Rundfunkkommission der Länder zum Entwurf eines Sechsten Medienänderungsstaatsvertrag (6. MÄStV) zur Überarbeitung des Jugendmedienschutz-Staatsvertrages (JMStV) im November 2023, S. 4, abrufbar unter https://rundfunkkommission.rlp.de/fileadmin/rundfunkkommission/Dokumente/6._MAEStV_Stellungnahmen_2022/Stellungnahme_Netflix_Konsultation_JMStV_Dez_2023.pdf; USK, Stellungnahme zu den Vorschlägen für eine Reform des Jugendmedienschutz-Staatsvertrages (JMStV), 7.12.2023, S. 12 f., abrufbar unter https://rundfunkkommission.rlp.de/fileadmin/rundfunkkommission/Dokumente/6._MAEStV_Stellungnahmen_2022/2023-12-07_Stellungnahme_JMStV-E_2023_USK_final.pdf (alle zuletzt abgerufen am 2.5.2025); *Liesching*, ZUM 2024, 205 (207).

[800] Europäische Kommission, Vorschlag für eine Verordnung des Europäischen Parlaments und des Rates zur Festlegung von Vorschriften zur Prävention und Bekämpfung des sexuellen Missbrauchs von Kindern, COM (2022) 209 final.

[801] HBI, Stellungnahme zum Entwurf zur Reform des Jugendmedienschutz-Staatsvertrages (6. MÄStV), 6.12.2023, S. 6, abrufbar unter https://rundfunkkommission.rlp.de/fileadmin/rundfunkkommission/Dokumente/6._MAEStV_Stellungnahmen_2022/HBI_Stellungnahme_JMStV-E_2023.pdf (zuletzt abgerufen am 2.5.2025).

[802] Vgl. Rundfunkkommission der Länder, Anm. Diskussionsentwurf für einen 5. MÄStV (Stand: November 2023), S. 16, abrufbar unter https://rundfunkkommission.rlp.de/fileadmin/rundfunkkommission/Dokumente/5._MAEStV_Synopsen/2023-11-09_5._MAEStV-E_November_2023_Anhoerung.pdf (zuletzt abgerufen am 2.5.2025).

Sowohl in § 1 Abs. 9 MStV-E als auch § 2 Abs. 2 JMStV-E sind identische Kollisionsnormen vorgesehen, die im Bereich von Überschneidungen zwischen dem MStV bzw. JMStV und dem DSA für Vermittlungsdienste mögliche Normkonflikte zugunsten der VO auflösen sollen.[803] Der Gesetzgeber hält solche Kollisionsnormen für erforderlich, da keine Norm des MStV und wohl auch des JMStV vollständig durch den DSA überlagert würde, sodass die einzelnen Vorschriften erhalten bleiben müssten. Dies wird aufgrund der obigen Feststellungen jedoch bezweifelt. Das HBI merkt hier richtigerweise bzgl. des § 2 Abs. 2 JMStV-E an, dass die Kollisionsnorm aufgrund der ungeklärten Reichweite des DSA bestehende Auslegungsunsicherheiten nur verstärkt. Dabei sei insb. der persönliche Anwendungsbereich der Kollisionsnorm unklar gefasst, da er suggeriere, dass es Vermittlungsdienste im DSA gebe, für die der DSA jedoch nicht gilt. Jedenfalls kann die Kollisionsnorm die Komplexität der Verschränkung von EU- und nationalem Recht nicht hinreichend abbilden, wie bspw. die bestehenden Öffnungsklauseln des DSA für nationales Recht. So müssen etwa die Regelungen für die Bestimmung der Rechtswidrigkeit der angebotenen Inhalte nach den §§ 4 Abs. 1, 2, 5 Abs. 1 und 3, 11 JMStV-E zwingend auch für Vermittlungsdienste anwendbar bleiben.[804]

E. Ergebnis

Das Herkunftslandprinzip (bisher umgesetzt in § 3 TMG) ist fortan in § 3 DDG als gemeinsame Vorschrift zur Umsetzung des Herkunftslandprinzips (Art. 3 ECRL) sowie des Sendestaatprinzips (Art. 3 AVMD-RL) geregelt. Im Wesentlichen führt § 3 DDG die bisherige Regelung des TMG fort, enthält jedoch mit Abs. 7 eine spät im Gesetzgebungsverfahren hinzugefügte Neuerung als Reaktion auf den ErwG 38 DSA. Danach kann „das Angebot von digitalen Diensten […] durch Anordnungen zum Vorgehen gegen rechtswidrige Inhalte nach Artikel 9 der Verordnung (EU) 2022/2056 und zur Bereitstellung von Informationen nach Artikel 10 der Verordnung (EU) 2022/2056 eingeschränkt werden. Diese Anordnungen unterliegen nicht den Anforderungen der Absätze 5 und 6.“

Demnach hat der dt. Gesetzgeber hier bereits trotz umstrittener Auslegung und Bedeutung des ErwG 38 DSA, die Wertung des S. 3 als weiteren Ausnahmetatbestand von der Geltung des Herkunftslandprinzip in nationales Recht umgesetzt. Insofern wurden die unionsrechtlichen Regelungen zum Herkunftslandprinzip für

---

[803] Vgl. Rundfunkkommission der Länder, Anm. Diskussionsentwurf für einen 5. MÄStV (Stand: November 2023), S. 3 f., abrufbar unter https://rundfunkkommission.rlp.de/fileadmin/rundfunkkommission/Dokumente/5._MAEStV_Synopsen/2023-11-09_5._MAEStV-E_November_2023_Anhoerung.pdf (zuletzt abgerufen am 2.5.2025).

[804] HBI, Stellungnahme zum Entwurf zur Reform des Jugendmedienschutz-Staatsvertrages (6. MÄStV), 6.12.2023, S. 11 f., abrufbar unter https://rundfunkkommission.rlp.de/fileadmin/rundfunkkommission/Dokumente/6._MAEStV_Stellungnahmen_2022/HBI_Stellungnahme_JMStV-E_2023.pdf (zuletzt abgerufen am 2.5.2025).

Dienste der Informationsgesellschaft bzw. „digitale Dienste" im deutschen Recht in zweierlei Hinsicht überschießend umgesetzt. Zum einen folgt aus dem unverbindlichen ErwG 38 DSA weder eine Pflicht noch Ermächtigung zur Umsetzung in nationales Recht, obgleich sich daraus ggfs. eine Änderung des bestehenden Art. 3 ECRL als umsetzungsbedürftiges Richtlinienrecht ergeben mag. Zum anderen hat der Gesetzgeber im Vergleich zu ErwG 38 DSA, der sich dem Wortlaut nach nur auf Anordnungen ggü. Vermittlungsdiensten bezieht, den persönlichen Anwendungsbereich des Ausnahmetatbestands in § 3 Abs. 7 DDG auf sämtliche „digitale Dienste" also Dienste der Informationsgesellschaft erweitert.

Die Bestimmung der Spielräume für nationale Gesetzgeber bei der (ggfs. grenzüberschreitenden) Regulierung von Vermittlungsdiensten bzw. Medienintermediären wird insb. dadurch erschwert, dass sich einzelne Regelungsbereiche des DSA u. a. mit dem sektorspezifischem Richtlinienrecht der ECRL und AVMD-RL überlagern. Da jedoch das Verhältnis des DSA zur ECRL und AVMD-RL nicht abschließend geklärt ist, ist zunächst einzelfallbezogen zu klären, ob der DSA hinsichtlich seiner Vorgaben vollharmonisierend das Richtlinienrecht verdrängt oder parallele Vorgaben in der ECRL bzw. AVMD-RL ergänzend fortbestehen und damit einer nationalen Umsetzungsvorschrift bedürfen. Die Bestimmung der Spielräume für nationale Gesetzgeber bei der (ggfs. grenzüberschreitenden) Regulierung von Vermittlungsdiensten bzw. Medienintermediären wird insb. dadurch erschwert, dass sich einzelne Regelungsbereiche des DSA u. a. mit dem sektorspezifischem Richtlinienrecht der ECRL und AVMD-RL überlagern. Da jedoch das Verhältnis des DSA zur ECRL und AVMD-RL nicht abschließend geklärt ist, ist zunächst einzelfallbezogen zu klären, ob der DSA hinsichtlich seiner Vorgaben vollharmonisierend das Richtlinienrecht verdrängt oder parallele Vorgaben in der ECRL bzw. AVMD-RL ergänzend fortbestehen und damit einer nationalen Umsetzungsvorschrift bedürfen. Letzteres dürfte etwa die Vorschrift des § 98 MStV als Umsetzung des Art. 28b Abs. 2 UAbs. 1, 2 AVMD-RL sowie §§ 4, 5 JMStV als Ausgestaltung der Rechtswidrigkeit von Inhalten nach Art. 3 lit. h) DSA betreffen. Ein nationaler Regulierungsspielraum ist denkbar im Hinblick auf die Benennung eines Zustellungsbevollmächtigten zur behördlichen Zusammenarbeit i. V. m. dem MStV (§ 92 MStV) sowie einem Diskriminierungsverbot journalistisch-redaktioneller Angebote zur Sicherung der Meinungsvielfalt (§ 94 MStV). Aufgrund der damit in der Praxis verbundenen Schwierigkeiten ist jedoch zu empfehlen, das nebeneinher von sich inhaltlich überlagernden Verordnungen und Richtlinien schrittweise aufzulösen.

Das DDG, die Änderungen des JuSchG sowie der geplante 5. und 6. MÄStV zur Anpassung des MStV und JMStV durch die Länder zeigen eine erkennbare Annäherung des nationales Rechts an den europäischen Regulierungsrahmen für Medienintermediäre. Dennoch versucht der dt. Gesetzgeber größtenteils an den bestehenden Vorgaben für Medienintermediären festzuhalten und diese auch bspw. für App- und Betriebssystemanbieter mit Sitz in einem anderen Mitgliedstaat zu erweitern (vgl. neue §§ 12 ff. JMStV-E). Gelöst werden sollen Überlagerungen zwischen dem DSA und nationalen Medienrecht über die geplanten Kollisionsnormen im MStV und JMStV (§ 1 Abs. 9 MStV-E bzw. § 2 Abs. 2 JMStV-E). Dieser Lösungsansatz erscheint jedoch vor dem Hintergrund der bereits bestehenden Anwendungs- und Auslegungsschwierigkeiten zum Verhältnis von europäischen Sekundär- und nationalem Recht im Bereich der Intermediärsregulierung wenig praxistauglich.

Kapitel 5

Zusammenfassung

(1) Das kompetenzrechtliche Spannungsfeld im Bereich der materiellen Medien- und Inhalteregulierung verschiebt sich zulasten der Mitgliedstaaten, da der EU-Sekundärrechtsgeber auf der Grundlage der Binnenmarktförderungskompetenz des Art. 114 AEUV zunehmend einen weitreichenden, vollharmonisierten Rechtsrahmen für das Angebot von digitalen Vermittlungsdiensten schafft und zugleich die Zweitregulierungs- und Durchsetzungskompetenzen der Bestimmungsstaaten ggü. Vermittlungsdiensten mit Sitz in einem anderen Mitgliedstaat abschließend festlegt.[805]

(2) Die Auswahl und Reichweite der in der ECRL, AVMD-RL und dem DSA getroffenen Harmonisierungsmaßnahmen, einschließlich dem darin verankerten Herkunftsland- bzw. Sendestaatprinzip ist an den Kompetenzausübungsschranken des Art. 5 Abs. 3 EUV (Subsidiaritätsprinzip) und Art. 5 Abs. 4 EUV (Verhältnismäßigkeitsgebot) zum Schutz der mitgliedstaatlichen Souveränität und zur Wahrung des Zurückhaltungsgebots durch den europäischen Gesetzgebers zu messen.[806]

(3) In den jeweils „koordinierten“ Bereichen der ECRL und AVMD-RL entzieht der Richtliniengeber den Bestimmungs- bzw. Empfangsstaaten weitestgehend die Kompetenz zur Zweitregulierung von Diensten der Informationsgesellschaft und audiovisuellen Mediendiensten, die ihre Niederlassung in einem anderen Mitgliedstaat haben. Gleiches gilt für die damit einhergehenden Aufsichts- und Durchsetzungsbefugnisse, die jeweils im Herkunftsstaat gebündelt werden.[807]

(4) Der Geltungsbereich des Herkunftslandprinzips der ECRL wurde bisher im Gegensatz zum Sendestaatprinzip über die in der ECRL harmonisierten Vorschriften für Dienste der Informationsgesellschaft ausgedehnt, wobei keine europäische Mindestharmonisierung durch Sekundärrecht vorausgesetzt wurde. Zwar mag die Geltung des Herkunftslandprinzips in nicht harmonisierten Rechtsbereichen für Medienunternehmen und Verbraucher binnenmarktfunktional sein (Schaffung von Rechtssicherheit, möglicher Ausschluss von Haftungsrisiken); eine Fragmentierung durch verschiedene nationale

---

[805] S. dazu Kap. 1 A., S. 23 ff.

[806] S. dazu Kap. 1 D., S. 27 ff.

[807] S. dazu Kap. 1 D. II., S. 30 ff.

Rechtsvorschriften (etwa im Bereich des Persönlichkeitsrechts) verhindert es jedoch nicht.[808]

(5) Ein derart weites Verständnis des Anwendungsbereiches des Art. 3 ECRL begegnet zwar keinen offensichtlichen Bedenken im Hinblick auf dessen Vereinbarkeit mit dem Subsidiaritätsprinzip nach Art. 5 Abs. 3 EUV. Es erscheint jedoch unverhältnismäßig i. S. d. Art. 5 Abs. 4 EUV, einerseits bewusst (wenige) Öffnungsklauseln bzw. Regulierungslücken im materiellen Medienrecht zu schaffen, aber dort den Bestimmungsstaaten die Rechtsdurchsetzung zum Schutz der eigenen Rechtsordnung im grenzüberschreitenden Kontext zu untersagen. Dies gilt insb., sofern dem EU-Gesetzgeber in den betroffenen Rechtsbereichen durch die Verträge Regulierungskompetenzen zwar übertragen, diese jedoch bewusst nicht wahrgenommen wurden. Hinzu kommt der offensichtliche Widerspruch zur Begründung der absoluten Bereichsausnahmen des Art. 3 Abs. 3 ECRL, welche u. a. mangels Harmonisierung der betroffenen Rechtsgebiete vom Anwendungsbereich ausgeschlossen sind. Insofern sollte die Anwendbarkeit des Herkunftslandprinzips der ECRL mit einem Mindestmaß an Harmonisierung verbunden sein.[809]

(6) Um das kompetenzrechtliche Zurückhaltungsgebot ggü. den Bestimmungsländern zu wahren und einen strukturellen Gleichlauf der Auslegung im Anwendungsbereich des Herkunftslandprinzips (ECRL) und Sendestaatprinzip (AVMD-RL) herzustellen, sollte die Begriffsbestimmung des „koordinierten Bereichs" einheitlich verstanden werden und sich lediglich auf das jeweils harmonisierte Richtlinien- (ggfs. anderweitiges Sekundärrecht) beziehen.[810] Dies muss insb. für diejenigen Rechtsbereiche gelten, in denen der Union aufgrund der Verträge keine eigenen Kompetenzen zustehen (bspw. im Bereich der Vielfaltsicherung von Medien oder materiellem Medienrecht).

(7) Die ECRL harmonisiert Vorschriften für Dienste der Informationsgesellschaft i. S. d. Art. 2 lit. a) ECRL (u. a. allg. Informationspflichten, Vorgaben für Werbung und elektronische Vertragsschlüsse). Jedenfalls in ihrem persönlich-territorialen und sachlichen Anwendungsbereich gilt grds. das Herkunftslandprinzip des Art. 3 ECRL, sodass sämtliche Bestimmungsstaaten das Angebot von Diensten der Informationsgesellschaft mit Sitz in einem anderen Mitgliedstaat nicht weitergehend (ggfs. stärker) medienordnungsrechtlich durch abstrakt-generelle Vorschriften regulieren können. Davon ausgenommen sind die absoluten Bereichsausnahmen des Art. 3 Abs. 3 ECRL. Weitere Rückausnahmen von der Anwendung des Herkunftslandprinzips sind nur in Einzelfällen unter den restriktiven Voraussetzungen der Art. 3 Abs. 4 bis 6 ECRL zulässig. Abstrakt-generelle Maßnahmen der Bestimmungsländer ggü.

[808] S. dazu Kap. 1 D. III., S. 33 ff.

[809] S. dazu Kap. 1 D. III., S. 33 ff.

[810] S. dazu Kap. 1 E., S. 36.

einer bestimmten Kategorie von Anbietern sind in diesem Zusammenhang nicht möglich. Das Herkunftslandprinzip der ECRL sowie deren Ausnahmetatbestände gelten infolge der Verweisung des Art. 28a Abs. 5 AVMD-RL auch für Vorgaben in Bezug auf Video-Sharing-Dienste.[811]

(8) Die AVMD-RL enthält Mindestvorgaben für audiovisuelle Mediendienste (i. S. d. Art. 1 Abs. 1 lit. a) AVMD-RL) und Video-Sharing-Dienste hinsichtlich der angebotenen Inhalte und Werbung insb. im Bereich des Jugendschutzes. In den durch die AVMD-RL harmonisierten Rechtsbereichen findet zudem das Sendestaatprinzip des Art. 3 AVMD-RL Anwendung, wobei Ausnahmen hiervon nur im Einzelfall unter den Voraussetzungen des Art. 3 Abs. 2 bis 5 AVMD-RL bzw. im Falle einer missbräuchlichen Empfangsstaatausrichtung (Art. 4 Abs. 2 bis 5 AVMD-RL) durch einen bestimmten audiovisuellen Mediendienst bestehen.[812]

(9) Der DSA vollharmonisiert zahlreiche Sorgfalts-, Organisations-, und Transparenzpflichten von Vermittlungsdiensten anhand ihrer systemischen Bedeutung und Reichweite im Online-Umfeld. Damit erweitert der DSA materiell den bereits harmonisierten Bereich der ECRL und AVMD-RL für eine bestimmte Untergruppe von Diensten der Informationsgesellschaft (Hosting-, Caching-, Access-Provider, insb. Online-Plattformen und Online-Suchmaschinen). Infolge der Kombination von Herkunfts- und Marktortprinzip vergrößert sich der Anwendungsbereich des DSA (in persönlich-territorialer Hinsicht) und insofern auch die Reichweite des Herkunftslandprinzips auch wenn dieses lediglich bei der Aufsicht- und Durchsetzung einzelner Pflichten aus dem DSA ggü. den Vermittlungsdiensten relevant wird.[813]

(10) Im Bereich der Aufsichtsstruktur des DSA wird das Herkunftslandprinzip durch die Zentralisierung bzw. Zentralisierbarkeit der Aufsichts- und Durchsetzungsbefugnisse der KOM für VLOP-/VLOSE-Dienste hinsichtlich der Vorgaben der Art. 33 ff. DSA (Abschn. 5) durchbrochen. Gleiches gilt im Übrigen für die Möglichkeit gemeinsamer Untersuchungen eines Bestimmungs- und Herkunftsstaates in den Fällen des Art. 60 Abs. 4 S. 2 DSA.[814]

(11) Der Aussagegehalt des ErwG 38 DSA reiht sich dogmatisch nicht eindeutig in das strukturelle Gepräge und bisherige Verständnis des Art. 3 ECRL ein. Insofern deuten dessen S. 2 und 3 auf eine Abkehr vom Herkunftslandprinzip dahingehend hin, dass sich mitgliedstaatliche Maßnahmen bzgl. der Verbreitung von rechtswidrigen Inhalten nunmehr nach dem Bestimmungslandprinzip richten sollen. Die insofern beabsichtigte differenzierte Geltung des Herkunftslandprinzips bezogen auf Maßnahmen, welche (rein) die Erbringung

[811] S. dazu Kap. 2, S. 37 ff.; Kap. 3, S. 100 ff.

[812] S. dazu Kap. 3, S. 100 ff.

[813] S. dazu Kap. 2 F., S. 68 f.

[814] S. dazu Kap. 2 H. I., S. 71 f.

von Vermittlungsdiensten betreffen, bilden die Gründe des DSA nicht hinreichend ab, um den Begründungsanforderungen des Art. 296 AEUV zu genügen. Sofern entsprechend ErwG 38 S. 3 DSA (grenzüberschreitende) Anordnungen nach Art. 9 DSA (Sperr- und Löschanordnungen bestimmter Inhalte) und Art. 10 DSA (Auskunftsanordnungen) ggü. Vermittlungsdiensten dem Herkunftslandprinzip nicht mehr unterliegen sollen, hätte dies im verfügenden Teil des DSA aufgenommen werden müssen. Aufgrund der rechtlichen Unverbindlichkeit von ErwG besteht insofern bisher kein Bedarf für nationale Gesetzgeber zur Anpassung der Umsetzungsnorm des Art. 3 ECRL. Eine Klarstellung des Verordnungsgebers zur Tragweite des ErwG 38 DSA mit Blick auf die Regelung des Art. 2 Abs. 3 DSA ist hier notwendig, um eine hinreichende und einheitliche Umsetzung des Art. 3 ECRL durch die Mitgliedstaaten zu gewährleisten und Rechtssicherheit für Vermittlungsdienste zu schaffen.[815]

(12) ErwG 38 S. 3 DSA stützt jedoch den Gedanken, dass grenzüberschreitende Anordnungen basierend auf nationalen Haftungsvorschriften der Bestimmungsländer für Vermittlungsdienste von der Anwendung des Art. 3 ECRL auszunehmen sind, um den Mitgliedstaaten die Regulierung und Durchsetzung der eigenen nationalen Rechtsordnung in nicht unional harmonisierten Rechtsbereichen der ECRL, AVMD-RL, dem DSA oder anderem Unionsrecht zu ermöglichen. Dies entspricht im Wesentlichen auch dem bisherigen Verständnis der Reichweite des Sendestaatsprinzips der AVMD-RL, dessen sachlicher Anwendungsbereich sich lediglich auf die in der AVMD-RL harmonisierten Vorgaben erstreckt (und damit eine Zweitregulierung sowie Aufsicht durch den Empfangsstaat im nicht harmonisierten Bereich der AVMD-RL möglich war).[816]

(13) Das Herkunftslandprinzip der ECRL sowie Sendestaatprinzip der AVMD-RL sind gemeinschaftlich seit dem 14.5.2024 in § 3 DDG umgesetzt, der die bisherige nationale Umsetzungsnorm des § 3 TMG im Wesentlichen fortführt. Die Geltung des Herkunftslandprinzips ergibt sich aus § 3 Abs. 2 DDG. Die Ausnahmen vom Geltungsbereich des Herkunftslandprinzips sind in § 3 Abs. 4 DDG (absolute Bereichsausnahmen; zugleich Umsetzung des § 1 Abs. 5 ECRL) und in § 3 Abs. 5 DDG (relative Einzelfallausnahmen) normiert. In § 3 Abs. 6 DDG ist die Möglichkeit von Einzelfallausnahmen von der Anwendung des Sendestaatprinzips der AVMD-RL geregelt. Nach dem Wortlaut des § 3 DDG ergibt sich weder eine Umsetzung der Konkurrenzregelung des Art. 4 Abs. 7 AVMD-RL noch der Rechtshoheitszuweisung des Art. 28a Abs. 5 AVMD-RL, zur Klarstellung der Anwendbarkeit des Art. 3 ECRL für Video-Sharing-Dienste der AVMD-RL.[817]

---

[815] S. dazu Kap. 2 H. II., S. 72 ff.

[816] S. dazu Kap. 2 H. II. 2., S. 74 ff.; I., S. 98.

[817] S. dazu Kap. 4 A. I., S. 123 ff.

(14) Neu und spät im Gesetzgebungsverfahren hinzugefügt wurde § 3 Abs. 7 DDG, der einen weiteren Ausnahmetatbestand vom Geltungsbereich des Herkunftslandprinzips für Anordnungen nach Art. 9 bzw. 10 DSA ggü. digitalen Diensten vorsieht. Dabei handelt es sich wohl um eine nationale Umsetzung des ErwG 38 S. 3 DSA, die jedoch in zweierlei Hinsicht eine überschießende Umsetzung der Ausnahmetatbestände des Art. 3 ECRL darstellt. Zunächst besteht mangels Rechtsverbindlichkeit des ErwG 38 DSA keine Pflicht zur Umsetzung durch nationale Gesetzgeber (insb. auch keine Ermächtigungsgrundlage, um national gesetzlich von Art. 3 ECRL abzuweichen). Andererseits erstreckt sich der neu geschaffene Ausnahmetatbestand des § 3 Abs. 7 DDG auf „digitale Dienste" i. S. d. § 1 Abs. 4 Nr. 1 DDG (= Dienste der Informationsgesellschaft) und nicht nur auf Anordnungen ggü. Vermittlungsdiensten (sodass der persönliche Anwendungsbereich weiter reicht als in ErwG 38 DSA vorgesehen).[818]

(15) Ob nationale Vorschriften für Medienintermediäre des NetzDG, MStV, JMStV und JuSchG neben dem DSA weiter Bestand haben können, ist im Einzelfall anhand des jeweiligen Adressatenkreises, Regelungsinhalts und -zwecks der Norm zu prüfen. Ausweislich des ErwG 9 DSA können solche nationale Vorschriften für Vermittlungsdienste fortbestehen, soweit diese einem anderen berechtigten öffentlichen Interesse dienen als der DSA. Die Beurteilung nationaler Regulierungsspielräume wird dadurch erschwert, dass sich die jeweils harmonisierten Vorschriften der ECRL, AVMD-RL und dem DSA materiell-rechtlich überlagern, jedoch deren Verhältnis untereinander nicht abschließend geklärt ist (insb. inwieweit der DSA sektorspezifisches Richtlinienrecht verdrängt oder ergänzt). Mithin lässt sich auch der Bedarf von nationalen Vorschriften zur Umsetzung des fortgeltenden Richtlinienrechts der ECRL bzw. AVMD-RL nicht eindeutig beurteilen. Vom Verhältnis des DSA zum Richtlinienrecht der ECRL, AVMD-RL und den jeweils unterschiedlichen Harmonisierungsgraden hängt auch die jeweilige Reichweite des Herkunftslandprinzips ab. Im harmonisierten und unmittelbaren Anwendungsbereich des DSA sperrt dieser nationales Recht vollumfänglich, wobei die Aufsicht und Durchsetzung der Pflichten grds. dem Herkunftsland des Vermittlungsdienstes bzw. der KOM obliegen. Rückausnahmen der Mitgliedstaaten nach Art. 3 Abs. 4 bis 6 ECRL bestehen hier weder in Bezug auf eine Zweitregulierung (ohnehin auch für Herkunftsländer gesperrt) noch auf Aufsichtszuständigkeiten (letztere können nur nach den Art. 56 ff. DSA unter den dortigen Voraussetzungen durchbrochen werden). Bei der nationalen Umsetzung anderer sektorspezifischer Vorschriften der ECRL bzw. AVMD-RL gilt sowohl hinsichtlich der Möglichkeit einer Zweitregulierung als auch einer Aufsicht-/Durchsetzung der Vorgaben das Herkunftslandprinzip des Art. 3 ECRL mit den Rückausnahmen nach Art. 3 Abs. 3 bzw. 4 bis 6 ECRL

[818] S. dazu Kap. 4 A. I., S. 125.

(bei Diensten der Informationsgesellschaft und Video-Sharing-Diensten) bzw. bei audiovisuellen Mediendiensten das Sendestaatprinzip des Art. 3 AVMD-RL nebst Ausnahmen nach Art. 3 Abs. 4 bis 6 AVMD-RL und Art. 4 Abs. 2 bis 5 AVMD-RL.[819]

(16) Wenig vielversprechend dürfte hier der geplante Lösungsansatz der Landesgesetzgeber über eine allgemeine Kollisionsnorm zum Anwendungsvorrang des DSA ggü. dem nationalen Recht des MStV bzw. JMStV sein (vgl. § 1 Abs. 9 MStV-E bzw. § 2 Abs. 2 JMStV-E). Die bisherigen Auslegungsschwierigkeiten zur Reichweite des DSA bzw. dessen Verhältnis zum Richtlinienrecht der ECRL und AVMD-RL sowie schließlich dem nationalen Recht werden dadurch nur verstärkt. Demnach können weder einzelne Normkonflikte des DSA mit dem MStV bzw. JMStV praxisgerecht aufgelöst noch das komplexe Zusammenspiel auf Unionsrecht und nationalem Recht abgebildet werden.[820]

(17) Im unmittelbaren Anwendungsbereich des DSA und damit vollständig verdrängt werden jene nationalen Vorschriften, welche Medienintermediäre zu Transparenzpflichten (§ 93 MStV), der Benennung eines inländischen Zustellungsbevollmächtigen im Zusammenhang mit Anordnungen nach Art. 9 und 10 DSA (§ 5 NetzDG) und Jugendschutzmaßnahmen (§§ 5 Abs. 3 und 12 JMStV) verpflichten. Weiterhin bzw. ergänzend auf dem Richtlinienrecht der ECRL und AVMD-RL basierend könnten zunächst die speziellen Werbevorschriften der AVMD-RL (Art. 28b Abs. 2 UAbs. 1, 2) sowie die §§ 4 und 5 JMStV fortbestehen, soweit letztere die Rechtswidrigkeit von Inhalten nach Art. 3 lit. h) DSA normieren.[821]

(18) Ein Spielraum zur nationalen Regulierung dürfte nach der hier vertretenen Ansicht im grenzüberschreitenden Kontext für eine Pflicht zur Benennung eines Zustellungsbevollmächtigten zur behördlichen Zusammenarbeit i. V. m. dem MStV (§ 92 MStV) und einem Diskriminierungsverbot journalistisch-redaktioneller Angebote zur Sicherung der Meinungsvielfalt (§ 94 MStV) bestehen. Eine Regelungsbefugnis steht dem dt. Gesetzgeber zwar auch hinsichtlich der Umsetzung des Art. 51 Abs. 6 DSA (vgl. § 24a JuSchG) zu, jedoch nur soweit sich die Verfahrensvorschriften auf die Durchsetzung der Pflichten aus dem DSA ggü. Vermittlungsdiensten mit Niederlassung in Deutschland beziehen.[822]

(19) Insgesamt ist die Bedeutung des Herkunftslandprinzips rückläufig, da der EU-Gesetzgeber zunehmend das Angebot von Medienintermediären im digitalen Binnenmarkt vollharmonisiert (das zeigt die Tendenz der Regulierungsvor-

[819] S. dazu Kap. 2 I., S. 98 f.; Kap. 4 E., S. 161 ff.

[820] S. dazu Kap. 4 D., S. 159 ff.

[821] S. dazu Kap. 4 A. II. 1., S. 126 ff.; B., S. 132 ff.; C., S. 146 ff.

[822] S. dazu Kap. 4 A. II. 2., S. 131 f.; B. II. 3., S. 142 f.; C. IV., S. 156 ff.

haben i. R. d. Digitalstrategie, die alle auf Gleichordnungsebene ansetzen, u. a. DMA, EMFA, P2B-VO, KI-VO, Werbetransparenz-VO, CSA-VO-E). Es ist zu erwarten, dass die KOM einzelne (materielle) Regelungslücken durch den Erlass von Durchführungsrechtsakten und Leitlinien konkretisiert, um eine einheitliche Um- und Durchsetzung der Pflichten von Vermittlungsdiensten nach dem DSA zu gewährleisten. Soweit weiterhin das Richtlinienrecht der ECRL im nationalen Recht umzusetzen ist, hat der EuGH dahingehend den weiten Anwendungsbereich des Herkunftslandprinzips in neuerer Rspr. und restriktive Voraussetzungen für das Vorliegen einer Ausnahme des Art. 3 Abs. 4 bis 6 ECRL bestätigt. Möglich sind damit nur noch nationale Gesetzgebungsvorhaben zulasten aller in der EU ansässigen Diensteanbieter, sofern diese weder den Anwendungsbereich des DSA (oder eines anderen VO-Rechts, s. o.) noch den harmonisierten Bereich der ECRL betreffen. Dabei sind diese Bereiche jedoch schwindend gering.[823]

(20) Erheblich eingeschränkt sind insofern auch die Gesetzgebungsspielräume im Zusammenhang mit dem geplanten Vorhaben für ein Gesetz gegen digitale Gewalt, mit dem das BMJ die Rechtsdurchsetzung von Rechtsverletzungen betroffener Nutzer im digitalen Raum verbessern will. Geplant sind hier u. a. private Auskunftsverfahren durch die Erweiterung des § 21 TTDSG, ein Anspruch auf eine richterlich angeordnete Accountsperre sowie die Erweiterung der Pflichten zur Bestellung eines inländischen Zustellungsbevollmächtigten.[824]

---

[823] S. dazu Kap. 2 H. VI., S. 97 f.

[824] BMJ, Eckpunktepapier zum Gesetz gegen digitale Gewalt vom 12. 4. 2023, abrufbar unter https://www.bmj.de/SharedDocs/Downloads/DE/Gesetzgebung/Eckpunkte/Digitale_Gewalt_Eckpunkte.pdf?__blob=publication.F.ile&v=2 (zuletzt abgerufen am 2. 5. 2025); zu einer ersten Analyse vgl. *Härting/Adamek*, CR 2023, 316 ff.

Literaturverzeichnis

Ahrens, Hans-Jürgen: Das Herkunftslandprinzip in der E-Commerce-Richtlinie, CR 2000, S. 835–841

Beaujean, Daniela/*Oelke*, Christina/*Wierny*, Thomas: Immer mehr Verordnungen aus Brüssel und ihre Auswirkungen auf die Medienregulierung, MMR 2023, S. 11–16

Berberich, Matthias/*Seip*, Fabian: Der Entwurf des Digital Services Act, GRUR-Prax 2021, S. 4–7

Bickenbach, Christian: Das Subsidiaritätsprinzip in Art. 5 EUV und seine Kontrolle, EuR 2013, S. 523–548

Blasi, Martina: Das Herkunftslandprinzip der Fernseh- und der E-Commerce-Richtlinie: unter Berücksichtigung des Herkunftslandprinzips auf der Ebene des Primärrechts, Köln [u. a.] 2004 (zit. *Blasi*, Herkunftslandprinzip Fernseh-RL und ECRL, S.)

Bodewig, Theo: Elektronischer Geschäftsverkehr und Unlauterer Wettbewerb, GRUR Int. 2000, S. 475–483

Bornemann, Roland/*Erdemir*, Murad: Nomos Kommentar Jugendmedienschutz-Staatsvertrag, 2. Aufl., Baden-Baden 2021 (zit. *Bearbeiter/-in*, in: NK-JMStV, §, Rn.)

Brand, Andreas: Persönlichkeitsrechtsverletzungen im Internet, E-Commerce und „Fliegender Gerichtsstand“, NJW 2012, S. 127–130

Bundesministerium für Digitales und Verkehr: Bundesregierung verabschiedet Digitale-Dienste-Gesetz, Pressemitteilung 120/2023 v. 20. 12. 2023, abrufbar unter https://bmdv.bund.de/SharedDocs/DE/Pressemitteilungen/2023/120-wissing-digitale-dienste-gesetz.html (zuletzt abgerufen am 2. 5. 2025)

Bundesministerium für Familie, Senioren, Frauen und Jugend: Zweites Gesetz zur Änderung des Jugendschutzgesetzes v. 1. 5. 2021, abrufbar unter https://www.bmfsfj.de/bmfsfj/service/gesetze/zweites-gesetz-zur-aenderung-des-jugendschutzgesetzes-147956 (zuletzt abgerufen am 2. 5. 2025)

Bundesministerium für Justiz: Eckpunktepapier zum Gesetz gegen digitale Gewalt vom 12. 4. 2023, abrufbar unter https://www.bmj.de/SharedDocs/Downloads/DE/Gesetzgebung/Eckpunkte/Digitale_Gewalt_Eckpunkte.pdf?__blob=publication. F.ile&v=2 (zuletzt abgerufen am 2. 5. 2025)

Büttel, Priska K.: Das Digitale-Dienste-Gesetz (DDG), jurisPR-ITR 11/2024 Anm. 2

Calliess, Christian/*Ruffert*, Matthias: Kommentar zum EUV / AEUV, 6. Aufl., München 2022 (zit. *Bearbeiter/-in*, in: Calliess/Ruffert, EUV/AEUV, Art., Rn.)

Chibanguza, Kuuya J./*Kuß*, Christian/*Steege*, Hans: Nomos Kommentar Künstliche Intelligenz, 1. Aufl., Baden-Baden 2022 (zit. *Bearbeiter/-in*, in: Chibanguza/Kuß/Steege, KI-HdB, §, Teil, Rn.)

Cole, Mark D./*Ukrow*, Jörg/*Etteldorf*, Christina: Studie im Auftrag der Bundesländer „Zur Kompetenzverteilung der Europäischen Union und den Mitgliedstaaten im Mediensektor – Eine Untersuchung unter besonderer Berücksichtigung medienvielfaltsbezogener Maßnahmen", 2020, abrufbar unter https://rundfunkkommission.rlp.de/fileadmin/rundfunkkommission/Dokumente/Aktuelle_Studien_Gutachten/EMR_Gutachten_Zur_Kompetenzverteilung_im_Mediensektor.pdf (zuletzt abgerufen am 5.5.2025) (zit. *Cole/Ukrow/Etteldorf*, Studie Kompetenzverteilung und Medienvielfalt, S., Rn.)

Cole, Mark D./*Ukrow*, Jörg/*Etteldorf*, Christina: Zur Kompetenzverteilung zwischen der Europäischen Union und den Mitgliedstaaten im Mediensektor, 1. Aufl., Baden-Baden 2021 (zit. *Cole/Ukrow/Etteldorf*, Kompetenzverteilung im Mediensektor, S.)

Dauses, Manfred/*Ludwigs*, Markus: Handbuch des EU-Wirtschaftsrechts, Bd. 1, 60. Aufl., München 2024 (zit. *Bearbeiter/-in*, in: Dauses/Ludwigs, EU-WirtschaftsR-HdB, Teil, Rn.)

Denga, Michael: Plattformregulierung durch europäische Werte: Zur Bindung von Meinungsplattformen an EU-Grundrechte, EuR 2021, S. 569–595

Dregelies, Max: Digital Services Act Überblick über den neuen Rechtsrahmen für das Internet, MMR 2022, S. 1033–1038

Dregelies, Max: Europäische Persönlichkeitsrecht(e)? Das Spannungsfeld von Persönlichkeitsrechtsschutz sowie Meinungs- und Pressefreiheit auf Ebene der EU, in: Kubis, Sebastian/Peifer, Karl-Nikolaus/Raue, Benjamin/Stieper, Malte (Hrsg.), Ius Vivium: Festschrift für Haimo Schack zum 70. Geburtstag, 2022, S. 951–962

Ehlen, Theresa/*Rieger*, Katharina-Sophia: Ein Mediengesetz für die Europäische Union, K&R 2024, S. 373–379

Erdemir, Murad: Das neue Jugendschutzrecht, 1. Aufl., Baden-Baden 2021 (zit. *Bearbeiter/-in*, in: Erdemir/JuSchR, §, Rn.)

Erdemir, Murad: Nomos Handkommentar Jugendschutzgesetz JuSchG/StGB/MStV, 1. Aufl., Baden-Baden 2024 (zit. *Bearbeiter/-in*, in: HK-JuSchR, §, Rn.)

Europäische Kommission (Vertretung in Deutschland): Schutz Minderjähriger im Internet: EU-Kommission startet Sondierung zu DSA-Leitlinien, Pressemitteilung vom 31.7.2024, abrufbar unter https://germany.representation.ec.europa.eu/news/schutz-minderjahriger-im-internet-eu-kommission-startet-sondierung-zu-dsa-leitlinien-2024-07-31_de (zuletzt abgerufen am 2.5.2025)

Europäische Kommission: Dritte Sitzung des European Board for Digital Services, Pressemitteilung vom 29.4.2024, abrufbar unter https://digital-strategy.ec.europa.eu/de/news/third-meeting-european-board-digital-services (zuletzt abgerufen am 2.5.2025)

Europäische Kommission: Ein Europa für das digitale Zeitalter – Eine neue Generation von Technologien für die Menschen, abrufbar unter https://commission.europa.eu/strategy-and-policy/priorities-2019-2024/europe-fit-digital-age_de (zuletzt abgerufen am 2.5.2025)

Europäische Kommission: Gesetz über digitale Dienste: Leitlinien zur Verpflichtung zur Veröffentlichung von Benutzernummern, Fragen und Antworten zur Identifizierung und Zählung aktiver Nutzer im Rahmen des Gesetzes über digitale Dienste (DSA), abrufbar unter https://digital-strategy.ec.europa.eu/de/library/dsa-guidance-requirement-publish-user-numbers (zuletzt abgerufen am 2.5.2025)

Europäische Kommission: Mitteilung Anwendung von Artikel 3 Absätze 4 bis 6 der Richtlinie über den elektronischen Geschäftsverkehr auf Finanzdienstleistungen v. 14.5.2003, KOM (2003) 259 endg., abrufbar unter https://eur-lex.europa.eu/LexUriServ/LexUriServ.do?uri=COM:2003:0259:FIN:DE:PDF (zuletzt abgerufen am 2.5.2025)

Europäische Kommission: Mitteilung Die gegenseitige Anerkennung im Rahmen der Folgemaßnahmen zum Aktionsplan für den Binnenmarkt v. 16.6.1999, KOM (1999) 299 endg., abrufbar unter https://eur-lex.europa.eu/legal-content/DE/TXT/PDF/?uri=CELEX:51999DC0299 (zuletzt abgerufen am 2.5.2025)

Europäische Kommission: Mitteilung Eine digitale Dekade für Kinder und Jugendliche: die neue europäische Strategie für ein besseres Internet für Kinder (BIK+) v. 11.5.2022, COM (2022) 212 final, abrufbar unter https://eur-lex.europa.eu/legal-content/DE/TXT/PDF/?uri=CELEX:52022DC0212 (zuletzt abgerufen am 2.5.2025)

Europäische Kommission: Mitteilung EU-Kinderrechtsstrategie v. 24.3.2021, COM (2021) 142 final, abrufbar unter https://eur-lex.europa.eu/resource.html?uri=cellar:e769a102-8d88-11eb-b85c-01aa75ed71a1.0003.02/DOC_1&format=PDF (zuletzt abgerufen am 2.5.2025)

Europäische Kommission: Mitteilung Umgang mit illegalen Online-Inhalten Mehr Verantwortung für Online-Plattformen v. 28.9.2017, COM (2017) 555 final, abrufbar unter https://eur-lex.europa.eu/legal-content/DE/TXT/PDF/?uri=CELEX:52017DC0555 (zuletzt abgerufen am 2.5.2025)

Europäisches Parlament: Kurzdarstellungen zur Europäischen Union, Das Subsidiaritätsprinzip, abrufbar unter https://www.europarl.europa.eu/factsheets/de/sheet/7/das-subsidiaritäts prinzip (zuletzt abgerufen am 2.5.2025)

Europäisches Parlament/Rat der Europäischen Union/Europäische Kommission: Gemeinsamer Leitfaden für Personen, die an der Abfassung von Rechtstexten der Europäischen Union mitwirken, 2015, abrufbar unter https://eur-lex.europa.eu/content/techleg/KB0213228DEN.pdf (zuletzt abgerufen am 2.5.2025)

Europäischer Wirtschafts- und Sozialausschuss: Stellungnahme zu dem „Vorschlag für eine Verordnung des Europäischen Parlaments und des Rates über einen Binnenmarkt für digitale Dienste (Gesetz über digitale Dienste) und zur Änderung der Richtlinie 2000/31/EG" (COM(2020) 825 final – 2020/0361(COD)) vom 16.7.2021, C 286/70

Flamme, Florian: Meinungsmacht der Algorithmen – eine national- und europarechtliche Betrachtung von Intermediären im Mehrebenensystem der Europäischen Union, Baden-Baden 2024 (zit. *Flamme*, Meinungsmacht der Algorithmen, S.)

Gerdemann, Simon/*Spindler*, Gerald: Das Gesetz über digitale Dienste (Digital Services Act) (Teil 1), GRUR 2023, S. 3–11

Gerdemann, Simon/*Spindler*, Gerald: Das Gesetz über digitale Dienste (Digital Services Act) (Teil 2), GRUR 2023, S. 115–124

Gerecke, Martin/*Stark*, Gabriele: Ein neues Medienrecht für Deutschland, GRUR 2021, S. 816–822

Gersdorf, Hubertus: Wie lässt sich öffentliche Informationsverantwortung in Zeiten digitaler und multipolarer Kommunikationskultur realisieren? Welche Aufgaben haben der Staat, die öffentlich-rechtlichen Rundfunkanstalten und die Wissenschaft?, Gutachten zum 74. Deutschen Juristentag, 2024 (zit. *Gersdorf*, 74.djt I/G, S.)

Gersdorf, Hubertus/*Paal*, Boris: Informations- und Medienrecht EU-GRCharta, EMRK, GG, MStV, BGB, IFG, VIG, GWB, TKG, TMG u. a., 2. Aufl., München 2021 (zit. *Bearbeiter/-in*, in: Gersdorf/Paal, InfoMedienR, §, Rn.)

Gielen, Nico/*Uphues*, Steffen: Digital Markets Act und Digital Services Act, EuZW 2021, S. 627–637

Grabitz, Eberhard/*Hilf*, Meinhard/*Nettesheim*, Martin (Hrsg.): Das Recht der Europäischen Union, Bd. 1, 82. Aufl., München 2024 (zit. *Bearbeiter/-in*, in: GHN/Recht der EU, Art., Rn.)

Grabitz, Eberhard/*Hilf*, Meinhard/*Nettesheim*, Martin (Hrsg.): Das Recht der Europäischen Union, Bd. 4, 40. Aufl., München 2009 (zit. *Bearbeiter/-in*, in: GHN/Recht der EU, Art., Rn.)

Hain, Karl-E./*Ferreau*, Frederik/*Brings-Wiesen*, Tobias: Regulierung sozialer Netzwerke revisited, K&R 2017, S. 433–438

Hans-Bredow-Institut (*Dreyer*, Stephan/*Schulz*, Wolfgang): Stellungnahme zum Entwurf zur Reform des Jugendmedienschutz-Staatsvertrages (6.MÄStV), 6. 12. 2023, abrufbar unter https://rundfunkkommission.rlp.de/fileadmin/rundfunkkommission/Dokumente/6._MAEStV_Stellungnahmen_2022/HBI_Stellungnahme_JMStV-E_2023.pdf (zuletzt abgerufen am 2. 5. 2025)

Härting, Niko: Gesetzesentwurf zur Umsetzung der E-Commerce-Richtlinie, CR 2001, S. 271–277

Härting, Niko/*Adamek*, Max V.: Lässt der Digital Services Act Raum für ein „Gesetz gegen digitale Gewalt?“, CR 2023, S. 316–320

Hasselblatt, Gordian N.: Münchner Anwaltshandbuch Gewerblicher Rechtsschutz, 6. Aufl., München 2022 (zit. *Bearbeiter/-in*, in: MAH-GewRS, §, Rn.)

Hau, Wolfgang/*Poseck*, Roman: Beck'scher Online-Kommentar Bürgerliches Gesetzbuch, 71. Aufl., 2024 (zit.: *Bearbeiter/-in*, in: BeckOK/BGB, §, Rn.)

Heckmann, Dirk/*Wimmers*, Jörg: Stellungnahme der DGRI zum Entwurf eines Gesetzes zur Verbesserung der Rechtsdurchsetzung in sozialen Netzwerken (NetzDG), CR 2017, S. 310–316

Heermann, Peter W./*Schlinghoff*, Jochen: Münchener Kommentar zum Lauterkeitsrecht, Bd. 1, 3. Aufl., München 2020 (zit. *Bearbeiter/-in*, in: MüKO/LauterkeitsR, Teil, Rn.)

Heidtke, Aron: Meinungsbildung und Medienintermediäre: Vielfaltssichernde Regulierung zur Gewährleistung der Funktionsbedingungen freier Meinungsbildung im Zeitalter der Digitalisierung, Baden-Baden 2020 (zit. *Heidtke*, Meinungsbildung und Medienintermediäre, S.)

Hoeren, Thomas/*Sieber*, Ulrich/*Holznagel*, Bernd: Handbuch Multimedia-Recht, 62. Aufl., München 2024 (zit. *Bearbeiter/-in*, in: HSH/MultimediaR-HdB, Teil, Rn.)

Hofmann, Franz/*Raue*, Benjamin (Hrsg.): Nomos Kommentar Digital Services Act, 1. Aufl., Baden-Baden 2023 (zit. *Bearbeiter/-in*, in: NK-DSA, Art., Rn.)

Holznagel, Daniel: Anm. zum Beschl. des VG Köln v. 01.03.2022 (6 L 1277/21) – § 3a und § 3b NetzDG und das Herkunftslandprinzip der E-Commerce-Richtlinie, CR 2022, S. 250–259

Holznagel, Daniel: Chapter II des Vorschlags der EU-Kommission für einen Digital Services Act Versteckte Weichenstellungen und ausstehende Reparaturen bei den Regelungen zu Privilegierung, Haftung & Herkunftslandprinzip für Provider und Online-Plattformen, CR 2021, S. 123–132

Holznagel, Daniel: Platform Liability for Hate Speech & the County of Origin Principle: Too Much Internal Market?, CRi 2020, S. 103–109

Holznagel, Daniel: Zum Stand des Herkunftslandprinzips der E-Commerce-RL Erwartbare Klärungen durch den EuGH und potentielle Anwendungsfälle neben DSA – zugleich Anm. zur NetzDG-Entscheidung des OVG NRW, Beschl. v. 21.3.2023 - 13 B 381/22, CR 2023, S. 321–323

Janal, Ruth: Der Entwurf eines Digital Services Act: Neue Perspektiven der Verantwortung von Diensteanbietern der Informationsgesellschaft, K&R 2021, S. 6–11

Jungbluth, Armin/*Engel*, Carolin: Das Digitale-Dienste-Gesetz Zentrale Punkte, regulatorische Herausforderungen und Lösungen, CR 2024, S. 401–406

Kalbhenn, Jan-Christopher: Designvorgaben für Chatbots, Deepfakes und Emotionserkennungssysteme: Der Vorschlag der Europäischen Kommission zu einer KI-VO als Erweiterung der medienrechtlichen Plattformregulierung, ZUM 2021, S. 663–674

Kalbhenn, Jan-Christopher/*Hemmert-Halswick*, Maximilian: EU-weite Vorgaben für die Content-Moderation in den sozialen Netzwerken, ZUM 2021, S. 184–194

Keber, Tobias: Der Konstruktionsfehler im Krisenreaktionsmechanismus nach Art. 36 Digital Services Act, CR 2022, S. 660–665

Kraetzig, Viktoria: Europäische Medienregulierung – Freiheit durch Aufsicht?, NJW 2023, S. 1485–1490

Kraul, Thorsten (Hrsg.): Das neue Recht der digitalen Dienste Digital Services Act (DSA), 1. Aufl., Baden-Baden 2023 (zit. *Bearbeiter/-in*, in: Kraul/Der neue DSA, §, Rn.)

Kraul, Thorsten: Herkunftslandprinzip schlägt Platform-to-Business-Verordnung, NJW 2024, S. 2147–2150

Krönke, Christoph: Die Europäische Kommission als Aufsichtsbehörde für digitale Dienste, EuR 2023, S. 136–159

Kuhlmann, Simone: Der Digital Services Act und seine Folgen für das nationale Medienrecht, ZUM 2023, S. 170–177

Kuhlmann, Simone/*Aydik*, Olcay: Regulierung digitaler Dienste zwischen DSA und E-Commerce-Richtlinie: Welcher Spielraum hat der nationale Gesetzgeber im europäischen Mehrebenensystem noch? Zugleich Besprechung von EuGH, Urt. v. 9.11.2023 – C-376/22, ZUM 2024, S. 244–251

Kuhlmann, Simone/*Trute*, Hans-Heinrich: Die Regulierung von Desinformationen und rechtswidrigen Inhalten nach dem neuen Digital Services Act, GSZ 2022, S. 115–122

Landfermann, Hans-Georg: Der Richtlinienvorschlag „Elektronischer Geschäftsverkehr“ – Ziele und Probleme, ZUM 1999, S. 795–802

Liesching, Marc: Anm. zu VG Köln, Beschl. v. 01.03.2022–6 L 1277/21– Google, MMR 2022, S. 338–340

Liesching, Marc: Beck'scher Onlinekommentar zum Jugendschutzrecht, 3. Aufl., 2024 (zit. *Bearbeiter/-in*, in: BeckOK/JuSchR, §, Rn.)

Liesching, Marc: Das Herkunftslandprinzip der E-Commerce-Richtlinie und seine Auswirkung auf die aktuelle Mediengesetzgebung in Deutschland, 2020 (zit. *Liesching*, Herkunftslandprinzip der ECRL und die deutsche Medienregulierung, S.)

Liesching, Marc: Das Herkunftslandprinzip limitiert Alleingänge nationaler Gesetzgeber, Anm. zu EuGH, Urt. v. 9.11.2023 – C-376/22, ZUM 2024, S. 205–207

Liesching, Marc: Das Herkunftslandprinzip nach E-Commerce und AVMD-Richtlinie, MMR-Beil. 2020, S. 3–27

Liesching, Marc: Fünf Jahre Netzwerkdurchsuchungsgesetz, MMR 2023, S. 56–60

Liesching, Marc: Kommentar zum Jugendschutzrecht, 6. Aufl., München 2022 (zit. *Liesching*, JuSchR, §, Rn.)

Löw, Franziska: Medienplattformen und Benutzeroberflächen vor den Herausforderungen der neuen Medienregulierung, MMR 2022, S. 637–642

Mankowski, Peter: Wider ein Herkunftslandprinzip für Dienstleistungen im Binnenmarkt, IPRax 2004, S. 385–395

Mantz, Reto: Herkunftslandprinzip versus NetzDG – Wie geht es weiter mit den Pflichten von Diensteanbietern?, GRUR 2024, S. 34–37

Mauritz, Franziska K.: To Define is just to define: Illegal content according to Article 3 lit. h DSA and the conflict of laws, Verfassungsblog, 8.4.2024, abrufbar unter https://verfassungsblog.de/to-define-is-just-to-define/ (zuletzt abgerufen am 2.5.2025)

Microsoft Deutschland GmbH: Aktualisierte Stellungnahme zum Entwurf zur Überarbeitung des Jugendmedienschutzstaatsvertrages (JMStV), 7.12.2023, abrufbar unter https://rundfunkkommission.rlp.de/fileadmin/rundfunkkommission/Dokumente/6._MAEStV_Stellungnahmen_2022/20231207_Aktualisierte_Stellungnahme_Microsoft_JMSTV-E_2023_final.pdf (zuletzt abgerufen am 2.5.2025)

Müller, Klaus: Künftige Plattformregulierung und effektive Durchsetzung in Deutschland, MMR 2022, S. 1007–1011

Müller-Terpitz, Ralf/*Köhler*, Markus: Kommentar zum Digital Services Act, 1. Aufl., München 2024 (zit. *Bearbeiter/-in*, in: Müller-Terpitz/Köhler/DSA , Art. Rn.)

Netflix: Stellungnahme im Rahmen der Konsultation der Rundfunkkommission der Länder zum Entwurf eines Sechsten Medienänderungsstaatsvertrag (6. MÄStV) zur Überarbeitung des Jugendmedienschutz-Staatsvertrages (JMStV) im November 2023, abrufbar unter https://rundfunkkommission.rlp.de/fileadmin/rundfunkkommission/Dokumente/6._MAEStV_Stellungnahmen_2022/Stellungnahme_Netflix_Konsultation_JMStV_Dez_2023.pdf (zuletzt abgerufen am 2.5.2025)

Ohly, Ansgar: Herkunftslandprinzip und Kollisionsrecht, GRUR Int. 2001, S. 899–908

Paal, Boris/*Kieß*, Fabian: Digitale Plattformen im DSA-E, DMA-E und § 19a GWB, ZfDR 2022, S.1–29

Pechstein, Matthias/*Nowak*, Carsten/*Häde*, Ulrich: Frankfurter Kommentar EUV, GRC und AEUV, Bd. 1, 1. Aufl., Tübingen 2017 (zit. *Bearbeiter/-in*, in: FK-EUV/AEUV, Art. Rn.)

Pechstein, Matthias/*Nowak*, Carsten/*Häde*, Ulrich: Frankfurter Kommentar EUV, GRC und AEUV, Bd. 3, 1. Aufl., Tübingen 2017 (zit. *Bearbeiter/-in*, in: FK-EUV/AEUV, Art. Rn.)

Querndt, Lars: Werberegelungen im MStV – Ein Überblick, ZUM 2021, S. 501–507

Raue, Benjamin/*Heesen*, Hendrik: Der Digital Services Act, NJW 2022, S. 3537–3543

Rössel, Markus: Digital Services Act: Regulierung von Big Tech Sezierung verschiedener Änderungen aus dem Trilog in drei Akten – Teil 3, ITRB 2023, S. 68–75

Roß, Leo: European Media Freedom Act und Kernfragen der europäischen Integration, EuR 2023, S. 450–474

Sack, Rolf: Grenzüberschreitende Werbung in audiovisuellen Medien – ihre Rechtskontrolle im Herkunftsland, WRP 2015, S. 1281–1287

Schäufele, Johannes/*Krück*, Christoph: Der Digital Services Act – Revolution für Vermittlungsdienste?, GRUR-Prax 2023, S. 120–123

Schaumburg, Harald/*Englisch*, Joachim: Europäisches Steuerrecht, 2. Aufl., Köln 2020 (zit. *Bearbeiter/-in*, in: Schaumburg/Englisch, Europäisches StR, Kap. Rn.)

Schmid, Gregor/*Grewe*, Max: Digital Services Act: Neues „Grundgesetz für Onlinedienste"?, MMR 2021, S. 279–282

Schneiders, Pascal: Keine Meinungsmacht den Medienintermediären? – Zum Diskriminierungsverbot für Medienintermediäre im Medienstaatsvertrag, ZUM 2021, S. 480–489

Schwarze, Jürgen/*Becker*, Ulrich/*Hatje*, Armin/*Schoo*, Johann: EU-Kommentar, 4. Aufl., Baden-Baden 2019 (zit. *Bearbeiter/-in*, in: Schwarze/EU-Kommentar, Art. Rn.)

Siara, Carsten: Der Medienstaatsvertrag und die „neuen" Medien, MMR 2020, S. 523–526

Spindler, Gerald: Das Gesetz zum elektronischen Geschäftsverkehr – Verantwortlichkeit der Diensteanbieter und Herkunftslandprinzip, NJW 2002, S. 925–927

Spindler, Gerald: Der Regierungsentwurf zum Netzwerkdurchsuchungsgesetz – europarechtswidrig?, ZUM 2017, S. 473–487

Spindler, Gerald: Der Vorschlag für ein neues Haftungsregime für Internetprovider – der EU-Digital Services Act (Teil 1), GRUR 2021, S. 545–553

Spindler, Gerald: Der Vorschlag für ein neues Haftungsregime für Internetprovider – der EU-Digital Services Act (Teil 2), GRUR 2021, S. 653–772

Spindler, Gerald: Die Zukunft des europäischen Haftungsrechts für Internet-Provider – der Digital Services Act, MMR 2023, S. 73–78

Spindler, Gerald: Referentenentwurf für ein Digitales Dienste Gesetz (DDG-RefE), CR 2023, S. 602–611

Spindler, Gerald/*Schmitz*, Peter/*Liesching*, Marc: Kommentar zum Telemediengesetz mit Netzwerkdurchsuchungsgesetz, 2. Aufl., München 2018 (zit. *Bearbeiter/-in*, in: Spindler/Schmitz, TMG, §, Rn.)

Spindler, Gerald/*Schuster*, Fabian: Recht der elektronischen Medien, 4. Aufl., München 2019 (zit. *Bearbeiter/-in*, in: Spindler/Schuster, Recht der elektronischen Medien, §, Rn.)

Steege, Hans/*Chibanguza*, Kuuya J.: Rechtshandbuch zum Metaverse, 1. Aufl., Baden-Baden 2023 (zit. *Bearbeiter/-in*, in: Steege/Chibanguza, Metaverse-HdB, §, Rn.)

Steinrötter, Björn (Hrsg.): Europäische Plattformregulierung DSA/DMA/P2B-VO/DGA/DA/AI Act/DSM-RL, 1. Aufl., Baden-Baden 2023 (zit. *Bearbeiter/-in*, in: Steinrötter, EU-Plattformregulierung-HdB, §, Rn.)

Streinz, Rudolf (Hrsg.): Kommentar zum EUV/AEUV, 3. Aufl., München 2018 (zit. *Bearbeiter/-in*, in: Streinz/EUV/AEUV, Art., Rn.)

Thomas, Heinz/*Putzo*, Hans: Kommentar zur Zivilprozessordnung: ZPO, 45. Aufl., München 2024 (zit. *Bearbeiter/-in*, in: Thomas/Putzo/ZPO, §, Rn.)

Unterhaltungssoftware Selbstkontrolle (USK): Stellungnahme zu den Vorschlägen für eine Reform des Jugendmedienschutz-Staatsvertrages (JMStV), 7.12.2023, abrufbar unter https://rundfunkkommission.rlp.de/fileadmin/rundfunkkommission/Dokumente/6._MAEStV_Stellungnahmen_2022/2023-12-07_Stellungnahme_JMStV-E_2023_USK_final.pdf (zuletzt abgerufen am 2.5.2025)

Vorwerk, Volkert/*Wolf*, Christian: Beck'scher Online-Kommentar zur Zivilprozessordnung, 53. Aufl., 2024 (zit. *Bearbeiter/-in*, in: BeckOK/ZPO, §, Rn.)

Wimmer, Norbert/*Teetzmann*, Constantin: Anm. zu OVG NRW, Beschl. v. 21.3.2023 – 13 B 381/22 (VG Köln), MMR 2023, S. 527–536

Zöller, Richard (Begr.): Kommentar zur Zivilprozessordnung: ZPO, 35. Aufl., Köln 2024 (zit. *Bearbeiter/-in*, in: Zöller/ZPO, §, Rn.)

Richtlinien- und Verordnungsverzeichnis

AVMD-RL	Richtlinie 2010/13/EU des Europäischen Parlaments und des Rates vom 10. März 2010 zur Koordinierung bestimmter Rechts- und Verwaltungsvorschriften der Mitgliedstaaten über die Bereitstellung audiovisueller Mediendienste (Richtlinie über audiovisuelle Mediendienste) (ABl. 2010 L 95, 1) Geändert durch Richtlinie (EU) 2018/1808 des Europäischen Parlaments und des Rates vom 14. November 2018 (ABl. 2018 L 303, 69)
Brüssel Ia-VO	Verordnung (EU) Nr. 1215/2012 des Europäischen Parlaments und des Rates vom 12. Dezember 2012 über die gerichtliche Zuständigkeit und die Anerkennung und Vollstreckung von Entscheidungen in Zivil- und Handelssachen (ABl. 2012 L 351, 1)
CSA-VO-E	Vorschlag für eine Verordnung des Europäischen Parlaments und des Rates zur Festlegung von Vorschriften zur Prävention und Bekämpfung des sexuellen Missbrauchs von Kindern, COM 2022, 209 final
DMA	Verordnung (EU) 2022/1925 des Europäischen Parlaments und des Rates vom 14. September 2022 über bestreitbare und faire Märkte im digitalen Sektor und zur Änderung der Richtlinien (EU) 2019/1937 und (EU) 2020/1828 (ABl. 2022 L 265, 1)
DSA	Verordnung (EU) 2022/2065 des Europäischen Parlaments und des Rates vom 22. Oktober 2022 über einen Binnenmarkt für digitale Dienste und zur Änderung der Richtlinie 2000/31/EG (Gesetz über digitale Dienste) (ABl. 2022 L 277, 1)
DSGVO	Verordnung (EU) 2016/679 des Europäischen Parlaments und des Rates vom 27. April 2016 zum Schutz natürlicher Personen bei der Verarbeitung personenbezogener Daten, zum freien Datenverkehr und zur Aufhebung der Richtlinie 95/46/EG (Datenschutz-Grundverordnung) (ABl. 2016 L 119, 1)
ECRL	Richtlinie 2000/31/EG des Europäischen Parlaments und des Rates vom 8. Juni 2000 über bestimmte rechtliche Aspekte der Dienste der Informationsgesellschaft, insbesondere des elektronischen Geschäftsverkehrs, im Binnenmarkt („Richtlinie über den elektronischen Geschäftsverkehr“) (ABl. 2000 L 178, 1)

EMFA	Verordnung (EU) 2024/1083 des Europäischen Parlaments und des Rates vom 11. April 2024 zur Schaffung eines gemeinsamen Rahmens für Mediendienste im Binnenmarkt und zur Änderung der Richtlinie 2010/13/EU (Europäisches Medienfreiheitsgesetz)
Enforcement-RL	Richtlinie 2004/48/EG des Europäischen Parlaments und des Rates vom 29. April 2004 zur Durchsetzung der Rechte des geistigen Eigentums (ABl. 2004 L 157, 45)
EuZVO	Verordnung (EU) 2020/1784 des Europäischen Parlaments und des Rates vom 25. November 2020 über die Zustellung gerichtlicher und außergerichtlicher Schriftstücke in Zivil- oder Handelssachen in den Mitgliedstaaten (Zustellung von Schriftstücken) (ABl. 2020 L 405/40)
Fernseh-RL	Richtlinie 97/36/EG des Europäischen Parlaments und des Rates vom 30. Juni 1997 zur Änderung der Richtlinie 89/552/EWG des Rates zur Koordinierung bestimmter Rechts- und Verwaltungsvorschriften der Mitgliedstaaten über die Ausübung der Fernsehtätigkeit (ABl. 1997 L 202, 60)
Info-RL	Richtlinie (EU) 2015/1535 des Europäischen Parlaments und des Rates vom 9. September 2015 über ein Informationsverfahren auf dem Gebiet der technischen Vorschriften und der Vorschriften für die Dienste der Informationsgesellschaft (ABl. 2015 L 241, 1)
InfoSoc-RL	Richtlinie 2001/29/EG des Europäischen Parlaments und des Rates vom 22. Mai 2001 zur Harmonisierung bestimmter Aspekte des Urheberrechts und der verwandten Schutzrechte in der Informationsgesellschaft (ABl. 2001 L 167, 10)
KI-VO	Verordnung (EU) 2024/1689 des Europäischen Parlaments und des Rates vom 13. Juni 2024 zur Festlegung harmonisierter Vorschriften für künstliche Intelligenz und zur Änderung der Verordnungen (EG) Nr. 300/2008, (EU) Nr. 167/2013, (EU) Nr. 168/2013, (EU) 2018/858, (EU) 2018/1139 und (EU) 2019/2144 sowie der Richtlinien 2014/90/EU, (EU) 2016/797 und (EU) 2020/1828 (Verordnung über künstliche Intelligenz)
Kinderpornografie-Bekämpfungs-RL	Richtlinie (EU) 2011/93 des Europäischen Parlaments und des Rates vom 13. Dezember 2011 zur Bekämpfung des sexuellen Missbrauchs und der sexuellen Ausbeutung von Kindern sowie der Kinderpornografie sowie zur Ersetzung des Rahmenbeschlusses 2004/68/JI des Rates (ABl. 2011 L 335, 1)

Menschenhandel-RL	Richtlinie (EU) 2011/36 des Europäischen Parlaments und des Rates vom 5. April 2011 zur Verhütung und Bekämpfung des Menschenhandels und zum Schutz seiner Opfer sowie zur Ersetzung des Rahmenbeschlusses 2002/629/JI des Rates (ABl. 2011 L 101, 1)
P2B-VO	Verordnung (EU) 2019/1150 des Europäischen Parlaments und des Rates vom 20. Juni 2019 zur Förderung von Fairness und Transparenz für gewerbliche Nutzer von Online-Vermittlungsdiensten (ABl. 2019 L 186, 57)
Rahmen-RL	Richtlinie 2002/21/EG des Europäischen Parlaments und des Rates vom 7. März 2002 über einen gemeinsamen Rechtsrahmen für elektronische Kommunikationsnetze und -dienste (ABl. 2002 L 108, 33)
RL 85/611/EWG	Richtlinie 85/611/EWG des Rates vom 20. Dezember 1985 zur Koordinierung der Rechts- und Verwaltungsvorschriften betreffend bestimmte Organismen für gemeinsame Anlagen in Wertpapieren (OGAW) (ABl. 1985 L 375, 3)
RL 95/46/EG	Richtlinie 95/46/EG des Europäischen Parlaments und des Rates vom 24. Oktober 1995 zum Schutz natürlicher Personen bei der Verarbeitung personenbezogener Daten und zum freien Warenverkehr (ABl. 1995 L 281, 31)
RL 97/66/EG	Richtlinie 97/66/EG des Europäischen Parlaments und des Rates vom 15. Dezember 1997 über die Verarbeitung personenbezogener Daten und den Schutz der Privatsphäre im Bereich der Telekommunikation (ABl. 1998 L 24, 1)
RL 98/34/EG	Richtlinie 98/34/EG des Europäischen Parlaments und des Rates vom 22. Juni 1998 über ein Informationsverfahren auf dem Gebiet der Normen und technischen Vorschriften (ABl. 1998 L 204, 37)
RL 2000/46/EG	Richtlinie 2000/46/EG des Europäischen Parlaments und des Rates vom 18. September 2000 über die Aufnahme, Ausübung und Beaufsichtigung der Tätigkeit von E-Geld-Instituten (ABl. 2000 L 275, 39)
RL 2001/83/EG	Richtlinie 2001/83/EG des Europäischen Parlaments und des Rates vom 6. November 2001 zur Schaffung eines Gemeinschaftskodexes für Humanarzneimittel (ABl. 2001 L 311, 67)
ROM II-VO	Verordnung (EG) Nr. 864/2007 des Europäischen Parlaments und des Rates vom 11. Juli 2007 über das auf außervertragliche Schuldverhältnisse anzuwendende Recht („Rom II“) (ABl. 2007 L 199, 40)

Streitbeilegungs-RL	Richtlinie 2013/11/EU des Europäischen Parlaments und des Rates vom 21. Mai 2013 über die alternative Beilegung verbraucherrechtlicher Streitigkeiten und zur Änderung der Verordnung (EG) Nr. 2006/2004 und der Richtlinie 2009/22/EG (Richtlinie über alternative Streitbeilegung in Verbraucherangelegenheiten) (ABl. 2013 L 165, 63)
Terrorismusbekämpfungs-RL	Richtlinie (EU) 2017/541 des Europäischen Parlaments und des Rates vom 15. März 2017 zur Terrorismusbekämpfung und zur Ersetzung des Rahmenbeschlusses 2002/475/JI des Rates und zur Änderung des Beschlusses 2005/671/JI des Rates (ABl. 2017 L 88, 6)
UGP-RL	Richtlinie 2005/29/EG des Europäischen Parlaments und des Rates vom 11. Mai 2005 über unlautere Geschäftspraktiken im binnenmarktinternen Geschäftsverkehr zwischen Unternehmen und Verbrauchern und zur Änderung der Richtlinie 84/450/EWG des Rates, der Richtlinien 97/7/EG, 98/27/EG und 2002/65/EG des Europäischen Parlaments und des Rates sowie der Verordnung (EG) Nr. 2006/2004 des Europäischen Parlaments und des Rates (Richtlinie über unlautere Geschäftspraktiken) (ABl. 2005 L 149, 22)
Verbraucherrechte-RL	Richtlinie 2011/83/EU des Europäischen Parlaments und des Rates vom 25. Oktober 2011 über die Rechte der Verbraucher, zur Abänderung der Richtlinie 93/13/EWG des Rates und der Richtlinie 1999/44/EG des Europäischen Parlaments und des Rates sowie zur Aufhebung der Richtlinie 85/577/EWG des Rates und der Richtlinie 97/7/EG des Europäischen Parlaments und des Rates (ABl. 2011 L 304, 64)
VO (EU) 2014/910	Verordnung (EU) Nr. 910/2014 des Europäischen Parlaments und des Rates vom 23. Juli 2014 über elektronische Identifizierung und Vertrauensdienste für elektronische Transaktionen im Binnenmarkt und zur Aufhebung der Richtlinie 1999/93/EG (ABl. 2014 L 257, 73)
VO (EU) 2018/1046	Verordnung (EU, Euratom) 2018/1046 des Europäischen Parlaments und des Rates vom 18. Juli 2018 über die Haushaltsordnung für den Gesamthaushaltsplan der Union, zur Änderung der Verordnungen (EU) Nr. 1296/2013, (EU) Nr. 1301/2013, (EU) Nr. 1303/2013, (EU) Nr. 1304/2013, (EU) Nr. 1309/2013, (EU) Nr. 1316/2013, (EU) Nr. 223/2014, (EU) Nr. 283/2014 und des Beschlusses Nr. 541/2014/EU sowie zur Aufhebung der Verordnung (EU, Euratom) Nr. 966/2012 (ABl. 2018 L 193, 1)
Werbetransparenz-VO	Verordnung (EU) 2024/900 des Europäischen Parlaments und des Rates vom 13. März 2024 über die Transparenz und das Targeting politischer Werbung

Sachwortverzeichnis